浙里精彩

浙商创业创新实录

ZHELI JINGCAI

ZHESHANG CHUANGYE
CHUANGXIN SHILU

《浙里精彩》编委会　编著

中国市场出版社
China Market Press
·北京·

序

用好故事讲述浙江精彩

王永昌

1949年到2019年的70年间，中国经历了波澜壮阔的历史变革，取得了翻天覆地的发展成就。中国实现了从站起来到富起来再到强起来的伟大飞跃。今天，伟大的中国人民正意气风发地走在全面复兴的征程上，古老的中华民族正昂首阔步地迈向全面建设社会主义现代化的新时代！

一滴水可以照映太阳的光芒，一个地方可以体现一个国家的风貌。

浙江是中国革命红船起航地，是改革开放先行地，是习近平新时代中国特色社会主义思想重要萌发地。新中国成立70年来，浙江人民沐浴着阳光雨露，踏着滚滚之江大浪，勇立潮头，敢为人先，走在前列，展翅腾飞，开启一轮又一轮改革，创造一个又一个奇迹：

民营经济第一大省，商品市场第一大省，县域经济第一大省，块状经济第一大省，网络经济第一大省，城乡居民收入水平第一，世界第一大港，中国最富裕最文明新农村……

浙江为什么神奇？浙江精彩是怎么来的？在记录无处不在的今天，诠释这种向奇迹而变的著述体悟可谓汗牛充栋。大家都试图从各自的角度，诠释奇迹从何处来、为何而来、向何处去，试图回到奇迹诞生地，从浙江的丰富实践中，追根溯源，按图索骥，见微知著。

一个故事胜过一打道理。在举国庆祝新中国成立70周年的火红十月，笔者看到了《浙里精彩 ：浙商创业创新实录》。这是一本专门讲述浙江腾飞奇迹的故事书。书中浙江儿女动人心魄的创业故事、变革事迹熠熠生辉，与新中国成立以来尤其是改革开放后浙江经济社会发展成就交相辉映，生动而深刻地揭示了浙江通过70年奋斗实现繁华腾飞的内在根源。

书中的每一个故事都是一段生动传奇。这些故事具体而生动、通俗而深刻，处处洋溢着“浙江精神”和“浙商文明”，也体现着“中国智慧”和“中国力量”。浙江儿女那种善于吃苦创业、敢于搏击市场风浪、勇于变革创新、富有时代责任感的坚强形象跃然纸上，屹立于之江大地，成为带动浙江腾飞的精神内核，并气势磅礴地展示出中国道路、中国理论、中国制度、中国文化、中国经济的强大力量，生动鲜活地打造出当代中国发展的浙江样本，成为中国一个又一个奇迹的先行地、萌发地。

这样的浙江好故事记录了过往的峥嵘岁月，也必将激励浙江儿女创造更美好的未来。我们期待《浙里精彩》问世，并能起到这种作用。

2019年10月10日于杭州

（作者系第十二届浙江省人大常委会副主任、
浙江省文史馆馆长、浙商发展研究院院长）

目 录

凌超：写好『举手之劳』里的大文章

凌超

在新中国成立70周年之际，“垃圾分类”这件看似“举手之劳”的小事，成了关乎社会民生的大事，社会大众对此话题无比关注。

2019年6月3日，国家主席习近平对垃圾分类工作作出重要指示：“实行垃圾分类，关系广大人民群众生活环境，关系节约使用资源，也是社会文明水平的一个重要体现。”在国家经济硬实力和社会文化软实力不断提升的背景下，这既有其主观前瞻性，又是时代历史发展的必然。从“两山理念”到“生活垃圾强制分类”，我国的社会主义文明新社会的蓝图已勾勒出来，大环保产业的大门正倏然敞开。

相比走过 115 年垃圾分类历史的德国，我国垃圾分类事业方兴未艾，但不少城市已走在前列。早在 2000 年，杭州就被建设部确定为全国垃圾分类试点城市之一；2015 年杭州即出台《杭州市生活垃圾管理条例》；2017 年，杭州成为全国垃圾分类工作首批 46 个先行先试的重点城市；2019 年 8 月 15 日，新版《杭州市生活垃圾管理条例》正式施行。

在宏观政策的背后，一批有实力、有魄力、敢创新的杭州企业家早早投身其中，钻研摸索，静候风来，通过商业实践成为丰富巩固环保事业的中坚力量。杭州轻松环品科技有限公司（以下简称轻松环品）创始人凌超，便是其中一马当先的一员。

宛转起伏寄环保 沉心经营等风来

2015 年起，凌超开始筹备创办轻松环品。

那不是他的第一次创业。那时候，刚过而立之年的他早已在创业道路上披荆斩棘多年。他当过工人、做过销售、开过饭店、办过厂、建过培训学校，甚至一度进军过商业地产……2011 年，他还被评为“杭州市十佳来杭创业务工青年”。作为一个经历丰富的创业人，他如何把心最终落在了环保产业上？对此问题，凌超非常坦白地总结道：“歪打正着。”

他坦言，刚接触环保行业时，确实打算干出一番事业，因为这不仅是利国利民的事，还是可以走向千家万户的生意，是一片能够做出大平台的新领域。通过几年深入探索后，他对环保领域渐渐产生深厚的情感，加上近几年从中央到地方政府对“垃圾分类”政策的不断加码，也让他清晰地看到广阔前景，也愈发明确了自己的使命。他说：“人生很多时候是没法规划的，来了就来了。在行业不明朗期间，有人选择‘傻傻’地坚持，有人精明地计算一时得失，才成就了我们不同的今天。”

轻松环品独立自主研发的垃圾分类产品系列

按照凌超心中的设想，轻松环品必须要能帮助大家简单易懂、智能便捷地对垃圾进行分类和回收，同时摸索出一条与众不同的、可持续的商业之道。经过一段时间的商业调研与设计，凌超逐渐意识到，想在垃圾分类领域做出成绩并不简单——不同于传统的环卫服务市场，它需要涉及并考验公司在宣传科普、IT 技术、设施制造、收运分拣等多个方面的综合业务能力。他带领团队打造出一套垃圾分类的解决方案，运用人工智能、移动互联网、大数据、云计算等物联网技术，通过信息化手段，从垃圾分类宣传、投递、检测追溯、收运和处置等方面，全方位、立体化地智能管控垃圾分类全过程。

“我们希望在生硬的口号之外，让市民能主动参与到垃圾分类行动中来。轻松环品智能垃圾分类系统包括智能垃圾袋发放机、智能垃圾分类投放箱、智能可回收物投放箱和有害垃圾收集箱，以及垃圾分类巡检仪、智能称重仪等一系列智能化垃圾分类设备，居民只要使用手机扫码，就可以投递各类垃圾、领到垃圾袋。特别是对于可回收物，只要正确分类投放，就可获得等价值的'青豆'，可以随时在智能商品兑换机上换取一些日常生活用品。”

垃圾分类的三重定义 与社会发展的必然之路

凌超平日里非常忙，不是到各处考察项目，就是与社区物业负责人举行会议。虽然忙，但他从不忘记思考。与他交谈，你时刻能感受到他“透过现象看本质”的逻辑思维。

“虽然全国都在热议垃圾分类，但许多人不一定了解垃圾分类是什么。”从表面上看，垃圾分类是一个环境问题，直接影响自然环境的变化，但其背后涉及的是国民素养、社会文明的问题。随着社会的发展，人民群众的物质生活得到一定满足，恶劣的环境和人们对高品质生活的追求也逐渐上升为一对主要矛盾。

凌超认为，“垃圾分类”有三个层面的定义：首先，垃圾分类是“家务事”。对个人来说，在源头分类垃圾是每个家庭每天都应做的事，需要培养自主自觉的分类意识和分类能力，让垃圾分类成为每个公民应尽的责任和义务。其次，垃圾分类是一个产业，是“企业的事”。垃圾运输、垃圾回收利用是中端处理的重要一环，企业在其中能够发挥无法替代的功能。同时，垃圾分类亦是“政府的事”，垃圾后端处理、垃圾处理中心规划等均离不开政府的战略性规划。

对此，国外已提供了先进的样本案例。德国的波茨坦广场是柏林著名的商业区。这里饭店商铺林立，每天都会产生大量有机垃圾，但这里的垃圾场却几乎闻不到异味。波茨坦广场垃圾处理业务由德国欧绿保公司负责，欧绿保为每个垃圾桶设置条形码，对应地面上每户商家。商家将产生的垃圾送到垃圾房，欧绿保再将垃圾送到地下处理中心，经过扫码、称重、压缩、装箱等一系列环节，完成各商家垃圾产生量的记录和垃圾预处理工作。

“所以，‘垃圾分类’是涉及政府、企业和亿万家庭的民生大事，是贯穿服务、制造、信息技术、运输、科普宣传等多领域的综合性行业。垃圾分类就像物质追求的升级版，是人们由生存追求向生活质量追求转变的印证。未来一段时间，这一领域势必会涌现出大量先进科学的处理逻辑与技术，但需要渐变的过程。”

科普与强制共同推进 约束与激励缺一不可

几年下来，凌超不断将对垃圾分类的认知应用到产品的打磨升级中。他认为，未来的垃圾分类一定是智能的，他将大数据、智能满桶提醒、自动杀菌等技术融合到产品中，倡导“垃圾分类新时尚”口号，立志让垃圾更简单、更智能、更人性化，梳理出一套全方位、立体化的综合智能管控方案。在他的主持下，轻松环品已经打造了1000多平方米的设备展区和智能体验区，供客户深入了解。

“但智能化绝对不是目的，更重要的是‘科普教育’。在关于垃圾分类的宣传科普方面，我们还有很多功课要做。”凌超坦言，在轻松环品智能垃圾分类系统成功入驻杭州某一老小区时，曾因为市民不熟悉智能应用操作而遭到抱怨，但通过工作人员的耐心讲解与物业人员的帮助，人们很快适应了使用轻松环品，并很快在社区形成一种新风尚，并成为文明与进步的象征。

“技术只是助推器，垃圾分类的核心依然是人的思维，教育先行才能事半功倍。轻松环品在做的，就是在垃圾分类的同时，让用户觉得掌握了一项新技术、新知识，这样就能大大提高学习意愿。”

运用市场化手段介入并帮助社会公民在垃圾分类方面形成自觉遵守、共同约束、共同自律的社会规则价值观，并不是一件轻松的事情，激励与约束缺之不可。为此，轻松环品给每个垃圾袋都打上了“身份证”——只要扫描垃圾袋上的溯源追责二维码，就能知道是谁家丢错了垃圾，为垃圾分类准确率监督、检查提供了有效的智能手段。此外，通过垃圾分类巡检仪，可进一步监督、惩罚乱丢垃圾的用户，积极营造公平、公正、公开的奖惩环境与氛围。

在此框架下，截至2019年6月底，轻松环品已成功入驻1000多个小区、服务70多万户家庭、覆盖200多万人，在杭城东西南北各大小社区都能看到他们投放的产品。

凌超认为:“垃圾分类的推行，一定是一个相对漫长的过程，需要企业、政府、公民的共同努力。前路漫漫，但待到成功之时，一定会成就非常美好的社会。”

美国社会分析学家托夫勒在《第三次浪潮》一书中预言:“继农业革命、工业革命、计算机革命之后，影响人类生存发展的又一个浪潮，将是在世纪之交时要出现的垃圾革命。”作为环境保护行业中崭新的分支，凌超觉得垃圾分类领域未来市场份额很大，机遇很多，但尽管时不我待，市场更稀缺能“沉得下心”的人。

“相比其他行业，这个领域越发需要能‘沉下去’的企业。只要能踏实地走好每一步，没有做不成的事情。”

凌超对此深信不疑。

张毓强：挺起玻纤民族工业的脊梁

张毓强

从1972年张毓强（中国巨石股份有限公司总裁、巨石集团有限公司董事长兼首席执行官）在九江玻纤厂搬回一台旧拉丝机开始，已经有47个年头。时代的脚步不断前行，中国巨石不断成长，它与共和国一起，经历了数十年风风雨雨。

目光长远定位准确，从传统布料到玻纤工艺的成功转型

巨石的前身是创办于1969年的石门东风布厂，做的是传统工作服的

布料。后来，受管道包装的启发，企业负责人将目光瞄准玻纤行业。从张毓强搬回一台拉丝机开始，布厂开始慢慢转变生产重心。1973年，“东风布厂”改名为“石门玻纤织品厂”。十年后，正式更名为桐乡玻璃纤维厂。

1993年，桐乡撤县设市，积极响应邓小平南方谈话号召，大力发展乡镇骨干企业，集中搬至开发区生产。厂长张毓强将玻纤厂从石门镇搬到桐乡经济开发区，成功联合开发区、农业银行、供电局和财政局合资成立了桐乡市巨石玻璃纤维有限公司。

当时，石门老厂采用玻璃球拉丝工艺，而同时期欧美早已采用先进的矿粉直接拉丝工艺，虽然其技术成本更低、质量更高，却对中国实行技术封锁，难以拿到国外核心技术的巨石决定自行研发生产。经受住颇多坎坷和怨言，这块硬骨头被啃下，企业生产效率和生产质量大大提升。很快，凭借着先进的工艺，巨石快速扩大成长为中国第一玻纤企业。

初历亚洲金融危机，挺起玻纤民族工业脊梁

劳动密集型和技术密集型是玻纤企业的典型特点，企业需投巨资购买设备，如果生产规模不够大，生产成本就会居高不下，员工待遇和福利都无法得到保证，企业就很难经受住外界的大风大浪。1997年夏天，亚洲金融风暴席卷而来，金融危机打破了亚洲经济的快速发展，一些国家经济萧条。巨石也没能从这场危机中幸免，产品大量积压，企业面临窘境。

就在领导层都觉得山穷水尽时，国家和政府及时伸出了援助之手。在国家建材局符合市场化要求的发展战略引导下，巨石跟随国有大型企业股份制改革的脚步，和中国建材集团合作，1999年成功上市。

经历过金融危机的洗礼，巨石深深认识到按照原有粗放型生产模式已

经行不通了，生产出来的产品缺乏竞争力，很容易被市场淘汰。领导层在总结经验后，带领企业通过了 ISO9001、ISO14001 等管理体系的认证，开始实行奖励制度鼓励员工申请专利，提高产品质量，为做大做强玻纤产业提供坚实后盾。

巨石不仅自己走出了濒临倒闭的困境，2000 年，还成功收购九江玻纤厂，迈出了走出桐乡的第一步。同年以 3.1 万吨玻纤总产量保持了全国产量第一的纪录，同时还超过日本名企问鼎亚洲玻纤产量第一名，挺起了民族工业的脊梁。

收购九江玻纤厂后，巨石对其进行了全面的改造提升。在保留原有员工的同时，带去全新的管理理念、先进的工艺技术和高端的技术人才。2002 年，巨石集团九江有限公司成立。发展至今，它已成为江西省明星企业，是当地国有企业成功改制的典范，也为巨石占据中部市场立下汗马功劳。

再遇全球金融危机，大踏步改革扭转不利局面

在改造九江玻纤厂的同时，巨石没有停下扩展脚步。在国家“先富带动后富”政策引导下，东部沿海地区开放程度高、经济实力雄厚，与自然资源丰富、市场潜力巨大的西部地区形成发展不平衡状况。对此，国家又提出西部大开发战略，巨石积极响应国家号召，在四川成都青白江建立生产基地，充分利用当地丰富的自然和人力资源扩大事业版图。到 2008 年，巨石产量达 78 万吨，这一数字比原定目标多出一倍，巨大的生产量把巨石送上了世界第一的宝座。

然而，天有不测风云，又一场声势浩大的金融危机在 2008 年席卷全球。巨石也陷入了进退两难境地，一方面出口贸易受到被严重影响，大量

产品滞销；另一方面，由于行业特殊性，为避免停产导致更大亏损，其生产线还在日夜不歇地生产出新产品。无奈，巨石决定降低价格出售产品，金融危机前售价高达七八千元的玻纤产品以三四千元的低价“贱卖”。此时，外界关于“巨石集团快倒闭”的谣言四起，一时间，危机如泰山压顶。“2009 年是巨石四十多年来唯一账面亏损的一年。”痛定思痛，张毓强决定对企业进行大刀阔斧的改革。原来公司内有三四十个部门，五个分厂，分工细碎冗杂。通过改革，部门数量减少到十几个，只保留其中两个分厂，让资源和技术更加集中。

在国家“四万亿计划”支持下，巨石研发全新的生产技术，将原本采用的窑炉平烧技术替换成资源使用效率更高的顶烧技术；积极调整产品结构，开发适应市场需求的高端产品，降低中低端产品比重，研发新技术降低生产成本；高薪引进高素质人才，实现在化工原料上的自给自足；用机器做工替代人工劳动力，提高生产效率，降低生产成本。

俗话说得好，祸兮福之所倚，在金融危机的浪潮下，公司成功完成了一次转型升级。走出亏损困境后至今，巨石一直是全球玻纤行业盈利能力最好的企业。

拓海外市场，智能制造布局全球

2013 年，国家提出了建设“新丝绸之路经济带”和“21 世纪海上丝绸之路”的合作倡议。埃及作为陆上丝绸之路和海上丝绸之路的交汇点，以其得天独厚的地理位置被认为是国家“一带一路”倡议的重要节点。不过，巨石埃及公司的建立走在了国家倡议之前，是“一带一路”的先行者。

然而，外界所不知道的是，当初落户埃及实属无奈。2009 年，欧盟对来自中国的玻璃纤维产品发起反倾销调查，2010 年欧盟委员会作出裁定：对从中国进口的玻璃纤维粗纱、短切纱产品征收高达 43.6% 的惩罚性关税。这也是继土耳其、印度之后，西方玻纤跨国巨头针对中国玻纤产业发动的第三轮没有硝烟的贸易大战。在中国方面的积极应诉下，终裁结果判定的反倾销税税率为 13.8%。

这次由欧盟主导的反倾销战让实力雄厚的巨石坚定了走出去的决心。既然要走出去，去哪儿好呢？

鉴于埃及与欧盟签有边贸协定，能兼顾印度、土耳其两个曾对中国产玻纤产品征收反倾销税的市场。加之毗邻欧洲，地理位置优越，紧邻苏伊士运河，港口运输十分便利。埃及还拥有丰富的劳动力和矿产资源，相对低廉的天然气和工业用电价格。综合考量后，2012 年，巨石第一个海外工厂落户埃及。

如今，巨石已在埃及建成年产 20 万吨玻纤生产基地，成为非洲唯一的世界级大型玻璃纤维生产基地，是目前中国在埃及投资金额最大、技术装备最先进、建设速度最快的工业制造类项目，也是中国在海外建设的首个大型玻璃纤维生产基地，是中国巨石实施全球化战略标志性工程，对中国玻璃纤维工业的国际化战略具有“里程碑”意义。巨石埃及公司的建成，也使埃及一跃成为世界第五大玻纤生产国。

公司为埃及当地创造就业岗位近 2000 个，每年上缴税金 1 亿埃镑以上，同时带动当地矿产资源加工、包材加工及各类零配件销售企业同步发展，带动了包括上游物流运输、矿产开发和包装材料制造等产业一批上下游企业入驻，以及下游玻纤织物、风力发电等复合材料应用产业，长期为埃及经济发展作出贡献。同时，巨石埃及积极倡导员工和公司共同发展的管理理念，大力推行员工本土化。目前，公司员工本土化率达到 95%。

埃及工厂的成功建成，增强了巨石走出去的信心。2016 年，巨石在美国投资了 3 亿美元建设池窑拉丝玻纤生产线项目。美国不但是玻璃纤维的发源地，也是全球最大的玻纤生产国和消费国之一，更是巨石最大的海外市场。巨石美国年产 9.6 万吨池窑拉丝生产线项目已于 2019 年 5 月建成投产，美国本土雇用并培养一大批玻纤生产技术工人，并有效带动当地上游原料加工、物流运输、矿产开发等行业发展。巨石美国项目是自 1985 年以来县郡最大的外商投资项目，有效增加了当地税收收入，带动了当地经济发展。

2017 年，巨石发布公告，拟在印度投资建设玻纤生产线，如今项目已进入规划设计阶段。至此，巨石海外版图三点联动，昂扬自信，朝着“三地五洲”的宏伟目标迈进。

戚金兴：做房地产领域的『常青树』

戚金兴

《论语》有云：“五十而知天命，六十而耳顺。”

这句古语在杭州滨江投资控股有限公司（以下简称滨江集团）董事长戚金兴身上，显得不那么适用。人生的不同阶段在戚金兴看来皆有不同特质，30 岁成家立业，40 岁精力旺盛，50 岁经验丰富，60 岁尚未停下脚步，而是迈向了综合高峰期。他笑言“男人真正成熟需要到 60 岁”。

刚刚过去的这半年，滨江集团获得了杭州销售流量榜和权益榜的“双第一”。据克而瑞（国内最大房地产信息综合服务商之一）统计，滨江集团 2019 年上半年在杭州的流量销售额达 107.22 亿元，权益销售额 81.06 亿元。

和上年年底一样，对于每个节点的销售业绩，戚金兴一早就能做到“心中有数”。这份自信，源于他对市场的精准布局和深刻理解。“现在的销售业绩不是现在的事情，是前面的工作到今年见到成果了。”

面对过去，戚金兴直面遗憾，开于沟通，阖于思索，总能填满弹药重新出发；面对现在，戚金兴顺时代之潮，“改变能改变的，适应不能改变的”，以柔韧之态应万变之世；面对未来，戚金兴“释放虎心”，同样“不忘初心”，坚持房企责任，守护房产品质。

这是戚金兴作为一家本土房企的情怀与目标，更是他作为一名浙商，面对起伏市场的立身之本。

危机面前，他扎稳根基

1992年，时任杭州市江干区江四建副总的戚金兴用借来的8万元创办了滨江集团。从星星之火，到“杭城一哥”，这条路并不是一帆风顺。

2008年地产行业一片向好之际，集团错失了几乎到手的6个项目，只吃了“3分饱”。2009年到2010年，集团加速对三四线城市的拓展，一下子吃了“12分饱”，以至于用了三年半的时间去消化。2014年，当其准备再次提速奔跑时，戚金兴选择了谨慎稳妥的打法，实施“两保持两下降”：保持现金流和销售量，降低贷款与负债。

7年间3次“饥饱不均”影响了滨江集团的成长，却也让戚金兴明确了方向。

“我们主动踩了一脚刹车，因为对我来说，安全更重要。”戚金兴清楚规模对企业的意义，但更希望把企业做强放在第一位，规模放在其次。企业能否做得长久也很重要，滨江集团希望在保证安全运营的前提下再考虑扩大。

戚金兴出席重要会议

近年来，不断收紧的政策让不少房企提前进入了寒冬，甚至有悲观的业内人士认为，这对企业来说，可能是一场“危机”。

但是，戚金兴不这么认为。在这个行业摸爬滚打近30年，他已经看过太多起起伏伏。面对调整，他从来没有悲观过。

前段时间，“双限”（即土地出让时就限制了地价和房价的最高限制）政策出台，杭州部分房企乱了阵脚，不知所措，而戚金兴已经在第一时间着手解读和理解政策，并迅速找到应对之策。

“改变能改变的，适应不能改变的。”这是戚金兴迎接每一次难题时的乐观心态，也是滨江集团平稳渡过每一次难关时的秘密武器。

戚金兴自信地表示，通过精细化管理和有效控制，“双限”下一定能胜出，“那是毫无疑问的。”这不是盲目自信，而是他通过分析各企业的管理成本、财务成本、工程成本及调整速度等几方面后得出的综合结论。

说到管理成本，戚金兴颇为自豪地透露说，一些房企的销售成绩是滨江集团的2倍左右，但管理成本却要10倍之多，相比之下，集团“性价比”极高。在基本完成滨江的开发体系梳理后，戚金兴正进一步放权，他更关注产品定位、样板房展示和定价等前期工作。

27年风云变幻，在戚金兴运筹帷幄下，滨江集团不管是规模、品质还是声誉皆达到浙系房企第一梯队的高度，其与绿城组成的“双子星”，相继贡献了一系列建筑精品，杭州城也得益于品质开发商的深耕，提高了进入门槛，外来房企不得不打起精神，拿出看家绝活以期在此站稳脚跟。

如今，滨江在产品方面的打造能力已经有目共睹。2019年，其又在原基础上悄悄发布最新版标语——“让老百姓都能住上一套好房子”。短短13个字，就像滨江以往给大家的印象一样，简单、质朴又踏实、温暖。

机会面前，他更上层楼

“以前滨江固守杭州，现在我们在一线城市赶考。”戚金兴说的一线城市赶考，指的是在一线城市做项目。

而戚金兴口中的一线城市，具体指深圳、上海，这两个一线城市做品牌，杭州是根据地做创新。

聚焦杭州是戚金兴的攻守道，牢牢握紧根据地的情况下进可攻，退可守。“滨江手握大量杭州的优质土地，且积累了广泛的黏性用户，杭州作为滨江根据地水到渠成。”

上半年，滨江集团总销售额达516.7亿元，在克而瑞排名第27位。根据戚金兴的计划，2019年全年，销售额要破千亿，排名也要再前进几个名次，这是他“千亿腾飞”计划中的一部分。

不过，他的“野心”不止于此。他认为，地产行业“未来2～3年看好，3～5年看多，5～10年看平”，因此留给集团的机会还有很多。如果可能的话，他希望集团能在未来3～5年再上一个台阶。如果需要一个可以量化的目标的话，他说，“如果未来头部房企能做到万亿级别的话，滨江集团也可以适当把目标提高到两千亿。”

当然，他不会为追求规模而追求规模，就好像2018年下半年他敢于轻踩刹车一样。对他而言，规模目标可以暂时食言，但品质绝不可以。“怎么继续做杭州的标杆是我最在乎的。”

说起未来的布局，戚金兴再次提起了“聚焦杭州、深耕浙江、辐射华东、关注大湾区和中西部”战略。已经“深耕浙江”的滨江集团，近两年在“辐射华东”方面发力。2019年6月底，其走出省外的第一个项目——上海滨江公园壹号正式交付。当地业主和媒体对这个项目都给予高度评价，有业主直言“远超预期”。

走出浙江的滨江集团，正在用品质带动品牌发展。用戚金兴的话来说，现在正到了滨江集团历经20多年耕耘可以收获之时，他要亲手采摘自己种下的果实。

戚金兴用一幅“飞机起飞路线图”来勾画公司未来的发展。经历了加速、冲刺、起飞和腾飞等一系列步骤之后，2019年和2020年，滨江集团将会迎来平飞阶段。在平飞阶段，土地资金投入将严格控制在现金流回笼的50%以内。

赞誉面前，他守望初心

房产市场遇冷，为在有限空间中“挤”出更多利润，减配成了诸多房企的做法，同时减配可以降低销售单价，提升市场竞争力。然而，对于滨江集团而言，产品品质是生命线一样的存在。

"原来亏损的时候，我都不减配。不要说现在只是利润下降，我更不能减配。"戚金兴再次强调了"宁可亏损都不减配"的理念。

在他看来，减配无异于饮鸩止渴，提高了短期销量，维护了利润率，却有损集团视若珍宝的品质口碑，从而折损了滨江品牌，这是得不偿失的。"企业经营可能有赚有赔，但长期看，项目坚持品质、坚持服务、坚持配套，一定是成功的。"

品质是戚金兴牢牢坚守的底线、坚不可撼的标准，也是滨江集团给每一位老百姓的承诺。

戚金兴透露，他本人将在产品研发和打磨上投入更多精力。以全新的滨江湘湖里为例，它将是杭州城区规模最大的中式院落群。同时，滨江还将坚持做创新，样板房"每一年有新款"。

坚持品质与不惜成本维护品牌形象为滨江带来了回报。令戚金兴感到欣慰的是，近十年来滨江品牌在行业内的认同度发生了重大提升，滨江与其他房企的合作在进一步加强。只要是滨江出品的楼盘，在市场的影响力也非同凡响。

随着城市化进程的不断提高，大面积的房地产开发潮总有结束的一天。除了摘眼前的"胜利之果"，戚金兴还为滨江集团谋划了一个更长远的计划。

滨江集团的未来跟"1+5"有关，"1"当然是做优、做精、做强，并保持规模做房产，"5"指的是物业、租赁、酒店、养老和产业投资。

集团租赁业务将由写字楼（商业）租赁和长租公寓两部分组成。戚金兴对长租公寓是有规模要求的。"过去储备下来的已经有34万平方米，今年开始每年再拿16万平方米，包留用地、自持部分和老厂房改建等多种模式，计划10年租赁利润能和房产各占半壁江山。"

在"房住不炒"和部分租赁企业管理混乱的大背景下，品质房企进驻租赁市场，势必为完善市场结构、推进市场改革做出贡献。

比租赁更让戚金兴牵挂的，是滨江集团的养老大计。“作为中国的一个优秀企业，对中国未来养老事业要做贡献，所以滨江集团不赚钱也要做养老。这是一种社会责任，也是对未来中国老龄化问题所做出的姿态。”他说，养老业务当前还处在学习阶段，管理团队相继前往海外考察学习，2019 年将深入国内学习先进经验，并计划于 2019 年下半年搭建起养老业务的管理班子，2020 年正式进军养老领域。最快落地的项目或为浙江的天目山小镇。

值得一提的是，他还计划拿出 26 亿元来做一些产业投资，有可能是直接投资，也有可能是通过基金等方式投资，主要目的是给年轻人创造一些机会。这个规划，与戚金兴远赴四川凉山扶贫行动相呼应，都是一种对社会的反哺。

戚金兴说：“社会对我们的赞誉越多，我们的责任也就越大。”这句话很好诠释出，当房产行业与金融行业交织越来越密切的今天，滨江仍能坚持“房企”责任、做好品质房产，以及不断回馈社会的源动力。

“综观世界各国，经济还在上行，房地产行业没有下降的。”放眼全球，又关照国情，调控虽严，但适度宽松的货币和金融政策以及旺盛的消费需求，让戚金兴有理由对行业抱持信心和斗志，这是他身上总能迸发的正面能量。

时代契机里，善积跬步的戚金兴和他的滨江集团，正如旺盛生长的“常青树”，不断向上，去领略更高处的风景。

江南国际丝绸城的别样『中国梦』

江南国际丝绸城全景

杭州市余杭区素有“鱼米之乡、丝绸之府”的美名，新中国成立尤其是改革开放以来，余杭的丝织产业发展迅猛，扬名海内外。江南国际丝绸城也伴随着余杭丝绸产业的发展不断壮大，成为华东地区知名度颇高的丝绸专业市场。

说起江南国际丝绸城的发展历程，市场总经理诸春发感慨万千：“我的事业轴心离不开‘丝绸’两字，从丝织厂职工到厂长，再自己创办企业，从做丝织原料起步，再到做丝绸成品市场，没离开过‘丝绸’，也离不开‘丝绸’。”

从费庄绸厂到春蕾丝绸织造有限公司

悠悠古运河，两岸一马平川，“养桑麻、育六畜”，运河边生活的人们种桑、养蚕、采茧，煮茧剥丝绵，织布做衣。

费庄是古运河畔一个美丽的小村子，诸春发就出生在那里。从小看着父母长辈们种桑养蚕、缫丝织绸，丝绸情结深深地烙刻在诸春发心里，成为他后来人生抉择天平上一个又一个最重的砝码。

第一次抉择发生在1984年，诸春发退伍回家乡，当时有两个工作机会摆在他面前：一是到亭趾镇人武部，成为“吃皇粮”的国家干部；二是进费庄绸厂与丝为伴，在市场经济的海洋里遨游。

正是心中那份挥之不去的丝绸情结，让诸春发毅然选择后者。然而，进了绸厂，诸春发没去本来安排好的厂长岗位，而是一头扎进车间，当起了织造车间的挡车工、机修工，之后又跑市场、搞供销……在熟悉生产、机修和市场之后，诸春发才坐进了费庄绸厂厂长的办公室。

20世纪90年代初，费庄绸厂转制，诸春发买下3台织机，创办春蕾丝绸织造有限公司（以下简称春蕾），并废寝忘食地把全部精力投入到企业生产经营中。市场也给予勤奋者丰厚的回报，公司产品供不应求。最让诸春发骄傲的是，2001年，上海APEC国家元首会议上各国元首穿的丝绸衬衫来自春蕾。

向原料市场进军：打造国内最大的轻纺原料市场

春蕾蓬勃发展之时，诸春发的丝绸梦想也越发真切。余杭素有“丝绸之府”美誉，但 20 世纪 90 年代以来，随着临平丝绸市场不断搬迁，市场人气渐渐衰落，海宁许村等地的丝绸产业甚至超过了余杭。重振余杭丝绸美名，让“丝绸之府”名副其实，成了诸春发当时心中最大的梦想。

机遇属于有梦想、敢拼搏的人！2000 年，原禾丰村杭州春光丝织厂厂房和土地拍卖，诸春发以 350 万元高价拿到了土地使用权。2001 年 8 月，临平轻纺原料市场一期正式启动，一个建筑面积 12000 平方米的专业市场出现在 320 国道禾丰段边上，全国 60 家轻纺原料生产企业纷纷入驻。

2003 年 1 月，二期市场动工建设，市场规模一下子扩充至可容 200 多家客商，配套设施也更为完善。同时，市场获得多项荣誉：2004 年，获余杭区商贸工作先进单位，被评为浙江省一星级文明规范市场；2008 年，获评浙江省三星级文明规范市场。

白厂丝、人造丝、粘胶长丝、粘胶短纤丝……临平轻纺原料市场真正

江南国际丝绸城外景

成了“丝”的海洋、“丝”的世界，共 6 大类 5000 多个品种，让人目不暇接。当年，市场销售各类轻纺原料丝十多万吨，成交额 20 多亿元，中国粘胶长丝唯一专业市场横空出世，被中国化纤工业协会授予“全国粘胶长丝集散中心”，销量跃居全国第一。

2006 年，电子商务进入快速发展期，市场与时俱进试水电子商务：与中国家纺网合作，借助家纺网强大的信息传输能力将余杭轻纺原料市场商户及产品信息及时传递到余杭、海宁、湖州、苏州等地家纺企业。2009 年 4 月，建设中国轻纺原料网上交易市场，开展轻纺原料网上交易，物流、仓储、支付等各项配套齐全，企业原料采购成本大幅下降。

建设丝绸成品市场：江南国际丝绸城应运而生

余杭家纺服装产业是当地传统支柱产业，区内丝绸轻纺企业众多，临平轻纺原料市场的出现，大大方便了生产企业的采购。“如果再有一个终端销售市场，不就能够更好地带动广大中小丝绸轻纺企业提升集聚发展吗？”原料市场经营有声有色的同时，诸春发决定向终端市场迈进。

2010 年 8 月，余杭江南国际丝绸围巾城盛大开业，市场总面积 16000 多平方米，共有商铺 800 间；首期推出丝绸、围巾、织锦缎、被面及蚕丝被等品种。轻纺原料市场、江南国际丝绸围巾城两大专业市场发展迅猛，带动了周边中小丝织企业的快速发展，余杭丝绸产业产、供、销完整的生态链逐步形成，诸春发的丝绸梦也越做越大。

党的十八大以来，在“一带一路”背景下，丝绸正逐渐成为代表中国文化的新名片。丝绸产业的发展也已经从传统生产制造业单向发展逐步转变为集购物、旅游、观光、体验于一体的多元化发展新模式。在消费升级大背景下，诸春发敏锐地捕捉到了市场需求的快速变化，2015年，深耕丝绸行业30年的诸春发开始谋划扩建江南国际丝绸城，目标是建成心目中的丝绸王国，让更多人感受到丝绸的魅力，体验到中国丝绸文化的博大精深。

2018年，丝绸综合体拔地而起。这座建筑面积11.5万平方米，共计24层的大型丝绸城里，集观光、购物、休闲、居住、办公、商务、文创于一体，这不仅是一座购物中心，更是一座以丝绸体验为主题的综合MALL，消费者能体验到关于丝绸的一切。

作为消费者，走进丝绸城，里面的商品琳琅满目，关键是价格亲民，性价比高。作为观光客，走进丝绸城，可观看各种丝绸工艺品展示，甚至整个工艺品的生产制作流程，如果时间凑巧，还可以看几场丝绸秀，或者自己体验一把，走一回T台。作为文创设计爱好者，走进丝绸城，可以亲自动手，设计一个丝绸工艺品或文创品，DIY后带回家。

在这个平台上，作为入驻商户，获得感就更强了。近年来，市场组织商户参加多种国际性展会，如上海的中国国际纺织面料及辅料博览会，杭州的中国国际丝绸博览会，印度的中国商品（印度孟买）展览会，俄罗斯的国际轻工纺织展，土耳其的土耳其伊斯坦布尔国际面辅料展，迪拜的中东（迪拜）国际纺织服装及面辅料展览会；商户还可以参加平台组织的各类培训，如中小企业“一带一路”市场拓展新模式培训等；还有机会参加唐装面料发布会、丝绸服饰发布会等各种丝绸新品发布。

立志成为中国丝绸专业市场的航母

丝绸是中国的瑰宝，是余杭的特色。余杭丝绸之府的美名是千百年来余杭丝绸匠人们努力传承的结果。作为一个土生土长的余杭人，对丝绸那份挥之不去的情结深深印刻在诸春发血脉里。30多年来，不管市场如何风云变幻，不管在市场运作和经营上遇到什么样的波折，诸春发心中不变的是对丝绸的热爱以及对振兴余杭丝绸产业，再续丝绸之府辉煌的不懈奋斗。

江南国际丝绸城的扩建，是深耕丝绸行业30余年诸春发的一次再出发。这次出发，诸春发和他的团队信心满满：

“世界丝绸看中国，中国丝绸看杭州，杭州丝绸文化历史悠久，产业基础好，未来有更大的发展空间。”这也是诸春发“孜孜以求”以及扩建江南国际丝绸城的初衷，他想改变余杭地区丝绸行业小而散的现状，将丝绸商家集结在一起抱团发展、合作共赢、打出品牌。

关于未来，诸春发有雄心勃勃的规划：接轨世界、逐梦全球，打造中国丝绸专业市场航母。新的未来属于敢于逐梦的人，未来属于埋头苦干的人。诸春发和他的江南国际丝绸城正像一艘起航的巨轮，行驶在辽阔的丝绸市场海洋里，朝着心中的丝绸之梦不断前行。

『85后』创业者：为『健康中国』而战

赖光坤

医药行业企业家大多是学院派的，比如复旦派、北医派，但上海壮诚健康产业集团有限公司董事局主席赖光坤走的是一条与众不同的路。他出生于江苏宿迁农村，初中二年级便辍学，18 岁到浙江、上海打拼，在企业运作发展中形成接地气的行业发展理念和企业家精神。

再难也要待下来

“为了生计很容易就混成了芸芸众生，有梦想则像手握火把，在寒夜里能坚持再坚持。”这是赖光坤的真实写照。这位“85 后”创业者给人最深刻的印象是，目光坚定，仿佛总在思考。

2003年，怀揣着200元，18岁的赖光坤从江苏宿迁农村先后来到浙江、上海。最初的5年中，为了生存，他换过很多工作，在忙碌奔波之余常感到前途茫茫。23岁的赖光坤站在黄埔江畔，眺望这座苍茫夜空下的繁华大都市，他不断地问自己："每盏灯光都代表一个归宿，为何没有我的容身之处？那么多的高楼别墅，为何没有一扇窗是为我开的？"

回乡还是留下来？辗转难眠很多天，他想到很多同乡带着梦想从农村老家而来，希望打开一番天地，然而多年过去始终碌碌无为，不得不回到农村老家种地。赖光坤骨子里不服输的声音告诉他，他不想就这样回去，他渴望开辟一番事业，一方面造福社会，另一方面激励更多草根阶层去赢得属于自己的精彩。

高电位行业技术门槛很高，选择从这一行业切入，显然难度更大。赖光坤回忆，2007年，他在日本一家高压电位治疗仪做销售员，为推广产品跑遍了浙江、上海的各大医院。一次拜访复旦大学中山医院楼惠军教授时，听他谈起日本自然灾害频发，却是世界上最长寿的国家，这与国民注重家庭健康管理、物理治疗设备非常普及或有一定关系。高压电位治疗仪在日本普及率达70%～80%。很多医院的专家也告诉他，高压电位治疗仪临床适用范围广，对失眠、便秘、头痛能起到一定缓解作用。

然而，日本产品非常昂贵，一台需要8万元，难以普及，赖光坤便琢磨着，如果自己研发这种设备，把成本降下来，让中国的普通家庭都能用得起，这是一件很有意义的事。

再硬的骨头都要啃

就这样，赖光坤在不断组织销售的同时，组建了科盾医疗。首先便是确立企业的“顶层设计”——拿到国家市场监管部门颁发的三类医疗器械注册证。

这一目标的实现其实是非常难的。然而，他却想一心改变昔日同行满足于做代理商的现状：厂家生产的产品质量上乘，他们的销售数字就上升；产品质量不好，他们不管三七二十一，也要推销出去，缺乏鉴别和改进力，市场缺乏长期生命力。赖光坤知道，只有拿到许可证，制造消费者信赖、货真价实的健康产品，企业才具有生命力和影响力。

赖光坤暗下决心：从研发、临床到产品注册，产品的每一个细节、模具和注塑，都必须自己掌握，产品工艺不能低于德国和日本工艺水准，要给客户带来物超所值的感受。

创业者遭遇痛苦、委屈的事可以说是家常便饭，每当内心起伏

上海壮诚健康产业集团有限公司

不平时，赖光坤总会想起幼时爷爷说的一句话：有志者，立长志；无志者，常立志。既然选择创业，就必须要有不倒翁的精神和执着的信念。

为解决普通高电位设备机体容易产生耐受性问题，科研攻关共花了4年多，每个月要往研发中投入30万元。当时，壮诚集团将90%以上营收全都填进了研发自主产权的高压电位治疗仪这个巨大的“无底洞”。

8年时间，一场抗战都打完了，2016年1月28日，赖光坤的科盾医疗终于拿到了“入场券”——新一代高电位治疗仪凭借其拥有的8项技术专利和两大中心临床研究结果，取得了上海市市场监督管理局颁发的三类医疗器械生产许可证和国家市场监管总局颁发的三类医疗器械注册证。

新一代产品成功通过性能检测和电磁兼容性（EMC）检测，采用变频、变波、变压三大技术，添加了一键变频、变波、变压、智能切换循环功能，解决了长期使用容易产生机体耐受性这一“短板”问题。经检测，国家知识产权局有关人员、中科院上海技术物理研究所主任医师姚鼎山等专家都高度肯定公司的创新和产品性能。之后，复旦大学中山医院、上海市第一人民医院通过产品安全性和有效性的临床研究。

十年磨一剑，科盾医疗高电位治疗仪终于可以名正言顺地进入医院、社区和每一个家庭。壮诚集团由此实现了产供销一体化，做到科研、生产、销售、售后一条龙，搭建起研发、注册到临床，直营体验中心店和售后服务的完整架构体系。目前已有100多家分公司和体验中心，形成了集团化模式。

值得一提的是，公司新产品不授权代理销售，而全部通过直营店，其目的就是实实在在服务好用户，防止代理机构对产品不负责任的夸大宣传，让用户真正体验产品的优异性能。

加盟人民健康工程系统，助建健康小镇

2014年，习总书记到江苏镇江调研时指出，没有全民健康，就没有全面的小康。2016年5月，习总书记提出了科技创新的宏伟目标，到2030年进入创新型国家前列。2017年，壮诚集团迎来了创立10年后的一个重大机遇——加盟由中国工程院院士俞梦孙专家团队牵头、中国生物医学工程学会合作共建的“人民健康系统工程”。同年3月27日，“人民健康系统工程”科研示范基地在北京房山区河北镇启动建设。

该基地着重开展基于SIR模式基础上的慢性病非药物治疗研究、高原健康系统科研示范等，并开展一系列健康培训及成果产业化等项目。壮诚

加盟中国生物医学工程学会合作共建的“人名健康系统工程”

集团科盾医疗康复设备由此进入卫健委采购目录，与北京市房山区卫健委、科协、北京市房山区河北镇分别签订框架合作协议。

这一设备作为实施慢性病非药物治疗的新起点，工程示范效果成型之后，将一同引导国内其他城市或地区复制、推广研究成果，为健康中国国家发展战略建设作出贡献。

赖光坤说，国内健康产业正在从以治病为中心向以健康为中心转型，公司产品正好契合国家当前对健康中国战略的设计。加入系统工程也实现了公司创立企业时立下的诺言——科盾医疗即科技铸就人民健康之盾，改善人民健康是企业永恒的追求。

“如果企业单纯仅仅以挣钱为目标，不可能活过绝大多数新创企业2.5年生命周期，我们盈利是为了更好地发展企业。”“正是胸中怀揣梦想，我们才能走到今天。目前，我们正在申请国家高新企业的评审，通过吸引和留住高新技术人才，提高企业的核心竞争力。”与当年水泥马路村村通一样，赖光坤希望，高压电位疗法能进入每一个村镇、社区，每一个康复理疗室，让群众能亲身体验物理治疗这种绿色疗法的益处。

过去十年间，赖光坤将一家公司、几名员工发展成今天近三十家分公司、上千名员工，并成为行业领域的领导品牌。下一个十年，赖光坤表示，集团以打造“千城万店”为目标，在全国1000个一二三线城市以及县级市和村镇，开设1万家健康产品体验中心，覆盖全国70%的地区，并在近年完成公司上市的目标和计划。

同时，紧扣“健康中国”战略，建成壮成健康产业园区，以企业自身健康文化理念为特色，以所在地市的传统中药或健康产业为基础，打造集药品、营养保健品、化妆品、功能性食品的研发、生产、展览、商业批发、文化传承和第三方物流于一体的综合性平台，同时兼顾生命体检、保健医疗和独具特色的养生素食会所，建立企业聚集型健康产业园区。

12年创投之路：从平凡到卓越

浙商创投中心

全国首家实现反向混改的创投机构，浙江首家登陆新三板的创投机构，全国首家拥有创投中心的创投机构……管理资产规模超过500亿元。12年不平凡的创投之路，筚路蓝缕，且行且歌。这段从无到有，从小到大，从平凡到卓越的奋斗史，印记着陈越孟和浙商创投股份有限公司（以下简称浙商创投）的点点滴滴。

一个缘起，浙商二代重走创业路

1996年，从省级机关辞职，陈越孟回归父母创办的惠康集团，担任执行总裁。在家族企业经营管理过程中，陈越孟发现产业升级的重要性，也意识到资本在新兴产业发展进程中不可替代的力量，萌生了二次创业的想法。

2004年5月，经国务院批准，中国证监会批复同意深圳证券交易所在主板市场内设立中小板，作为创业板的过渡。这个信息，极大地刺激了中国本土创投行业的发展。

2007 年，陈越孟与同为浙商二代的徐汉杰、华晔宇一拍即合，决定共同创业，进军股权投资领域，发起成立浙商创投。包括传化集团、喜临门集团、滨江房产、红石梁集团、惠康集团在内的 12 家浙商企业成为其首支公司制基金的 LP。

浙商创投成立后的第一个投资项目就是现在已经借壳上市的华数传媒，并一战成名。在团队共同努力下，浙商创投成为全国股权投资界的“黑马”。2012 年、2013 年，公司连续两年荣登省内创投行业纳税第一名。2013 年，不到 70 人的公司创造了 2.5 亿元的税款，人均创利 1500 多万元，公司毛利润超过 10 亿元。华策影视、贝因美等一批明星企业快速发展背后，都有浙商创投的影子。之后三年里，移动互联网的加速发展，加上 2015 年和 2016 年双创氛围的持续浓厚，浙商创投觉察到移动互联网、健康医疗、节能环保等新兴产业的发展，布局团队积极开拓这些新经济产业，像每日优鲜、联川生物、曹操出行这些中早期项目，在接受浙商创投注资之后也都呈现出了快速成长态势。

浙商创投是最早把投后管理部门独立出来的创投机构之一，即便到现在，单列投后管理的股权投资机构也是少数。把投后管理部门独立出来，可以让投资经理全部精力用于寻找好的标的和新兴趋势，不再向后看，把管理和退出的事情留给专门的人去做。极大地提高了浙商创投的核心能力。

反向混改，登陆新三板

2015 年是公司发展关键性的一年，浙商创投坚持适应市场、创新求

2015年12月18日，浙商创投新三板挂牌敲钟仪式

变的理念，这一年连上几个台阶。第一个台阶是在2015年3月，浙商创投进行反向混合所有制改革，引入浙江省国有资本运营有限公司、浙江省二轻集团两家国有战略投资者，成为国内首例成功实现反向混改的民营创投机构。作为民营创投企业，成功引入国有股东，有利于优化股权结构和管理规范，提高综合竞争力，还可以争取到参与国企混合所有制改革的机会。

混改后的浙商创投坚持民营控股及市场化运作，直奔第二个台阶——新三板。同年11月5日，浙商创投正式登陆新三板，成为继九鼎投资、中科招商、同创伟业与硅谷天堂等PE后创投界的最大黑马。

登陆新三板代表着浙商创投真正走出浙江，成为全国性品牌，这对于公司持续经营以及基金的募投管退都有正面作用。之前，浙商创投的地域性标签相对较为明显，而在新三板上市后通过定增引进包括保利集团、中诚信托等央企在内的战略投资者，浙商创投的规模进一步扩大，实力进一步增强，全国性特点进一步凸显，体量和能量已与之前不可同日而语。

“凤凰行动”：跃升第一梯队

对于创投界来说，2018 年是挑战与机遇并存的一年。有悲观的声音称之为“创投圈至暗之年”。然而，浙商创投在资本寒冬却交出了不一样的成绩单。

在挑战上，这一年，中美贸易战持续发酵，民营企业或多或少受到波及；实业金融都艰难的情况下同时监管趋严，资管新规和减持新规的出台让募资和退出都变得更难；P2P 暴雷负面影响波及股权投资行业，新基金注册工商登记也变得更麻烦；私募基金业监管力度加码，倒逼基金管理人优胜劣汰；IPO 审核趋严和资本市场低迷更加大了退出难度；中小型民营企业甚至不少上市公司流动性都出现了问题。

在机遇上，这一年，创投行业税收政策风波平息，一定程度上增强了业内的投资信心；证监会缩短 IPO 被否企业等待间隔期，同时鼓励私募基金通过非公开发行、协议转让等方式参与上市公司并购重组，险资开展股权投资的行业限制被取消。

经历至暗之年的创投界，面临着募资难、投资难、退出难、税费高等严峻问题，又一次进入行业洗牌周期。浙商创投虽然实力雄厚，但也同样遇到了相似的问题。然而机遇总是伴随着困境而来，好的投资项目和资金朝头部机构聚集、政策扶持、监管力度加强等，也从另一方面预示着机会来了。

于是，陈越孟带领着浙商创投逆风而上。在浙江发布“凤凰行动”推动金融供给侧改革的契机之下，2018 年初，浙商创投联合浙商银行与杭州萧山产业基金，共同设立凤凰行动专项基金，一期实到资金 255 亿元。这是浙江“凤凰行动”率先落地的基金，同时也是 2018 年国内已完成备案的最大的人民币基金，也为浙商创投未来的发展奠定了很好的基础。

基金成立的初衷，当然并不单纯是为了给浙商创投带来收益。浙商创投的愿景格局远非如此。“助推民营企业高质量发展，布局浙江经济转型升级”，说起来太过宏观，但浙商创投的每一次布局、每一件小事都在努力实现这一愿景。

虹软科技登陆科创板

顺势而为，在积极响应国家号召帮助一些企业走出困境的同时，也实现自己的收益。成立基金，既是浙商创投对机会的成功把握，更是众多企业重获新生的机遇。

在业内公认的资本寒冬之下，浙商创投活得更好了，这是为什么？

浙商创投凭借着经验丰富的团队和机构化流程，能够对重点关注、重点布局的几大产业进行深入研究，减少或者降低投资的不确定性，准确把握行业的发展趋势。因此，2018 年，浙商创投共接触 5000 个项目，尽调 102 个项目，投资 32 个项目，总投资额远超往年。

抓住科创板机遇，迈上新台阶

2018 年，在并不乐观的大环境下，浙商创投实现了新一轮质的飞跃。2019 年，科创板和注册制作为资本市场的亮点受到了创投界的广泛关注，浙商创投再次站到了行业前沿，快人一步抓住了风向。科创板不仅仅拓宽了创投机构退出的途径，更积极的意义是倒逼创投机构提高行业研究能力，并且为创投机构指明重点投资的方向。接下来，浙商创投将继续积极对接科创板，抓住 2019 年这个资本市场最大的红利。

陈越孟对科创板的前景十分看好，“杭州是全国创业创新重要的高地，浙江的创业创新氛围也非常好。我们所投资的企业中，绝大部分都有强大的自主研发能力，他们关注研发投入、团队的配置，比较符合科创板的预期。”

在投资企业的选择上，陈越孟和浙商创投体现了其专业性。据资料显示，在首批申报科创板的企业中，浙商创投投资的企业就占杭州第一批项目的 3/7，其中，虹软科技成为科创板首批上市企业。浙商创投对于科创企业的精准把握和积极扶持是一直以来积累的行业研究能力、团队作战能力和政策市场敏感性的具体表现。

最近完成D轮融资的太美医疗也是近年来浙商创投投资的重点项目之一。浙商创投主要布局大健康、大消费、新经济、新智造四大板块，太美医疗作为医药研发领域快速成长的新兴科技企业，代表着大健康产业未来广阔的前景。

杭州西溪谷，杭州创新版图的新高地，建筑面积8万余平方米的浙商创投中心正坐落于此。2017年大楼落成，让浙商创投成为全国首家拥有创投中心的创投机构。从百度地图上俯瞰，与浙商创投中心为邻的，是支付宝总部、蚂蚁金服、浙大科技园……12年创投之路，从平凡到卓越，浙商创投创造了许多个第一。

陈越孟总是说，投资是可以做一辈子的事业，是值得倾注毕生心血的。这份对创投的热爱指引着浙商创投12年来的奋斗之路，也指引着浙商创投走向“百年企业”。

给电梯『养老』背后的故事

电梯保险签约仪式

如何确保电梯安全？这看似并非什么了不起的事，其管理挑战却日益严峻。近年来，随着城市化快速推进，电梯数量迅速增长，老旧电梯问题频发，电梯安全治理面临维保行业监管难、大修费用落实难、使用管理规范难等“三难”问题，由此带来的基层治理矛盾日益凸显，群众对放心用梯、安全乘梯十分渴望。

两年来，在国家市场监管总局、中国社科院的指导下，在浙江省、杭州市市场监管局的支持下，拱墅区市场监管局主导首创电梯“养老”综合保险，引入保险机制实现电梯全生命周期管理，打造政府监管、市场运作、公众参与的多元共建共治共享的“众保”治理模式，取得明显成效：该区已有 2503 台电梯参保，全区电梯故障率多年来首次下降，其中参保电梯故障率下降20%以上，在杭州市电梯故障高发榜上的小区全部实现摘帽。

知进退，构建多元治理新体系

政府在电梯安全治理中到底该如何定位、怎么作为？拱墅区做了积极有益的探索。

以退为进，构建多元治理新体系，政府变身“裁判员”。他们在厘清政府和市场的职责边界上下功夫，用市场规则引导社会力量参与电梯安全基层治理，推动政府单一管理向社会多元共治转型，以“众保”电梯安全。

政府从原先的包揽式管理中“退半步”，指导保险公司设定险种和费率，将电梯维护保养、部件维修更换、整梯置换、检验费用和人身财产损失纳入保险一揽子支付和赔偿范围，依托保险行业事前预防、事中控制和事后理赔的资源优势，对电梯全生命周期运行风险进行管控。

与此同时，政府在市场规则管理中则“进半步”，让制度变身“守门员”。在调研基础上出台《电梯安全社会综合治理三年行动计划》，起草实施全省首个电梯维保质量评价标准，建立维保激励机制，明确界定保险公司、物业公司、维保单位和业主应该承担的职责，为市场良性运转提供制度保障。

保险公司则成立专门服务团队，建立电梯风险评估、维保质量考核、部件查勘定损等制度，优化赔付流程、提高理赔质量，提升用户的体验感和满意度。

在政府进退有度的基础上，让市场变身“运动员”。充分运用市场规律，让电梯“养老”综合保险运作的“齿轮带”动起来。

安全检查，防范在先

作为风险最终承受者，保险公司与业主利益高度一致，保险公司既有动力又有能力参与电梯全生命周期管理，对维保质量监督考核，对故障维修查勘定损，按协议履行理赔义务。

维保单位必须接受保险公司的监管考核，倒逼自身服务提升，形成“优生劣汰”的市场生态。

小区居委会、物业、业主则依托自身责任义务，主动把电梯后期大修支出转化为日常保费，组建小区电梯安全志愿者队伍，实现参保共商、义务共担。

治顽疾，开创降险速决新局面

面对电梯安全治理“老大难”顽疾，该区首创电梯“养老”综合保险，取得了风险明显下降、问题快速解决的良好效果。

风险预判可控管理是该项工作的一大特色。此举较好解决了过去碎片化电梯维保带来的“头痛医头、脚痛医脚”“小疾不治、大病难医”等问题，重塑起专业化、精准化新管理模式，大幅提高维保效率，降低维保成本。

电梯参保后，保险公司依托专业技术团队，通过季度定量检查、月度随机抽查、例行飞行检查等手段主动控制电梯运行风险，共巡查整改电梯隐患16700余处，其中主动预判更换部件650余处。电梯故障率较上年同比下降20%以上，区内瓜山佳苑、三宝郡庭等多个小区故障率同比下降50%以上。最近，该区就故障率、困人率、维修速度等十项指标开展电梯使用单位满意度调查，综合得分为80.4分，表明使用单位对保险模式较为满意。在各方共同努力下，推动了问题精准高效解决。

电梯安全，现场执法

电梯报险后采用“先修再赔”模式，与以往申请物业维修资金实施大修的复杂手续相比，理赔流程简便、快捷，避免业主和维保单位因费用纠纷导致滞修的情况，大修速度提高 90% 以上，2650 台次电梯快速维修后消除了安全隐患。同时，通过对部件定价、定损、定质，挤压了价格“水分”，电梯部件价格下降明显，维修质量得到提升，重复返修现象大幅减少。全区电梯投诉量较上年同比下降 32.9%；96333 处置量占比同比下降 31.8%。

该区还进而推出电梯状况智慧监管。搭建“电梯监管阳光平台”，对参保电梯日常维保、故障上报、维修处理等进行信息化管理和分析，建立电梯安全运行云档案。推广安装电梯智慧监管装置 1085 台，运用物联网技术对电梯运行状况、故障信息开展实时监测，实现诊断预判故障、困人智慧救援。截至目前，电瓶车入梯告警 151950 次，遮挡门行为告警 140276 次，困人告警处置 358 次。

破难题，探索电梯保险新路径

推出电梯“养老”综合保险以来，该区面对相关困难，深入进行调查研究，积极探索破难创新之路。

首先，着力提高老旧小区积极性。针对保费资金筹措困难的小区，出台“双 10%”保费降费政策，即当年参保电梯总数达 10%，保费可在原基础上下降 10%。通过实施降费政策，推动该区依锦苑、大浒西苑等一批回迁房安置房老小区积极投保。

同时，努力拓宽保费资金新来源。通过致公党杭州市委会的提案建议和省、市市场监管局沟通协调，市市场监管局和市住保房管局联合出台文件，在拱墅区试行将物业维修资金作为保费资金来源之一，业主投保后，可按规定比例申请使用物业维修资金。

经过前期摸排和宣传引导，区内上塘街道盛德欣苑小区率先完成征求业主意见和公示，目前已进入投保流程。

为把电梯安全治理切实落到实处，该局还引导推出电梯基层微治理试点，从小河街道开始试行，探索电梯事务基层“微治理”模式。保险公司在小河街道派驻一名电梯事务专员，专门协调处理电梯相关事务，宣传推进电梯保险模式，发挥牵头统筹、桥梁纽带作用。

该专员常态化开展电梯养老保险对接、电梯安全知识宣传、电梯运行状况巡查等。在小河佳苑试点安装电梯智慧监管装置，将电梯困人报警数据接入“城市眼·云共治”平台，通过平台将相关信息推送给属地网格员进行跟踪处置。

该区在工作推进中，还善于抓主要矛盾，重点攻关老旧带病电梯投保难等问题，探索降低投保要求，将处于“亚健康”状态的电梯纳入保险受惠范围，此举使近500台“老大难”电梯得以顺利参保。

沈耿亮：一生只做一件事

沈耿亮

一生专注、用心做好一件事，是成就自己、实现自我价值的途径。浙江双箭橡胶股份有限公司董事长沈耿亮就是如此，为了事业的梦想，艰苦创业、矢志不渝，带领“双箭人”搏击行业浪潮 30 年。

从单枪匹马到汇聚四面八方的智慧，从一个普通橡胶制品厂到与世界尖端技术并驾齐驱的上市公司，不忘初心、砥砺前行，沈耿亮和他的“双箭”展现着浙商特有的灵性，传递了独一无二的浙商精神。

创业之路：雄关漫道真如铁

1986 年，沈耿亮进入桐乡晚福橡塑制品厂参加工作，当时厂里只有 30 多名工人，年销售收入不到 30 万元。他也只是一个埋头干活的小职工。

由于产品小而杂，附加值低，企业连年亏损，1989 年，橡塑制品厂资不抵债，濒临倒闭。职员们纷纷离厂，只有沈耿亮愿意站出来接手担任厂长一职。“那个时候厂里既没有资金，也没有足够人手，我们生产产品也都是效仿着别人做，什么能卖钱就做什么产品，自行车刹车皮、鞋底都做过。”沈耿亮回忆。

但他也清楚地意识到，如果继续随波逐流，厂子会愈加惨淡，总有一天会关门。“当时我们几个人商讨了一下，决定开发新产品，做输送皮带。”沈耿亮说，“那个时候几乎没什么人做输送皮带，因为在小县城里需求量不大，大家都认为挣不了钱。”

这是一个需要创新型企业家的时代，造就一大批优秀的创新型企业家是中国经济发展的迫切需要。敢想敢为的沈耿亮大胆调整产品结构，开始生产主导产品——普通橡胶输送带。同时，在政府部门的指导和帮助下，橡塑制品厂在无担保、无抵押的焦灼情况下获得小部分银行贷款，在开发新产品上迈出关键一步，成功开拓起新兴市场。调整产品结构后，企业转向生产橡胶输送带，经营逐步好转。1990 年更名为桐乡橡胶制品厂。1994 年为了走外向型经济道路，成立了子公司“桐乡双箭胶带有限公司”。

时代发展得太快，不进则退。“作为一名企业家，我始终不敢放松对新事物的追求，更不敢怠慢对行业新知识的学习。”沈耿亮说。1997 年，他主动与科研院校建立了合作关系，加快了科技创新的步伐。一个橡胶制品厂与科研单位合作，在当时受到过很多人的质疑。“这一年，也是我们橡胶厂最困难的一年。经历了 1996 年的金融危机，橡胶制品厂资金一度短缺，科研创新未能投入实际生产，员工工资发不出来，产品原料跟不上，甚至连厂里的电费都交不出来，当时大家都想放弃这个厂了。”沈耿亮笑着说，“后来也只能咬咬牙，到处借钱、借物资，硬撑着过来了。”

1998 年，双箭开始了第二次体制改革。虽然这次改体制依然保留了集体 30% 的股份，但对企业来说，自主发展的环境宽松了许多，企业拥有了真正的自主权。2001 年，双箭进行了第三次体制改革，实施了股份制改造，正式转为民营企业。股份制改造后，双箭正式更名为“浙江双箭橡胶股份有限公司”，沈耿亮也成为真正的双箭掌门人。

“既然选择了创业，肯定是要吃苦的，但看到现在双箭不断发展壮大，30 多年的酸甜苦辣咸都值得。”一路走来，沈耿亮也获得了不少荣誉，他把党和政府赋予他的荣誉当作自己为人民服务的不竭动力。

沈耿亮认为，一个企业，只有把自己擅长的产品做好，努力做到品牌知名，并且不断地有更好更环保的产品推出，并引领这个行业，这才是真正能够在现代创新社会、现代经济全球化和国际大背景下生存发展的企业。沈耿亮担任企业一把手 30 多年来，对企业管理机制进行了一系列的改革，不断寻求与国内外科研院所的紧密合作，成立了省级企业技术中心，建立了双箭橡胶制品研究所，企业先后成功地开发大批新产品，与国家重点项目配套 76 项、国家级新产品 5 项、省级新产品 12 项、技术开发项目 44 项，起草国际标准、国家标准和行业标准 31 项，国家发明及实用新型专利 100 项。其中管状输送带等十几个新品种，填补了输送带行业多项国内空白，开发的新项目分别列入了国家级星火计划项目、国家火炬计划项目和中国高新技术产品出口目录。

2010 年 4 月 2 日这一天，对于沈耿亮和所有双箭人来说是极不平凡且重要的一天。浙江双箭橡胶股份有限公司在深交所成功上市，企业发展有了新的飞跃。9 年之后的今天，双箭已发展成为总资产 20.5 亿元、年生产能力 6000 万平方米，产销量、出口额、经济效益均位于全国同行前列的上市公司。

浙江双箭橡胶股份有限公司一角

企业管理者和行业引领者：责任与担当

现在的沈耿亮不仅是浙江双箭橡胶股份有限公司董事长兼党委书记，同时也是中国橡胶工业科学发展带头人。他说："在管理企业时我要思考如何做一个好领导，在行业里我也要带领双箭努力成为行业标杆，要肩负起双份的责任和担当。"

30 多年来，沈耿亮以管理创新为契机，致力于提高企业在市场竞争中的应变能力，积极推行科学化管理、强化质量意识，严把质量、环境和职业安全健康三合一管理体系的标准要求，加强标准化和计量检测工作，强化产品开发中的质量控制，加大生产过程中的质量管理和质量检测，使产品质量不断满足用户需求。

2012年至今，他聘请了日本东海橡胶亚洲区会长（董事长）、管理专家松本俊彦为公司的管理顾问。根据公司行业特点和员工结构，沈耿亮一步一个脚印地推行现场6S管理，以标准化为手段，以定置管理、标线管理为切入点，使得整理、整顿、清洁、清扫、素养、安全的理念真正在全体员工心中扎根。

“管理好一个企业，我始终围绕着团队凝聚力、管理创新力、制度执行力、员工向心力、产品竞争力、品牌吸引力这六个方面去做努力。”他坦言，“现在企业有一千多名员工，全部都是本地人，每个人都会背企业的‘三字经’。”

沈耿亮说，得益于所有双箭人的不断努力，现在公司的现场质量管理、设备管理以及环境、安全管理得到迅速、全面改善，并朝标准化、精细化方向持续发展。在此期间也派生了《6S管理制度》《6S点检标准》《员工伙伴计划》《双箭内部交通法则》等一系列配套制度、标准。

面对新形势，沈耿亮加强深化“诚信、思进、创新、求精”的企业文化内涵，以专业精神，努力提升企业团队的人性化管理水平，推动创新，优化组合各项生产要素，建立健全现代化企业管理制度。他坚信：“未来我们将不断向广大用户提供优质产品，始终如一做用户信赖的负责任企业，同时肩负起赶超世界先进水平的重任。”目前，公司产品已远销巴西、南非、澳大利亚、日本、韩国、欧美等几十个国家和地区，年外销量占30%以上。

作为行业领跑者，沈耿亮和他的双箭坚定地走产学研联合之路。他介绍说，目前，双箭已成立企业研究院，拥有国内外较先进的研发和检测设备，具备较强的新技术新产品开发能力，公司的研发能力得到进一步的增强。

“创新对一个国家、一个民族来说，是发展进步的灵魂和不竭动力，对于一个企业来讲就是寻找生机和出路的必要条件。”沈耿亮对企业创新有着独到的见解，“创新的根本意义就是勇于突破企业的自身局限，革除不合时宜的旧体制、旧办法，创造更多适应市场需要的新体制、新举措，走在时代潮流的前面，赢得激烈的市场竞争。”在双箭，创新已经成为一种习惯。

目前，公司被列入浙江省高新技术企业、国家火炬计划重点高新技术企业，成为输送带国际标准、国家标准、行业标准主要起草单位之一。但沈耿亮心里还有更大的抱负，他为双箭设定了两个长期目标，一是要建设成为国际第一的橡胶输送带企业，二是要在双箭建成国家级研究中心。

同时，沈耿亮也非常重视品牌建设。“我们非常重视与国外知名企业合作，借助国外知名企业的影响力作为突破口，通过 OEM 的形式拓展国际市场。”据了解，早前曾与日本阪东公司建立合作关系，通过与国际知名品牌输送带企业合作，公司的产品技术、生产工艺、管理水平得到了较好的提升，产品性价比优势在国际上越来越明显。

“这几年，公司输送带产品出口量稳定在公司总产量的 30% 左右，且一直稳居国内同行业出口量第一位。”沈耿亮回忆起双箭的品牌建设之路：2007 年，“双箭”牌高强力输送带被国家质检总局认定为“中国名牌产品”；2012 年，“双箭”商标被国家工商总局认定为“中国驰名商标”。2015 年，被工信部认定为全国工业品牌培育示范企业。2016 年，其“钢丝绳芯管状输送带”获“浙江制造”国际、国内双认证。

为了事业的理想，双箭人秉承“以人为本、科技创新、恪守诚信、合作共赢”的核心价值观，缔造人文价值，30 多年来，公司也围绕“创业、创新、创造”这个主题，抢抓机遇，自主创新，使企业从小到大，由弱变强，走上持续发展之路。

企业家的善心与胸怀：缺一不可

邵逸夫先生曾说过一句话，“一个企业家的最高境界就是慈善家。”

在企业得到全面发展的同时，沈耿亮没有忘记自己的社会责任：“以前我认为，财富越多意味着我对社会的贡献就越大。现在我一路走过来，自己的生活有了很好的保障，子女们也已经能够自给自足、独立生活，所以我想更多地回馈社会。”

2001年以来，沈耿亮已累计捐款达500多万元，并主动承担桐乡市慈善冠名基金1200万元，为困难员工、贫困村民和贫困大学生等及时提供帮助，并一手创建镇上洲泉敬老院，主动挑起老人们的日常生活费用。

2012年，沈耿亮设立桐乡和济颐养院有限公司，正式进军养老服务产业。他积极与桐乡民政局合作，为建成PPP项目耗费多时多力，目前在桐乡创建的养老院可容纳700多位老人，同时在苏州也创建了可容纳约450位老人的养老院。沈耿亮说：“我就是想给村里那些孤寡老人们建个养老的地方，让他们幸福快乐地安享晚年。再退一步说，有养老院这么个地方，即使有的老人不到养老院住，村里的老人们也可以有个地方时常聚聚，他们养老的日子就会开心许多。”

沈耿亮认为，为社会造福，正是企业长远发展的不竭源泉。接下来，沈耿亮还将涉足上海养老服务市场，他透露，目前已经谈成相关合作，接下来就会有动作。

“对昨天充满感恩、对未来充满敬畏、对今天充满珍惜。”沈耿亮说，他希望企业要成为受人尊重的企业，企业家也要成为受人尊重的企业家，心怀善意，心胸开阔，两者缺一不可。

40年前，改革开放给了企业家们一个可以依靠自己的智慧和汗水致富的机遇，敢为天下先的浙商异军突起。40年后的今天，沈耿亮带领着他的双箭已迈入中国社会经济发展的优等生行列，在推动社会经济发展的同时依然不忘反哺社会。正是这种不忘初心的责任和担当，这种敢为人先、敢于拼搏的胆识和勇气，铸就了品格，展现了胸襟，并使之成为企业精神。

『买家具到江南，买装饰建材还是到江南』的创牌故事

江南家居广场内景

装修是每个家庭甜蜜的烦恼。即使由装修公司操刀，从瓷砖地板到家具电器的选择，也让每个业主烦恼不已。如果能一站式选购，装修材料品质好、价格实惠，那对业主来说就是福音。位于杭州余杭 320 国道和 09 省道交界处的江南家居广场就是这么一家一站式综合卖场，旗下拥有家具与装饰两大广场，数百家品牌商入驻，经营范围覆盖家具、地板、陶瓷、卫浴、橱柜、家电灯饰、窗帘布艺、门业、板材、油漆涂料等，实现家居装饰主辅材料的全覆盖。

目前，江南家居已经形成“立足余杭、涵盖大杭州、辐射杭嘉湖”

的经营态势。“买家具到江南，买装饰建材还是到江南”已经在消费者中广泛传播。

江南家居广场6.0

第一阶段（1997—2003年）：1997年江南家居的前身杭州小林家私有限公司坐落于09省道、320国道交界处，经营面积仅1万平方米。经过几年发展，逐渐赢得消费者的口碑，生意越来越红火，家具广场品牌云集，吸引众多国内一线知名品牌强势入驻，并取得了良好的成长态势，“买家具到江南”早已家喻户晓。

第二阶段（2004—2008年）：为进一步提升市场专业化、规范化水平，2004年，高瞻远瞩的江南掌舵人王培连看到建材市场在杭州东北部蕴含着的巨大前景，将市场整体定位为“一站式”家居购物平台，在原来家具广场基础上再开设装饰广场，使装修、装饰一体化，实现真正的一站式购物。2006年9月板材、型材、油漆涂料、五金综合区开业，2007年1月地板精品馆开业，地板界的领头品牌富得利、安信、永吉、伟光、升佳、明成等悉数进驻，上千款品种可供选择。2008年，江南家居已发展成为13万平方米汇集家居主要品牌的一站式家居购物商场，在获得消费者口碑的同时，也先后获“省级文明规范市场”“浙江省三星级文明规范市场”等荣誉称号。同时，公司着力推出“绿色家居”理念，并在2008年成为“全国百家品牌家居卖场环保消费大行动”浙江地区战略合作伙伴及主会场。

第三阶段（2009—2011年）：2009年，江南家居成为余杭首家四星级文明规范市场，软件硬件两手抓，全力打造专业化、现代化、国际化家居购物广场。2011年通过“浙江省四星级文明规范市场”复评，江南家居开启了市场全面升级之路，以构建和谐市场、文明市场、诚信市场为目标，在各级主管部门的指导下，全面动员，全员行动，市场上下掀起一股股创建文明市场热潮。

第四阶段（2012—2014 年）：2012 年，开始为全面打造“浙江省五星级文明规范市场”做准备，完成外立面升级改造，完成五楼升级扩容，商场营业面积增长到 16 万平方米，不断创新营销模式，带领品牌商户联盟营销，加强品牌宣传，提升品牌影响力。不断完善和提升商场的硬件建设，提高商场内部软件管理水平。市场以五星级文明规范市场为标准，全面改造提升市场硬件设施和服务管理能力，市场面貌焕然一新，已成功地完成了传统市场向现代化专业市场的转型升级。

第五阶段（2015—2017 年）：2015 年，市场五楼启动，整体布局调整后，完成了部分商户的搬迁工作，使经营产品不断丰富，商户数量逐步增加。先后安装中央空调、自动扶梯、智能监控系统、自动消防报警系统、智能广播系统、信息化收银系统；市场内外绿化优化、停车场扩容等硬件提升。外塑形象，内抓素质，不断提升员工、导购员服务意识，优化市场环境，提升服务品质。

第六阶段（2018—2020 年）：2018 年开始，江南家居广场一方面苦练内功，进一步强化硬件投入和软件提升，全面启动市场功能区块整体装修升级和管理服务提升行动；增设观光扶梯，升级现代化家居广场综合大厅和中庭综合楼装修，新增仓储、展示、停车等多功能复合场所。整体提升后总面积达 16 万平方米，总投资达 10 亿元，16 个精品馆区，上千品牌加盟，上万产品支撑，真正自主产权、实惠的价格，五星级购物环境、商场化专业管理、管家式售后服务，为消费者提供多样化的选择，持续提升居家生活品质。现在不仅有国内一线品牌在江南家居市场入驻，更是吸引了国外知名品牌丝涟、SSP、郎乐福、雅兰相继加盟。另一方面实施走出去战略，与家居连锁巨头居然之家展开合作，提升市场竞争力。2019 年 3 月正式与北京居然之家合作，加盟到居然之家家居连锁行列，市场发展迈入新阶段。

专业管理提升市场品质

硬件全面升级的同时，江南家居广场对市场软环境的提升也在同步进行。从三星级到四星级再到五星级的创建目标，一步步引领市场向着规范化、专业化管理迈进。市场实施六统一管理模式，思路统一、目标统一、标准统一、制度统一、纪律统一、执行统一等管理模式逐渐发挥作用，客户服务流程标准得以制定并严格执行，市场平台和商户之间的共享合作理念也越来越受到商户认可。“以人为本，注重细节”的服务理念渗透于江南家居广场经营全过程。江南家居秉承让每一位消费者成为口碑传

江南家居广场内景

播者的服务理念，推行“先行赔付”“假一罚十”“差价五倍赔付”“跟踪回访”“绿色环保”“一站购齐”六大承诺，开具统一订货单、质保单、送货单，统一收银。为进一步服务好消费者，市场成立消费者投诉中心，设立投诉举报电话及投诉信箱和意见簿，负责接待处理各种顾客投诉。在对入驻商户的管理上，江南家居广场建立《商品准入制度》《服务管理制度》等相关制度，坚决杜绝假冒伪劣商品进场销售，要求经营户亮证经营，门店广告统一审批、招贴，导购员统一着装、佩带工作牌上岗，严格执行市场各项规章制度。对信誉好，消费者认可度高的商户，给予租金减免或场地优先奖励，每季度对市场商户进行评比，考核评选出诚信经营商户并颁发奖牌。

高端大气的购物环境，细致入微的管理服务让全新升级后的江南家居广场一跃成为超大空间、区块分明、品位高雅的专业化、现代化、国际化家居购物航母。

党建引领增强市场凝聚力

专业市场的凝聚力一直是江南家居广场总经理王培连考虑的问题，如何将那么多松散商户凝聚在一起，共同服务好消费者，以实现市场和商户双赢？在一次与余杭区个民协会的交流中，王培连受到启发：党建引领，在市场内成立党支部，用党建将大家拧成一股绳。

说干就干，江南家居广场在余杭区个民协会非公党建部门支持下，于2012 年 5 月成立党组织，从 3 名党员开始发展起来，支部成立后，江南家居的干部和职工在一两个月内先后提交入党申请书 11 份，党支部各项活动开展得有声有色，学习党章党规、学习系列讲话、交流工作、谈心得体会……党员结合市场的工作参加市场例会，把党的组织建设同市场的日常管理结合起来。

共产党员经营户实行挂牌经营，大大激发了他们的荣誉感和使命感，党员的先锋模范作用得到充分发挥。目前，江南家居党支部书记是专职，副总经理也是共产党员，管理人员中党员干部也不少，最近基本上年年都有新党员发展。

走向未来的江南家居

随着家居市场白炽化的竞争，从 2018 年开始，江南家居就一直在寻找新的突破点，提出了线上线下融合、“大家居”向“大消费”融合、产业上下游协同融合的三大融合战略。

2019 年 3 月，江南家居与北京居然之家强强联合，7 月举办了战略发布会，8 月初开展商户导购和营销培训，全面提升市场服务消费者能力。

“这是一个群星闪耀的家居卖场，更是一场居家艺术的盛宴。江南家居和居然之家的合作将大大提升江南家居的管理水平、服务能力、品牌知名度，促进杭州家居流通业与世界同步、与国际接轨。”王培连表示，江南家居不仅传播现代家居文化，丰富人们的家居生活，还以倡导时尚家居、品位家居、健康家居的消费新理念为己任，将绿色、环保的意识推广给商户和消费者。

未来，随着江南家居与居然之家的深度合作，市场将以全新的商场景观形象、高品位的产品形象和优质诚信的服务形象，为消费者提供更加贴心高效的服务，引领杭州家居消费新时尚。

『最多跑一次』改革的浙江『智慧力量』

公司的百项发明专利证书

“当您有一点点不认真工作，或是在浪费时间与资源，或是给企业名誉带来损失，或是不能给您与企业创造价值，这意味着你已经失去工作。”走进浙江建林电子电气股份有限公司，墙上的这段标语赫然入目。

正如公司董事长周建军的初衷，做商人、开企业，创造的不仅是眼前的物质价值，更重要的是用自身才智和劳动，创造出更长久、不平凡的社会价值。

2016 年底，“最多跑一次”改革在浙江首次被提出。这项“刀刃向内”、面向政府自身的自我革命，逐渐显出成效。政府如何提高工作效率，百姓如何迅速享受到政策红利，“最多跑一次”改革如何快速落到实处？周建军的“最多跑一次”自主研发终端让利民政策有了载体。

2019 年 8 月，深圳地铁内一名男乘客在站台处突然跪倒在地，全身抽搐，很快便失去了心跳和呼吸。车站工作人员第一时间利用自动体外除颤器（AED）对该乘客进行施救，并与热心市民一起对其开展心肺复苏，仅用5分钟便成功挽救了该名乘客的生命。如何在第一时间挽救突发心源性猝死的生命，如何快速打通去往医院的“生命通道”，周建军的智慧红十字一体机默默传递着“人道、博爱、奉献”的红十字精神。

无论是“最多跑一次”自主研发终端还是智慧红十字一体机，周建军让“做好社会公益”不再只是一句口号，他带领着团队，奔走在为设计开发、实地安装的第一线，让生活更加便捷，让生命更有保障，让城市更有智慧。

创新让“最多跑一次”更有活力

2019年6月13日下午，中共中央政治局常委、国务院总理李克强来到杭州市行政服务中心考察。在自助服务区，李克强总理问办事群众：“他们大多数是网上办、手机办，你为什么要到这里来办？”办事群众答道：“这里的设备好用，操作方便。”

碰上来办小客车指标更新的办事群众，总理又问：“来了几次？”办事群众说：“一次。”总理说：“跑一次能做到吗？”办事群众说：“能做到。”李克强总理竖起了大拇指。

被李克强总理点赞的除了浙江“最多跑一次”商事制度改革，还有承载着助力改革顺利推进使命的杭州办事服务综合自助机。

2016年，在浙江探讨“最多跑一次”改革顶层设计框架时，周建军和团队就开始了深度服务。新理念的推出需要新产品去实现，百姓新需求的更迭也敦促着设备新功能的完善。

周建军说，“发展源于创新，创新源于思想解放。”他学习借鉴行政管

崭新的“最多跑一次”自助智能终端

理的有益经验，充分践行红船精神，认真总结设备制造过程中的好经验、好做法，同时充分运用“互联网 +”，创新政务服务生态，进一步深化流程再造、推进大数据共享，打造全省统一的“最多跑一次”办事服务综合自助机，真正实现“一网通办”。

优势技术是企业长盛不衰之本，周建军注重自主创新、知识产权技术，他将自主创新与知识产权技术的开发和整合作为公司核心竞争力。早在 2002 年，自企业创办，周建军就始终将技术创新放在首位。

在一次办事过程中，周建军发现，对公账户的各项业务需要到银行固定窗口人工办理，费时费力。作为一项民生业务，如果能将回单打印功能和服务终端结合起来，将会极大地方便人们的生活。

以服务为出发点，周建军投入到新功能的研发中，经历了无数次尝试、无数次失败，2012 年 8 月，周建军终于拿到了自助式单据打印设备的发明专利，填补了国内在该领域空白，开创了全新的智能终端时代。

说起这么多年来的研发经历，周建军拿出厚厚一沓发明专利证书，其中囊括自助回单打印系统设备、智慧城市终端、通用票据打印设备、手机支付终端、自助发卡设备、智能服务终端、智能自动化……浙江大学电机系毕业的周建军说："很多灵感来源于生活，研发出设备后再回归到生活。"

如今，走进杭州的每个知名企业、每个村与社区、每幢写字楼，几乎都能看到为人民办事服务的"最多跑一次"智能终端，这背后是周建军和他的团队夜以继日的加工赶制，是他们不畏严寒酷暑冲锋在安装一线的傲人成果。

迎着"大众创业、万众创新"的双创之风，周建军是"最多跑一次"政策的最大支持者，也是最大受益者。他正借政府之力，同数万人民一起，搭建起愈发完美的融合平台，将中国推向智能制造的新高度。

坚持让"红十字精神"更加温暖

也许你在路上不经意间看到过一个写着"AED"三个字母的红色箱子，却不知它究竟是何方神圣，殊不知，小小的它却拥有挽救生命的大能量。

自动体外除颤器（AED）是一种急救设备，可以为心脏病突发患者进行电除颤，帮助发生心室颤动的病人恢复心律。及时除颤是迄今公认制止心脏猝死的最有效方法。在最佳抢救时间的"黄金四分钟"内，对患者进行 AED 除颤和心肺复苏，有很大的概率能够挽救生命。

数据显示，全球每年心脏猝死的发病率达 900 万例，中国每年约 160 万人死于心血管疾病，每 10 万人中平均有 41.84 人可能发生心脏性猝死，心脏性猝死的总死亡人数位居全球之首，高达 54.4 万人 / 年，其中 15% 的死亡案例发生在公共场所。

2019 年初，31 台自动体外除颤器（AED）在杭州地铁一号线所有站点启用。这些 AED 由杭州市红十字会和杭州市急救中心捐赠，放置在车站公共区客服中心，当有乘客发生意外时，懂得急救的志愿者或路人能就近取出 AED 设备，按照语音提示开始急救操作：机器会自行判断病人是否需要除颤，并有语音提醒步骤，按提示操作即可。而为这项公益捐赠提供设备支撑的正是周建军和他的团队。

智慧红十字一体机，是周建军秉承着让更多老百姓受益的理念，研发并投产的新产品，他如同一个“隐形医生”，默默帮助着途中匆匆来往的人们。

2019 年 8 月 5 日，在小小的出租屋里，一位 40 多岁的男子突然倒下，身边的邻居、赶来的医生第一时间进行长达 45 分钟的胸部按压，并借助 AED 设备除颤多次，最终让这个“家庭顶梁柱”重新恢复心跳。成功抢救患者的医生忍不住说，“真的很欣慰，这名患者恢复心跳呼吸，一方面感谢帮助我们一起心肺复苏的市民，同时也多亏了 AED 设备，让我们的抢救如虎添翼”。

这一幕正是周建军亲眼所见，回忆起来也颇有感触：“生命太脆弱了，很多时候都是一瞬间的事，如果我们能让 AED 布点更广，就能救更多的人。”

也许，当平安无事时很多人会觉得这样的设备“多此一举”，而病魔突袭时才会认识到它的关键力量，一台简单的设备挽救的不仅是一条生命，更是一个家庭，一笔无形的财富。

一份济世之心、一份助人之情，周建军让社会多了份温暖，让来去的路途更有安全感。

精准让“智慧城市”更有方向

近年来，随着人口的大量集聚，不少城市的容量严重“超载”，教育、医疗、文化、就业等趋于饱和状态，城市相关服务也陷入繁忙状态。在这样一个亟须解决的问题面前，数字化、智能化的智能服务体系大大改善了人们的需求服务。

2012 年，国家发布首批智慧城市试点，“智慧城市”建设成为社会重点关注课题。在智慧城市建设上，杭州始终走在全国前列。如覆盖面广的移动支付、新颖的在线医疗模式、创新的物流运输模式等。2016 年，杭州更是被《中国新型智慧城市》白皮书评为“中国最智慧的城市”。

智慧红十字一体机

配合“智慧城市”建设，一大批智能化产品的推出改变了人们的工作生活，但是这些智能产品普遍都有一个特点——它们作为行业产品只能实现该行业单一功能。例如，银行ATM机只能解决人们的存取款问题，火车票自助售票系统只能解决人们购买火车票的需求。

与目前单一的行业产品不同，周建军将多样化的功能结合到一台设备上，解决用户对多行业多功能的各种需求，最大程度满足用户对自助服务终端的使用，真正实现了一机多用、一机多能的低碳生活。同时，要满足不同环境、不同领域的需求，周建军还练就了“因地制宜、精准施策”的“秘诀”。

以智能服务终端为例，在社区及开放式场所，设备采用亮色调配合多彩的色带，更具有亲和力、活力，适合单独摆放；而在室内办公场所，设备则以深色调为主，配合有质感的色带，体现商务气息和政务业务的特色。

其实，周建军除了智能服务终端和红十字公益设备外，在民生民计、环境保护、公共安全、城市服务、工商业活动中，都提供了相应的智能响应。

当政策出台时，帮助政府提供政策法规解读、公文公示，让政务更公开、透明；当人们出行时，帮助提供路况信息查询、票务服务、公交充值，让出行更便捷，流程更简练；当孩子读书时，帮助搭建家长与学校的沟通平台，让家校联系更为紧密，教育资源更为丰富……在医疗、劳动、教育、政务等各个领域，周建军正在为人类创造更美好的城市生活而持续前行。

不难预见，智慧化、移动化正成为城市发展的主要趋势，周建军的“精准技术”不仅有助于加快新型智慧城市建设步伐，还促进了社会治理的精准化，让“智慧力量”无处不在地融入城市的基因和血脉，共同展望更加全面、精准、高效的智慧未来。

吴建荣的大国『动画梦』

吴建荣

作为新中国的参与者、见证者、奉献者、受益者，历经30多年的艰苦创业，浙江中南卡通股份有限公司（以下简称中南卡通）已发展成为集工程建设、文化创意为主要产业的现代企业集团，连续20年位列中国民营企业500强，连续12年成为“国家重点文化出口企业”“十大最具影响力国家文化产业示范基地”。拥有国家房屋建筑施工总承包特级资质、多项甲级设计资质，被授予中国建筑业竞争力百强企业、中国建筑装饰百强企业、中国优秀施工企业等荣誉称号。这一切成绩的背后，离不开公司创始人吴建荣的初心坚守。

从“泥瓦匠”到“城市建设美容师”

吴建荣既是时代的参与者，也是实践者、受益者。吴建荣是从1979年开始创业的。读了5年书，没多少文化，当时正赶上城市建设快速发展，他就成了一名“泥瓦匠”。1984年，吴建荣组织多名泥工、木工成立了一支十五六人的施工队，全部资产只有4800元，然而，创业的巨舰由此拔锚起航走出第一步。

建筑业是个非常辛苦的行业，风里来，雨里去，很多时候都是白天当老板，晚上睡地板。如果没有甘于吃苦、敢冒风险、敢为人先的精神，肯定是做不成事情的。“当时，我们承接了杭州清泰街立交桥下1万多平方米旧房子的拆迁工程，用了30天时间就顺利完成了拆迁施工任务。”两年后，参加清泰立交桥下商场的装饰施工任务，用了100天时间，保质保量按时完成了施工任务，赢得了市场的充分肯定。吴建荣说，看到自己手上干起来的工程，有一种发自内心的荣誉感和自豪感。

通过该工程，吴建荣迅速占领建筑装饰行业内的一席之地。

不过，很多人并不知道，一开始，吴建荣也是摸着石头过河，边学边做。比如在杭州做装修装饰时，因为很多地方不够专业，吴建荣就派人到深圳、香港去考察学习，或者从外面请懂行的工程技术人员来做。

1988年，北京亚运会场馆装修。在此过程中，吴建荣敏锐感知到中国建筑装修市场未来的广阔前景。到20世纪90年代初，对行业设计有着高要求的吴建荣请香港知名设计师负责室外装修设计。后来，他们专门成立江南装饰公司，之后还参与了不少项目，那个时候，吴建荣是杭州大名鼎鼎的“江南装修王”“城市建设的美容师”。

市场经济时代，各行各业进入热火朝天的经济建设中，每个行业几乎都处在时代风口，创业的机遇与挑战并存。除了迅速壮大建筑业，形成房屋建筑、幕墙、钢结构、装饰、机电智能、市政园林等产业链，怀揣着产业报国梦想，20 世纪 90 年代，吴建荣还曾带领企业进入摩托车行业，并在 1997 年创下生产销售摩托车 40 多万辆的惊人业绩，但最终因政策调整等原因慢慢退出该领域。

“企业发展不会一帆风顺，遇到困境十之八九。”面对市场调整，他决

吴建荣在中南卡通展示厅畅谈“动画梦”

中南集团

定先把老本行做大做强，将眼光瞄准了家居建材，做起了中南建筑装饰材料市场。随着经济快速发展与城市化进程，中南集团不断提升工艺、新材料应用和技术开发，逐渐形成建筑、幕墙、装饰、钢构、机电、市政、智能、园林绿化设计施工等完整而紧凑的产业链。

从建筑行业跨界转型到动漫文化产业

在中南卡通的展示厅中，吴建荣指着中南卡通模型说："2003 年，我做了一个令外界非常震惊的决定，从建筑行业跨界转型到动漫文化产业。

当时，我们国家有这个行业，没有这个产业，我想，未来发展肯定前景无限。”

对此，吴建荣给中南卡通制定的发展目标是三句话：高起点，大投入，国际化！2003年成立的中南卡通打开了中南集团跨界发展、创新转型升级的大门。

中南卡通开发制作的第一部产品《天眼》诞生于2005年，同年正在生产的另一部产品《魔幻仙踪》是我国首部系列三维动画片。中央电视台看了《魔幻仙踪》的片花后，给出了“国际水准、国内一流”的评价，由此吴建荣信心倍增。

“动画片是不能完全用钱来衡量的，它更是教育一代人，给青少年儿童提供的精神食粮。”吴建荣想创作中华民族优秀传统文化题材，特别是把国家民族英雄创作成动画片，给小朋友们带来正面影响。

在吴建荣的坚持下，2015年，中南集团把郑和做成了动画片。让吴建荣欣喜的是，《郑和下西洋》最终获得国家精神文明建设“五个一工程”奖。据悉，这是动画片中第一部成为国家“五个一工程”奖的作品。

由此，坚守动漫原创作品底线，传递正能量，弘扬中华优秀传统文化，既讲经济效益，更讲社会效益成为中南卡通一贯标准。目前，中南卡通已创作出不少精品力作，原创生产了22大题材、58部、13万分钟的精品动画，《天眼系列》《魔幻仙踪》《乐比悠悠》《郑和下西洋》等获国家“五个一工程”奖、国家动画精品一等奖等国际国内奖项 150 余项；连续12年蝉联“国家文化出口重点企业”，获动漫领域唯一的“全国十大最具影响力国家文化产业示范基地”、唯一的“重点高新企业和重点动漫企业”双证企业。

2018年开始，中南卡通和央视动画合作投资近8亿元，联合拍摄的千集大型动画片《天眼归来》，2019年开始在中央电视台少儿频道黄金时段播出，首播收视率就跃居同时段首位，并持续领先，受到家长和小朋友的广泛好评。

用创新实干追逐更大的梦想

“动画片要继续领跑全国，需要企业从变化的形势中捕捉机遇，在有效的应对中化解挑战，不断增强发展意识、创新意识，以领军人物为核心，激情、愿景、人才、团队缺一不可。”在转型升级当口，吴建荣希望中南卡通能抓住时代机遇，创建海外推广平台，把更多优秀国产动画片推向海外市场。

其实，早在2005年中南卡通就开始涉足海外市场，从最初的“门可罗雀”到如今的“门庭若市”，动画片出口稳居全国前列。到2015年6月，中南卡通动画出口地区已覆盖“一带一路”所有国家。

而在出海过程中，吴建荣发现国内多数动画企业尚无中南卡通的实力，能够主动出击投资海外市场，市场运作经验不足、发行渠道不畅通等问题使中国动漫出征海外的路途依然非常艰难。据统计，2010年，全国制作完成的国产电视动画共385部，超过22万分钟，但一个尴尬事实是——很多片子无法在电视台播映，也卖不出去，有些动漫企业由于难以支撑高昂的国际发行成本而面临困境。

“这些企业渴望与专业的‘内容产品’海外营销宣传企业寻求业界合作。”为此，中南卡通整合国际发行平台、翻译公司、宣传媒体等合作资源，为国内动画版权方，特别是中小动漫企业提供外文样片翻译、配音、宣传、发行代理等一条龙服务，带动一批中小型动漫企业一起分享海外收益帮它们“走出去”。

比如，由中国水利水电出版社出品的《中华治水故事》、内蒙古瓯风文化传媒有限公司出品的《草精灵》等作品，通过中南卡通的国际发行渠道，走出国门。

而对于国外优秀的、符合中国人审美和价值观的作品，也通过中南卡通“引进来”。得益于创新的第三方代理发行合作模式，中南卡通赢得了众多合作伙伴的信任，成为国际发行代理首选。

曾经涤荡的岁月，让国人热血沸腾、心潮起伏。前行的每一个脚步，让中南集团欢欣鼓舞、继续向前。站在新中国成立70周年崭新起点上，中南集团正以拼搏奋进再出发的姿态推动新一轮发展，用创新实干追逐更大的梦想，答好高质量发展的时代问卷，扛起新时期赋予民企的崭新担当！

『菊韵人家』领跑民资

高速路的奥秘

菊韵行政大楼

新中国成立尤其是改革开放以来，社会变革伴随改革开放影响不断深化，市场经济体制的建立带动社会创造出大量财富，民间资本力量不断活跃增强。市场氛围的热烈、南方谈话的激励、高速创造的机遇共同交织，鼓舞年轻的邵坤元加入这场变革。从就职乡镇企业，到建立首家实现高速服务区连锁的民营企业浙江菊韵人家置业投资管理有限公司（以下简称菊韵人家），邵坤元的尝试，不仅走出了自己事业上的一大步，更展示出民资力量的时代可能。

高速辟路新蓝海

对出生于20世纪60年代的多数创业者来说，1978这个数字，是深存于他们一生事业的烙印。公司董事长邵坤元，出生于1966年。在他12岁的冬天，“改革开放”这个词跨越崇山峻岭传来。那时，他并没有想过：这个遥远高大的名词，不仅改变了中国，更直接转折了他的命运。

改革开放的春风，在几年间由深圳吹到了长三角。20世纪90年代，连通上海、云南的320国道通车，令桐乡的种植户们嗅到商机。国道两边热情的乡音和香甜的杭白菊气息，形成了杭沪线上一道独特的风景。

1992年，市场经济活动持续升温。深受邓小平南方谈话影响，年轻的邵坤元离开供职多年的乡镇企业，投入市场经济的怀抱。一开始，他尝试做桐乡扬名的羊毛衫生意，但入市晚使他失了先机，没能在趋于饱和的毛衫市场上尝到甜头。

1998年底，沪杭甬高速公路通车，分流了320车道的车辆。邵坤元敏锐地意识到，可以把国道线上的杭白菊老生意，引入高速路这个新市场。他和几个伙伴抓住先机，承包下沪杭甬高速嘉兴两侧服务区的柜台，将杭白菊生意带进了高速。

高速将密集的车流导向南方，也将更多财富引到了桐乡。率先与旅行社跨行业合作，利用导游的资源，邵坤元将桐乡特产推荐给来自全国各地的游客。在沪杭甬一线的高速服务区，出售杭白菊为邵坤元团队带来超过百万元的收入。

桐乡农民看到了高速路的机遇。此后，沪杭甬沿线服务区的招标会场上，总是挤满桐乡种植户的身影。杭白菊销售店在沪杭甬高速遍地开花，随之而来的是竞争的加剧。邵坤元意识到：要想在中国高速这条时代新路上“跑”得更远，就得另寻突破点。

邵坤元和他的合伙人萌生了整体承包的意向，但沪杭一带高速线上的“局势”已趋于成熟，柜台基本完成分配，再做整体承包的可能性小、成本也高。但机会从不缺少：在经济与政策的双重助推之下，起步虽晚的中国高速路，发展起来却势如破竹。邵坤元一行人跑遍中国东半部，在京沪、京珠等几个高速上找到了切入点。

沪杭线服务区对外招标、承包柜台的模式实为特例。多数服务区缺乏成熟统一的管理，默认由各段高速公路公司垄断自营。规划、服务上的种种不完善，使得服务区门可罗雀，甚至空闲废弃。加之大笔养护上的花销，每个月都要亏损十几万甚至更多。对高速公路公司而言如同鸡肋，食之无味又不忍舍弃。

别人避之不及的“烂摊子”，在邵坤元眼里却是送上门的机遇。相比已经被“开发殆尽”的沪杭甬一线，这里竞争者少、租金成本低、大多采用邀请招商的形式，还有大批未被开发的客源。邵坤元一行人主动接手，不仅每年上交几十万租金，还揽下保洁、保安、绿化等维护工作，当地业主单位自然乐于交出经营权。

面对时代创造的新蓝海，邵坤元一行人摩拳擦掌，志在必得。

民资释放新活力

从 1984 年沈大高速公路开工，到 1999 年济南至泰安高速建成通车，中国仅用 15 年时间就实现了高速从零到总里程世界第三的飞跃。高速线网飞速搭建，背后却是硬件高投入带来的后劲不足。当时的高速服务区更多是脏乱、宰客的代名词，往来过客唯恐避之不及。基础建设发力强劲、服务业等软实力滞后缺失——服务区的尴尬境况也是我国 20 世纪 90 年代发展中一个主要矛盾的缩影。

邵坤元一行人的入驻打破了这个困境。他们出资承包下服务区除加油站以外的所有店面和公共设施，更好的待客态度、更高的商品质量、更优的园区环境……邵坤元从细微处入手，着力整治服务区乱象，饱受诟病的服务区开始展现全新面貌。他的服务区以肉眼可见的速度热闹拥挤起来。

“鼓励轿车进家庭”和“加入世界贸易组织”的声音，带来高速车潮的成倍密集。夏利2000、富康、大众polo……各式各样的汽车从北上广的大街，驶入普通百姓家中，又驶上高速，驶进邵坤元的服务区。资本飞速累积，邵坤元也没闲着。他辗转全国高速，和各高速段管理部门一对一交涉，有条不紊地扩张着自己的事业。

邵坤元的成功事迹又一次传遍桐乡。靠销售杭白菊攒下财富的桐乡人闻风而动，这一次，全国高速上都开始涌现桐乡人的身影。民间资本的大举进入，带动了高速公路服务区的一次变革。

当所有人都沉浸在开拓新市场的胜利狂欢之中，邵坤元关注的却是高速路上越来越多的不同声音。经济腾飞带动需求的发展和对品质的追

邵元坤

求，现有的功能和定位已经难以跟上往来人员的需要。此外，大肆涌入的社会资本参差不齐，运营水平存在很大差距，服务站隐隐出现新一轮信任危机。

标准化印象亟待建立，邵坤元期待成为“高速公路服务区资深管家”，推进行业境况。他进一步加强对旗下服务区的模式化管理，当日本、中国台湾企业带热国内企业对5S管理体系的追捧时，邵坤元团队已组织下辖服务区向6S管理体系升级。他们还着手设计统一的服务规范、人员形象、功能区划等，连锁服务区品牌“菊韵人家”雏形已显。

政策铸就新优势

桐乡人对高速公路服务区的“侵略式占领”，从一个侧面反映出民营资本的实力与活力。2005年2月，国家出台“非公经济36条”，明确放宽非公有制经济市场准入，为民间资本“进得去”树立方向。利好政策的出台，给已在高速公路服务业深耕数载的邵坤元带来了又一次发展机遇。

高速公路服务区承包市场走向冷静规范。以往一对一谈判的价格竞争，被统一的公开招投标取代。天时地利，具有丰富资本经验、培育数个优秀样本的邵坤元再次走在前头。

市场危机四伏的2008年，邵坤元逆流而上，完成服务区品牌“菊韵人家”的注册成立，宣告国内首家实现高速公路服务区全国连锁经营的民营企业的诞生。在世界范围的减薪、失业潮中，菊韵人家本着对员工、社会负责的自我要求，做到零减薪、零裁员。企业与员工同心同力，菊韵人家不退反进，潜能得到高效释放。

服务业的崛起不能仅依靠资本投入，先进性的运营理念和现代化的管理手段必不可少。菊韵人家和多所院校建立长期联合协作关系，定期抽调各级人员参与服务礼仪、汽修、厨师等专业技能及企业管理等经管课程的学习，保证各环节员工的相应素质。

实力提升战紧锣密鼓地进行着：2008年10月，菊韵人家通过ISO 9001:2000国际质量体系认证；次年2月，成功与全国1941家旅游公司和2437家客运（物流）公司签订战略合作协议；2010年，成立全国9大管理中心，确立按区域分管旗下21个省市服务区工作的模式。

餐饮是高速公路服务区的核心。2011年，菊韵人家针对服务区访客特点，创新性地设立三大公路服务品牌——口味标准的中式快餐连锁“东方速度”；以服务区当地风味文化为主打的小吃店品牌“一千零一味”；专营零食、烟酒、百货、特产的便利超市品牌“迈力士”。

覆盖各层次受众与不同出行人群需要的三大品牌在旗下服务区全面铺开，统一的品牌形象、透明的价格标准、可靠的产品质量、清爽的消费环境，进一步树立菊韵人家规范、专业的形象，赢得社会信任。

“十二五”时期，《综合交通体系规划》的提出为如火如荼的高速建设又添一把火。高速线网加速完善，对民资进驻的关注和鼓励进一步加大。菊韵人家厚积薄发，先后成为浙江省高速公路协会、中国公路学会、中国烹饪协会会员，又于2012年一举拿下湘潭服务区的BOT项目。来自官方的认可，无疑是菊韵人家在交通这一高壁垒垄断行业中成绩的最有力证明。

时代带来机遇，同样也带来考验。习总书记“厕所革命”的号召，再次将高速公路服务质量问题推上风口浪尖，许多服务站因卫生、废弃物处理不合规陷入关停整改。然而，这对菊韵人家而言却是自我证明的机会，从阳光厨房到排放标准，菊韵人家始终走在时代要求前列，保持行业标准化、示范性表率。在社会各界和政府的支持关怀以及客户的推举下，菊韵人家获得各省市荣誉超过130余项。2015年至今，旗下获评“全国百佳示范服务区”共计19区次，全国优秀服务区58区次。

国家高速公路线网基本成熟，扩张期已步入尾声。在培育出数个省市示范服务区、先进单位的成功样本之后，菊韵人家萌生“走下高速”的想法。2014年收购的“阿能面”，就是其一大尝试。除在高速上的铺点，菊韵人家正逐步扩张“阿能面”的城市连锁店。邵坤元希望以“标准化”手段，突破区域小食“夫妻店”的传统模式，通过连锁保证传统品牌品质与口味的统一。

以“阿能面”为起点，菊韵人家现已发展出海鲜餐饮“舟鲜汇”、特色餐饮“大渔大煲”等城市餐饮品牌，并在房产置业上投资布局。如今，菊韵人家已是集服务区投资经营、房地产、城市餐饮、旅游接待、酒店管理等为一体的综合性投资管理公司。

改革开放筑起高速，也为菊韵人家筑起通往全国的民资高速路。可以看到的是，不论是高速上还是高速下，品质与规范始终是菊韵人家的不变要求。这也是菊韵人家能够紧握时代机遇、领跑民资快车道的核心所在。

从东海之滨布局全球的新生代浙商

马奕谦

从创业第一天起，他就知道自己将要带领企业往哪里去。作为大型综合性国际化集团的掌舵者，他的笃定坚毅是奕齐集团有限公司（以下简称奕齐集团）飞速发展背后最坚实的力量。作为年轻一代浙商代表，马奕谦在秉承祖辈创业创新精神的同时，更有一份独属于年轻企业家的敏锐和无畏。

发现价值 研究价值规律

回顾新中国成立70周年尤其是改革开放后浙江经济社会发展所取得

的辉煌成就，无不闪耀着浙江人民和浙商企业家的智慧和汗水。奕齐集团是一家大型综合性国际化集团，总部位于上海陆家嘴，目前在宁波、杭州、苏州等地陆续设置分支机构，形成了辐射全国的网络，旗下拥有奕齐集团有限公司、香港奕齐集团有限公司、奕齐国际集团有限公司、上海奕齐影业集团有限公司四家集团型公司，以及上海青秦、景奕齐网络、奕瑾影视、奕齐文化、八道喜餐饮管理、云南奕齐茶业、奕齐信息技术、奕齐网络科技等不同类型产业公司。集团奉行大商之道，致力于成为全球具有影响力的公众公司和产业集团，打造全球资深的投资银行以及影视文化产业集团。

“发现价值，研究价值规律。”犹如棋盘的产业布局透露着马奕谦的雄心——志在将集团打造成为全球具有影响力的公众公司和产业集团，打造全球资深的投资银行以及影视文化产业集团。马奕谦表示，短期战略目标是实现 IPO，入驻华尔街，成为全球具有影响力的公众公司和产业集团，打造全球资深的投资银行以及影视文化产业集团，成为国际投资领域具备影响力的公众公司，向全球提供多元化的服务，拥有大量的多行业客户，包括私营公司、金融企业、政府机构以及个人，真正让货通天下，利射四海。

早在 2013 年，马奕谦就完成了集团整体规划，因为想要走的路足够清晰，随后他只用了一年半时间将蓝图变成现实。2015 年 6 月 5 日，奕齐集团有限公司在宁波正式获批成立，汇聚了来自全国各地不同领域的高端复合型人才。这群有梦想有实力的年轻人聚在一起，迸发出意想不到的能量。对他们而言，公司就是家。在宁波鄞州区一座大厦里，这群年轻人开始书写属于自己的奇迹。

创立之初，马奕谦就确信奕齐会变成令世人敬仰的伟大企业，并认为自己的企业具备这个结果的绝大多数条件。但是这条路并不容易，

大别山公益行

有着梦想、坚持、信念、含辛茹苦和不计成本的付出。“有志者事竟成，破釜沉舟，百二秦关终属楚。苦心人天不负，卧薪尝胆，三千越甲可吞吴”。他告诉每一个奕齐人，命运掌握在自己手中，你就是你想要成为的那个人。

直到如今，马奕谦都保持着一颗赤子之心，不喜欢别人喊他“老板”，他常说的话是“大家都是同事”，“我也是第一次当董事长，大家互相学习进步。”他放权管理，设立奕齐奋斗者委员会，充分发挥每个员工的主人翁意识，致力于让集团里每个人都是管理者，自我管理、管理他人，深知如此才能实现企业良性长远发展。

洞见未来 多元发展

前进的路越走越宽，脚步越来越稳健。奕齐集团从全局战略角度出发，深度融合集团发展路径，继续通过收购实体公司股权项目、开拓投资渠道、加码实业投资等措施，拓宽经营版图，全面深化上市战略。

2016 年 11 月，香港奕齐集团有限公司正式成立，奕齐集团正式进军国际期货市场。这是一家集贸易、金融服务、投资咨询服务为一体的综合性公司，依托内地母公司的资源优势，为投资者和企业提供多项金融产品投资咨询顾问服务和贸易服务，涉及证券、期货、基金以及资产管理、商品贸易等领域，以满足客户于投资咨询、贸易等方面的需求。

2017 年起，奕齐集团陆续在上海、江苏、四川等地开枝散叶，设立分公司，其中成立于 2 月的奕齐集团上海分公司即为后来的上海奕齐影业集团有限公司雏形。同年 5 月，宁波景奕齐网络科技有限公司和宁波奕景文化传播有限公司分别成立，奕齐集团正式进军网络科技和文化传媒领域。

2018 年，奕齐集团总部战略中心转移至上海金融中心陆家嘴，以经济中心上海为核心，辐射长三角至全国。

价值不仅存在于未知的蓝海领域，更体现在红海中突破新的可能。做他人不愿意做的事，啃最难啃的骨头。这是抬头看路、低头做事的奕齐集团的一贯作风。

2018 年，影视行业面临前所未有的寒冬，奕齐集团子公司上海奕齐影业集团有限公司却选择了逆流而上。风险与机遇并存，而马奕谦极其擅于在危机处、在缝隙处、在他人避而远之处寻找切入点，从而突围出一片新天地。随着影视寒冬的解冻，和国家对影视产业繁荣发展政策的陆续出台，影视行业进入了下一个春天。而奕齐影业已逐渐在这场重新洗牌中站稳脚跟，在影视出品、宣传发行、影视制作、艺人经纪、艺术教育、文化旅游等影视全产业链上迅捷延展。凭借敏锐前瞻的眼光和系统有效的风控管理体系，奕齐影业短短两年内就凭借《攀登者》《蒸汽世界》《名侦探柯南：绀青之拳》《我是透明人》《攻坚行动》《八月未央》等多题材头部精品影视剧引领国内影视剧市场。

如今新一轮科技革命和产业革命正在孕育突破，工业化与信息化深度融合并向智能化跨越的崭新时代加速来临。奕齐集团从一开始就坚持“互联网+思维”，以子公司景奕齐网络科技有限公司为排头兵，加速布局以奕齐影视圈App为核心的科技产业，致力于搭建“娱乐+科技+体验+创作+宣发”的高质量影视生态圈，将引领5G时代影视工业新趋势。

至此，奕齐集团“互联网信息技术+全球资管+泛娱乐影视文化”

大别山北利辛县板集初级中学老校长致谢奕齐集团

的产业集团版图已然越来越明朗。

奕世载德，不忝前人

“让利社会，使学通于大道，功接于社稷，让货通天下，利射四海，经世济民，达则兼济天下。”奕齐奉行大商之道，在复杂的社会洪流中，马奕谦不求企业利润的最大化，而是不断地让利于客户，让利于社会。

“奕世载德，不忝前人，格物、致知、诚意、正心、修身、齐家、治国平天下。”马奕谦坚信，一国有一国的文化，一家企业也一定要有自己的文化才能生根，才能走远。以“知行合一”为总纲，以《易经》为核心理念，取儒释道三家之所长的企业文化，已经成为集团管理的重要基石，也是集团在各领域迅速发展领先的灯塔。

“我们会是有责任心、有良心的企业。在企业良性运转的同时，回报社会。”马奕谦将每年1月7日定为“奕齐公益节”，他组织同事多次赶赴大别山，为学校捐赠大量的教学物资和书籍，为山区的孩子送去温暖和希望。同时，长年资助留守儿童，提供教育经费，并提供实习就业机会。

每年，大别山北利辛县板集初级中学年迈的老校长都要历经十几个小时的车程，拎着两瓶香油或是一篮土鸡蛋来到奕齐集团，以表示孩子们的感激之情。

“结庐在人境，而无车马喧。”马奕谦在外界有着公认的儒商形象，此外，还有着一份文人气质。他以超出年龄的沉稳和内敛把握着入世与出世的平衡，以通达的智慧洞察着企业和人世的兴衰沉浮。善书者至情至性，善琴者通达从容，马奕谦以独特的人文情怀深刻塑造着整个集团的社会形象。

杭州汽车东站小商品市场的蜕变故事

陈生根

浙江人做小商品市场，在全国都是出了名的，浙江人经营的小商品市场遍布全国各地。而说起杭州本地的小商品市场，老底子的杭州人首先想到的一定是杭州汽车东站小商品市场。

一来汽车东站小商品市场成立早，早在1991年就已开门营业，那时候的小商品市场还不多，该市场是很多杭州人购物的好去处。

二来地理位置好，市场地处杭州东大门交通枢纽中心，有十余条公交路线经过，又毗邻火车东站、沪杭甬高速公路杭州入城口，交通十分便利。

三来货品齐全，商户众多，市场创立之初，有各类商户3700多家，经营的商品包含服装、箱包、文具、玩具、日用百货等，基本覆盖老百姓日常生活的方方面面。

如今汽车东站早已搬迁，而东站市场几经变迁，已成为杭州最大的服装辅料批发市场，不变的是市场依然门庭若市，热闹红火。

在专业市场普遍受到网上交易冲击的当下，东站市场的稳健发展态势让人好奇其长盛不衰的秘诀是什么？

东站市场变形记

成立于20世纪90年代初期的汽车东站小商品市场乘着改革开放的东风，伴随着中国制造业的空前发展，各类货品琳琅满目、物美价廉，市场发展一日千里。

那是浙江小商品市场的黄金年代，在东站市场拥有一个摊位就意味着源源不断的财富，会引来众人艳羡的目光。

那些年，东站小商品市场凭借得天独厚的地理位置和高效规范的管理不断刷新市场成交记录，市场开办没几年，就先后获“全国文明市场”“浙江省文明市场”“浙江省规范化市场”“杭州市文明市场”多项荣誉。

随着杭州城市建设步伐不断加快，城市中心东移，2001年，东站市场进行了历时一年的整体拆复建改造。2002年9月25日，在东站市场建市11周年之际，一座总投资达1.5亿元的现代化新型市场拔地而起。新建市场共五层，地下室为大型停车场及市场消防安全等公用配套设施；一至四层为经营区域，共有营业房1600余间，精品写字楼50余间，是集信息、物流、展示、购物为一体的现代化小商品市场。市场经销商品全部实行划行归市分楼层经营，一楼经营服装辅料；二楼经营小百货、童鞋等商品；三楼经营针织类、文化用品类、儿童玩具等商品；四楼为商务写字楼和办公用房，商务写字楼由市场内经销主打商品的经营大户进驻。

市场大楼外观气派，内部配套设施齐全，托运、寄存、医疗、通信、餐饮等一应俱全，市场还提供法律咨询、会计事务代理等服务项目，服务体系完备。建成后的新东站市场成为当时杭州市最大的室内市场。2003年底，市场成功创建为“浙江省三星级文明规范市场”，成为杭州市第一家小商品类“省三星级”市场。

新市场焕发新活力

然而，繁华中往往蕴含着危机，舒适中往往潜藏着危险。如果说2001年市场拆迁重建、摊位铺面划分是东站市场面临的一次挑战，而总经理陈生根带领市场管理团队成功地应对且使市场越来越红火的话，那么接下来的电商冲击就是市场面临的更大危机和挑战。

2005年前后，嗅觉敏锐的陈生根早已意识到了转型的必要性，他当机立断，将服装辅料作为主攻方向。在他看来，杭州已有不少知名服装专业市场，但市场单体规模普遍较小，并没有专门的服装辅料市场与之配套。而服装无论是通过线上还是线下销售，对服装辅料的一站式、全品类的采购需求始终存在。电商销售渠道的爆发，对服装辅料专业市场不仅不会形成冲击，反而是巨大的机遇，服装辅料市场必将随着服装电商的兴盛而繁荣。

在陈生根带领下，从2006年起，东站市场经营品种进行了三次大面积调整，从原来以经营小百货为主成功转型为以杭派女装为依托的服装辅料专业批发市场。

东站市场由此华丽转身，奠定了市场继续平稳发展的基础：2013年度，市场年成交额首次突破40亿元，迈上了一个新的发展阶段。近五年来，市场成交额和税收稳中有升。通过不断丰富产品品类，优化市场布

繁忙的杭州汽车东站小商品市场全貌

局，东站市场在新时代焕发出新活力。

汽车东站小商品市场的变形记给予市场从业者太多的思考和感悟，陈生根认为，没有永远行得通的商业模式，市场瞬息万变，唯有适者才能生存，在生意场上，没有永恒的成功，唯有居安思危，拥有前瞻的眼光和改革的魄力才能引领潮流。

市场的明天更美好

市场要兴旺，管理是关键。从成立之初，市场就坚持实施法制化、制度化、规范化管理，真正做到“二为”：为经营户创造一个公平公正的交易环境；为广大消费者创造一个舒适放心的购物环境。

20多年来，不管市场如何变迁，办场的目标从来没有变过。“在东站市场经营要诚信，到东站市场购物很放心。”这是东站市场管理团队的宗旨，也是这么多年东站市场依然兴旺的秘诀。

“东站小商品市场内商户众多，利益诉求多元，市场管理要求很高。如果没有有效的管理机制，市场很难发展壮大。”在市场管理上，陈生根将他的军人本色展现无遗。其中一个典型事例是，从2005年初起，东站市场制定“规范市场管理，鼓励做大做强，取缔违章出租，促进市场繁荣”的工作方针，开展为期两年多对擅自出租营业房等违规违约行为的专项整治。

“这是市场管理上的一项浩大‘工程’，涉及人和利益等诸多方面的阻力和压力，说情的、求情的、威胁的，甚至恐吓的，什么样的滋味、什么样的压力我都承受过。”然而，通过两年多的整治，市场商户从当初的1600余户锐减到目前的800余户，市场的成交额和上缴税收却稳步增长。

事后，陈生根百感交集，通过专项整治，取缔了“二房东”，商户经营成本显著下降，恶性竞争减少，市场进一步繁荣，交易额稳步增长，上缴税收显著增长。同时，通过这次整治彻底改变了市场杂、散、乱的局面，大大提升了市场形象。市场内许多经营大户成为周边大中型商场、超市的物流配送中心，成为服装加工企业的辅料“配料仓储调剂中心”。

东站市场严格规范的管理也赢得了商户和消费者的高度认可，2006年被评为“全国诚信市场”，2008年又获“浙江省改革开放三十年十大先锋市场”荣誉。

“办市场说难不难，说容易也不容易。主要是要操心的事情又多又杂，市场从业人员从商户到保洁几千人，只有市场经营好，几千人的饭碗才捧得牢。办市场、做生意，不仅要将经济效益顾牢，社会效益也要顾牢，这也是我们市场的社会责任感。”

正是在陈生根的坚持下，东站市场的发展不仅让杭州汽车东站小商品市场有限公司每年上缴利税位列江干区市场前列，更带动东站地区形成了极具经营特色的服装辅料特色市场群。

陈生根表示，在不久的将来，毗邻东站小商品市场，将迎来一个专营服装面料的专业市场。“未来，东站市场肯定还要经历更多的市场洗礼，但是相信市场的明天将会更美好！”

农贸市场美丽变革的总策划师

数字农贸产业园隆重开园

“这是菜市场还是超市，还是景区？” 2019 年 7 月 24 日，杭州老旧小区的最中心，当朝晖六区农贸市场揭开变装后的神秘面纱，对着与之前面貌天壤之别的网红智慧农贸市场，重新光顾的“马大嫂”们发出阵阵感叹。

从脏、乱、差到整洁、美观、舒适，农贸市场的华丽转身是时代变迁中百姓生活巨变的鲜亮缩影。作为全国 2000 多座农贸市场集体变脸的幕后英雄，杭州一鸿市场研究咨询有限公司（以下简称一鸿）功不可没。

一件有意义的事

杭州一鸿市场研究咨询有限公司是一家以农贸市场为核心，提供调研规划、市场设计、招商运营、品牌输出、市场开发等专业性服务的企业。简单而言，他们是农贸市场的服务商，为农贸市场量身提供设计、施工、运营、管理等全链条一站式服务。

从2002年涉足农贸市场的设计规划至今，该公司专业化服务农贸市场之路已经走过17年，形成了规范的农贸市场研究、设计、投资和运营服务体系，至今，公司服务覆盖全国大部分省市，为全国2000余家农贸市场带来全新面貌。

随着城市发展的日新月异，很多老小区里的老市场离市民高品质生活需求越来越远，窄小的市场空间，凌乱的摊位摆放，老化的物业设施，无序的市场管理……菜篮子仍然是百姓生活须臾不可离的基础，但是愿意去农贸市场的人日渐稀少，快速买菜快速离开成为很多人的惯常做法。

农贸市场已经不适合社会的需求了吗？农贸市场要被飞速发展的社会淘汰了吗？

答案当然是否定的。

"老旧的小区可以改造提升，老旧的农贸市场当然也可以！在城市中心、小区内部的老市场有着大型生鲜超市无可比拟的便利性和更丰富多样的蔬菜生鲜品类，并且承担着更多的社区社交功能。""农贸市场关系着百姓民生，连接着千家万户。"一鸿从杭州第一轮农贸市场改造提升就开始专业化服务农贸市场，是杭州、浙江乃至全国各地农贸市场旧貌换新颜的重要参与者和见证人。

在一鸿创始人吴刚眼里，提升改造农贸市场是一件非常有意义也是非常有价值的事情。"最高兴的事情就是看到一个老破旧的农贸市场在我们的参与和努力下，变成一个高颜值、高品质的公共生活服务空间。""这些年来，一鸿一直致力于改变农贸市场给人带来的脏乱差固有印象，让农贸市场成为舒适、温馨、高品质的公共空间，吸引更多的市民喜欢逛市场。”

一次有温度的改造

“农贸市场的改造提升要紧紧围绕市民的生活需求，要以提高市民逛市场的舒适度和满意度为根本目标。”说起这些年来的改造项目，吴刚感慨颇多，“一鸿参与改造的农贸市场总的来说就是四个字——以人为本，让市民充分感受到逛市场的乐趣，是我们追求的目标。”

为了这四个字，一鸿的专业化服务不断在升级，从最开始的业务范围市场建筑设计、室内装修设计，逐步向前后端延伸。前端深入到农贸市场

昔日脏乱差农贸市场成为一道靓丽的风景线

选址、项目规划等咨询服务提供；后端则为建设好的市场开展招商策划、运营指导、品牌打造等服务。目前，一鸿覆盖项目前期、中期、后期的全流程农贸市场服务体系已经逐步完善，一鸿也成为在行业内颇具影响力的集市场研究、咨询、策划、运营为一体的服务型企业。

然而，从整体到细节，一鸿对农贸市场提升改造的追求没有止境。每个项目，一鸿都针对市场本身的条件和特点进行整体设计。硬件建设上，讲究舒适安全温馨的购物环境，细节处独具匠心；软件提升上，从市民的需求出发，用智能化手段武装传统农贸市场，讲究方便快捷人性化。

朝晖六区农贸市场改造前后的巨变充分证明一鸿专业化服务的匠心。

该市场面积约 1000 平方米，建于 20 世纪七八十年代，如今已成为被老居民楼环绕的“老旧小”农贸市场。一鸿为该市场提升改造设计方案并彻底将之改造成为生态型智慧网红菜场。不仅保留了那份老城区独有的“杭儿风”，成为老顾客流连忘返之地，也吸引了许多年轻人爱上农贸市场。

走进该农贸市场，从门头开始，设计者的匠心就处处体现，“朝晖”二字让人一看就提神振气，水果摊位靠近主入口，带来鲜亮的视觉效果；水产海鲜安置在易于通风散味的位置；冰鲜冻品靠近后入口，便于运送冰块。

而在软件提升上，该农贸市场安装了全新的智慧系统，在每个摊位上方都悬挂着一个小型显示屏，店主信息、货品溯源、价格变动均可查询。而在门口的大型显示屏上，则汇总归纳了整个菜场的信息，为市场管理运营提供数据支持。该农贸市场还采用“客无忧”智能电子秤，接入支付宝支付、微信支付、银联支付等多样化支付渠道。蔬菜过秤后，顾客不仅可以拿出手机扫一扫支付，还可以使用刷脸支付功能。

此外，该农贸市场由专业公司提供智慧食品安全解决方案，为市场食品安全保障工作提供技术支持。还邀请有机垃圾处理专家为市场量身打造生态闭环，确保生鲜垃圾不出农贸市场。

彻底改头换面后，该农贸市场成为全国城市农贸中心联合会零售市场专业委员会暨2019年中国农贸市场发展峰会的指定参观市场之一，来访的国务院参事刘志仁和农贸联会长马增俊对市场改造提升工程给予高度评价。

一种有信念的初心坚守

2017年，一鸿创办全国首家农贸商学院，举办新型农贸市场共享交流会；2019年，一鸿创建全国首家数字农贸产业园，作为发起单位和承办方举办农贸联零售委成立大会暨2019年中国农贸市场发展峰会，并成为农贸联零售委第一届理事长单位。十多年来，一鸿始终围绕农贸市场这个核心服务对象，向上下游延伸，不断拓展服务范围，为一个又一个不一样的农贸市场提供一个又一个因地制宜、量身定做的改造提升运营一揽子服务方案。

谈及未来，吴刚表示，一鸿将坚守初心，继续做好农贸市场集成服务提供商，将一鸿打造成享誉全国的农贸市场服务品牌。一鸿的角色将更为多元，围绕农贸市场这个核心，在投资开发、管理培训、专用产品开发与制造、电商运营等方面逐渐走出一条属于一鸿的新路。

“做企业，赚钱并不是全部，承担社会责任，实现企业价值，是一鸿一直以来的初心，‘助力民生工程，发展公益事业’是全体一鸿人铭刻于心的使命，未来，我们仍将以此为宗旨，朝着‘中国一鸿、民族品牌、百年企业’目标奋进。”吴刚对企业未来信心满满。

一根长丝构筑『化纤王国』

庄奎龙

2000年，梧桐故里，湘溪河畔，一颗名为“新凤鸣”的新星悄然升起。从一个年产仅4万吨规模的化纤小厂，成长为集聚酯、涤纶长丝、PTA、进出口等为一体的现代大型股份制企业，并成功登陆A股市场。近20年时光里，新凤鸣集团股份有限公司（以下简称新凤鸣）用一个个数字、一个个项目，绘制出了一张“新凤鸣化纤蓝图”。

励精图治夯实基业

2000年，新凤鸣前身——中恒化纤正式成立。回首当时境况，公司党委书记、董事长庄奎龙坦言，当时公司基础薄弱，年产能仅4万吨规模，总资产刚达到5000万元，产品销路只集中在周边地区，在扎堆的化纤厂中默默无名，利润低薄。穷则思变，新凤鸣领导团队以破釜沉舟的创业勇气，开启了一段艰苦创业史。

产品名气不够响亮，企业实力不够强大，庄奎龙深知，小作坊小企业的发展步调必定会遭受排挤打压。要想在市场中立足，唯有舍得投资，把自身做精做强，才能夯实基业。

纵观当时的化纤行业，普遍使用品质低、用工多、能耗大的切片纺长丝设备。基于此，新凤鸣人作出一个“撑杆跳高”式的大胆决策，开垦“荒地”创办桐乡首家企业园区——中驰化纤工业园，并斥巨资引进熔体直纺技术和细旦差别丝熔体项目，终于在2006年实现整体年产能突破50万吨的战略目标。

2008年，美国金融危机席卷全球。新凤鸣领导团队警惕察觉，这是场非同寻常的暴风雨。在经过激烈的思想斗争与反复研讨后，果断决策尽早对公司原料、成品库存做出调整。

“当时原材料价格每日走低，产品一旦积压占用资金就会对企业运行造成负担，因此我们决定要低库存、低成本运行。”这次大手笔调整，让新凤鸣平稳有序地熬过了市场寒冬。

与此同时，公司还瞄准国际经济复苏带来的进口设备低价时机，结合行业对差别化产品的新需求，逆势而上，决策投资14.5亿元引进当时国际最新的WINGS卷绕设备和行业内首套全自动包装线，上马年产36亿万吨差别化功能性纤维项目。这中间，仅设备采购这一项，就大大节省了投资成本。

往后几年，企业持续加大投资，中维公司开工建设，中盈、中石项目陆续上马。2011年，企业销售额突破百亿元，2012年，销售额、产能突破双百，成为嘉兴市第二家双百亿企业。至目前，公司整体产能突破440万吨，PTA产能220万吨。

短短十余年，新凤鸣产能规模和销售收入翻了几十番，产品远销欧洲、美洲、中东等全球30多个国家和地区，成为化纤行业异军突起的后起之秀。

科学创新弯道超车

“企”字人当头，唯有拥有出色的人才，打造一支决胜于千里之外的人才队伍，才能让企业迈上良性发展道路。

庄奎龙回顾企业成立之初，急缺精通专业知识的管理和科研人员，在不断加强内部学习的同时，公司领导层积极推动学习型企业打造，不定期组织、带领生产经营班子赴同行先进单位参观、取经，对标先进，找准短板，针对自身不足出点子、想办法、寻方案。

此外，新凤鸣实施人才倍增计划，通过对人才的重视培养，以待遇留人，以情感留人，以梦想留人，新凤鸣网罗了一批有实力、有干劲的专业人才，为其开辟新征程积蓄足够能量。

科研创新也让新凤鸣加快了转型升级步伐。在庄奎龙看来，新凤鸣的发展靠的不是进入陌生领域扩展多元化经营，而是不断挖掘、发现和利用内部资源，做大做强主业，加快传统产业结构调整和优化升级。“创办企业快二十年，我们始终专注于做实业，专心做化纤，在不断总结中提升，在不断提升中超越。”

2003年，新凤鸣技术中心——桐乡市化纤发展研究中心被列入省级科技中心行列。这一以开发高性能、高技术、高附加值的差别化新产品为主要目标的技术中心，为企业构建了产学研平台。依托该平台，新凤鸣进一步加大与东华大学、浙江理工大学、嘉兴学院，以及康泰斯、巴马格等院校和科研机构的学习交流，使企业获得长足的创新动力。

随后，纳米抗紫外线功能纤维、Eacool 吸湿排汗纤维等新产品成功面市，先后获省、市科技进步奖，并被列入国家火炬计划、国家火星计划、国家重点新产品等。

2011 年，新凤鸣成立嘉兴市级院士专家工作站，5 年后，成功获评“全国示范院士专家工作站”。2017 年，公司研究院顺利获批省级重点企业研究院，次年，公司博士后工作站正式揭牌。2018 年底，公司与诺贝尔化学奖得主、美国国家科学院院士巴里·夏普莱斯教授及其团队签订合作协议，嘉兴首家、浙江省第二家诺奖院士站正式成立，这不仅对新凤鸣的长远发展具有重要的战略意义，更对聚酯产业的科技发展、绿色发展，乃至整个民用长丝产业升级都具有重要意义！依靠上述平台，新凤鸣持续强化与高校、科研机构及供应商合作，共同着力于开展聚酯及涤纶技术创新、产品研发、节能降耗、产品升级、科研申报等工作。

强大的科研团队，为新凤鸣带来累累硕果。截至目前，新凤鸣累计获得专利 400 余项，其中发明专利 21 项。此外，企业项目“大容量短流程熔体直纺涤纶长丝柔性生产关键技术及装备”“聚酯酯化废水中有机物回收技术”等，获国家科学技术进步二等奖、全国纺织工业联合会科学技术进步一等奖、管理创新成果大奖等荣誉。

庄奎龙深知，创新驱动高质量发展。于是，大规模的“机器换人”奏响了新凤鸣由“制造”向“智造”的转变。为抢占高地、抓住优势，企业又确定“建设智能工厂、打造行业一流信息化标杆企业”目标。他们围绕管理创新，以“互联网 +”为方向，伴随 ERP 提升项目第一期工程正式上线运行，一个更现代、更便捷、更科学的新凤鸣绽放出耀眼光华。

新凤鸣集团股份有限公司外景

高端专业推动绿色制造

2019年7月，工信部公示第四批绿色制造名单，新凤鸣子公司——中石科技入围第四批绿色供应链管理示范企业公示名单，其涤纶长丝产品入围第四批绿色设计产品公示名单。截至目前，新凤鸣累计获国家级绿色工厂、国家级绿色设计产品、国家级绿色供应链三项荣誉，实现了工信部授予企业绿色制造领域荣誉的“大满贯”。

事实上，作为国内年产能百万吨级以上最专业涤纶长丝生产企业之一，自成立以来，新凤鸣始终将节能环保工作放在首位。

庄奎龙记得那是2009年，当时企业并不宽裕，但他依然决定投资

2000 余万元建设污水深度处理和中水回用设施及其他环保配套设施，在排污方面达到国内先进水平。

在新建技改项目时，他们又不惜重金引进更为环保的生产设备。“从第一套熔体开始，我们均采用以‘安全性、环保性’著称的美国杜邦工艺康泰斯、中纺院聚酯设备和德国巴马格纺丝卷绕设备。”

除此之外，基于聚酯纤维制造高耗能劳动密集的行业特点，新凤鸣作为行业龙头企业，积极贯彻落实智能制造和绿色制造方针，通过各环节技术改进、能源综合循环利用等手段，使能耗水平达到业内领先水平，被中国化学纤维工业协会认定为中国低碳环保功能性长丝制造基地。

值得一提的是，新凤鸣绿色制造的专业化技术储备通过 PTA 项目也得到深度体现。新凤鸣在建的两期共 440 万吨 PTA 项目，引进行业领先的英国 BP 公司最新的绿色化、智能化 PTA 生产工艺技术，该技术具有节能降耗、三废排放少、生产成本低、装置投资节约、自动化程度高等特点，物耗能耗方面相比传统 PTA 生产技术优势巨大。据相关数据显示，一套 220 万吨装置在满足自身耗能情况下，每年还有 2 亿到 3 亿度电力盈余，可以输送电网获利或者自用。

跻身资本市场提增综合实力

随着市场竞争日趋激烈，行业加速洗牌。居安思危，新凤鸣开始积极寻求更先进的技术能力、更完善的产业整合，以及更符合自身需求的发展道路。

2017 年 4 月 18 日，经过多年筹备，新凤鸣顺利登陆上海 A 股主板，正式跨入资本市场大门，迈向更广阔的发展空间。

近年来，民用涤纶长丝行业的第一梯队不断扩大产能，新凤鸣在上市后也保持着较快的产能扩张步伐。2018 年，公司新增涤纶长丝产能 100 万吨，涤纶长丝国内市场占有率接近 10%。根据其披露的项目建设进度，目前新凤鸣在建产能还包括桐乡中益化纤一期 60 万吨涤纶长丝项目、湖州中跃化纤一期 56 万吨项目。其中，后者已于 2019 年 10 月底全部投产，公司涤纶长丝产能规模由此达到 500 万吨，稳居行业前三。

据公告披露，新凤鸣近年各产品产能利用率均在 95% 以上，并保持 98% 以上产销率。通过产能的稳步扩张，新凤鸣主营产品市场占有率稳步提高，并进一步巩固公司行业龙头地位。

值得注意的是，随着中跃化纤一期项目投产，新凤鸣在湖州东林镇地区的产能规模将进一步提升至 180 万吨，成为继桐乡本部之后，第二个产能 180 万吨规模的单一区域。集中化的产能分布，使公司在产品结构调整、能源综合利用及公用工程利用等方面形成了更好的生产管理协同。

另外，为进一步增强对上游原材料成本的把控能力，新凤鸣在产业链布局方面也下了一番功夫。眼下，平湖市独山能源一期 220 万吨 PTA 项目已于 7 月进入中交验收阶段，10 月底正式投产；二期年产 220 万吨绿色智能化 PTA 项目计划于 2020 年三季度建成。

5G 工业互联网加速转型升级

2019 年 6 月，中央电视台《新闻联播》在《坚持高质量发展 笃定前行》系列报道中，以 26 秒时长展示新凤鸣“5G 智慧工厂”长丝生产车间，一排排化纤丝筒从生产线整齐有序地产出，搬运机器人来回跑动，所有生产景象都以超高清影像同步传输到公司的工业互联网平台上，并实现对全集团装置生产集中管控、作业调度和专家处理。

作为数字经济先发省，2019 年，浙江省实施 500 个智能制造应用示范项目，建设基于 5G 技术的“无人车间”“无人工厂”。新凤鸣作为嘉兴首个“尝鲜”5G 工业互联网应用企业，已实现 5G 网络覆盖，在移动办公、视频通信、数据采集等多个领域开展应用。此外，新凤鸣还建成集“主数据、实时数据、ERP、MES、大数据及辅助决策和工业 App”等于一体的工业互联网平台“凤平台”，依托该平台实现内外部互联互通，一体化打通公司业务链、数据链和决策链，实现了“智能 + 办公”、生产、经营、能源、销售和辅助决策等应用。

目前，新凤鸣“55211”信息化工程（二期）项目正在有条不紊推进中。庄奎龙表示，未来，公司将紧跟时代潮流，继续改革创新推动发展进程，带动化纤行业向绿色低碳、数字化、智能化和柔性化等方面的高质量发展，为化纤行业的进步贡献力量。

一『湖』美酒，醉了千年

“西子猫猫”IP 网红店

“未能抛得杭州去，一半勾留是此湖。”“欲把西湖比西子，淡妆浓抹总相宜。”熟悉杭州，喜爱西湖山水的人，大概都知道白居易、苏东坡的诗句。西湖因诗而兴，因民间四大爱情传说中的《梁山伯与祝英台》《白蛇传》在全国广为流传。西湖借诗魔白居易，写不尽西湖山水的 200 余首诗，经诗友们的唱和而昭告天下。

顺应时代潮流，作为杭州这座城市的金名片，又是全球瞩目的世界文化遗产地，西湖“精致和谐、大气开放”的气质不曾改变，保护传承和科学化的管理始终是每一个西湖人为之奋斗的使命。

始于西湖，聚力发展

在省、市、区、管委会各级领导的关心和指导下，2011 年 11 月 18 日，杭州西湖风景名胜区管委会下属的国有企业——杭州西湖风景名胜区资产经营集团有限公司成立。

集团立足西湖，聚焦大旅游业务，为游客提供优质的综合旅游服务。目前，集团下属控股公司7家，参股企业13家，涉及观光客运、旅游配套及旅游创新业态等行业，如旅游交通、数字景区建设、车场管理、会展服务、文化创意、安保服务、新媒体运营、餐饮管理、物业后勤、园林绿化等。公司通过投资、建设和经营景区优质项目，既为游客提供优质的综合旅游服务，同时保证国有资产的优化配置和合理利用，确保国有资产保值增值。

通过几年的运营，公司总资产从成立时的1.2亿元，现已达到8.27亿元。公司先后获“省级青年文明号”“市级文明单位”“杭州市创建和谐劳动关系先进企业”“杭州市第八届消费者信得过单位”“杭州市平安示范单位”“G20杭州峰会志愿服务先进集体”等荣誉。

西子猫猫，杭州味道

“杭州美，最美在西湖。”一湖映双塔、湖中镶三岛、三堤凌碧波……这个美丽多情的地方，除了惊艳世界的美景、古老的爱情传说、才子佳人的翰墨留香，现在文化创意产业也是别具一格。

“在西湖，到西湖边打卡‘西子猫猫’IP网红店，带走网红的杭州话祈福产品，已经变成越来越多年轻人来西湖的必备环节。”来自杭州相约西湖文化创意有限公司文旅IP——“西子猫猫”IP矩阵以“西子猫猫”为纽带，集合西湖景区历史人物、传说故事、美食等IP，为大众带来妙趣横生又集颜值与特色为一体的景区IP矩阵。

该公司成立于2012年1月，初创阶段以经营名家授权的“西湖十景”画作衍生品为主业，2014年开始逐步发展成为打造景区自有“西湖礼物”品牌的文创平台运营商，依托“西湖礼物”门店销售景区特色文创旅游纪念品，把杭州本土一些比较好的旅游产品推荐给游客，打造“线上 + 线下”资源对接平台。

在互联网和科技推动下，IP 已成为市场营销与年轻人交流沟通最快捷有效的方式，IP 拥有人格化、故事化、场景化、商品化基因优势，可以很方便与各个商业类型和文化场景进行跨界，IP 的创意设计等不同的玩法可以迅速吸引年轻人的流量和消费，吸引流量，制造话题，引导消费，可将周边产业进行互利多赢的产业生态链接。

因此，2017 年底，该公司与上海时代卡通研究院共同合作创造“西子猫猫”文旅 IP，作为杭州可爱的二次元导游，走进年轻游客，为他们的江南忆添上了一笔浓重的西湖回忆。

“西子猫猫”是针对杭州开发的城市文化旅游 IP，由杭州相约西湖文化创意有限公司与杭州萌界文化合资成立专项公司——杭州西猫文化创意有限公司独家经营，深入打造杭州文化旅游 IP 生态。它以新国民、新国风、新国货为品牌理念，以独创的《CVI 品牌角色管理体系》为品牌基础，具备完整规范的专业开发体系，借助大数据、客户流量，为游客提供更多年轻化、国潮风的西湖文创产品，打造西湖文创新模式、新概念。

目前，“西子猫猫”IP 产品已达 500 余款，在西湖景区湖滨、苏堤有了自己的销售门店，在银泰 in77 城事新说、河坊街樊登书店、宋城景区等拥有代销点位。

杭州相约西湖文创公司的发展，带来了近千款原创产品，带来了“西湖物语”“西子猫猫”的新兴 IP 品牌，带来了“西湖礼物”文创平台。“我们将再接再厉，通过景区资源的再整合、文创产品品牌化、景区 IP 打造商业化等措施，进一步推动西湖景区文创达到新的高度。”杭州相约西湖文创公司负责人表示。

醉西湖，画中取茶酒

醉西湖，醉在人杰地灵的西湖自然景观，于是寄情山水、感悟生命成了许多文人墨客的钟爱。“老市长”苏东坡重回杭州与旧友相逢再次如醉如痴地观赏西湖的雨景，写下“到处相逢是偶然，梦中相对各华颠。还来一醉西湖雨，不见跳珠十五年”。

畅古怀今，四季如画、景色迷人的西湖，醉在杭州西湖风景名胜区文化旅游有限公司倾力打造，醉在杭州西湖风景名胜区信息化建设中“感知西湖、智慧旅游”重点工程的建设。

2012年以来，杭州西湖风景名胜区文化旅游有限公司先后建成和运营西湖游览网、“智慧西湖”服务亭及自助服务终端、“西湖旅游”微信公众号、西湖景区天猫旗舰店等直营平台；整合了千岛湖、宋城、西溪湿地、杭州海底世界等周边优质旅游资源；开拓了景区直通车、码上游、VR全景、语音导览、智能望远镜等一系列创新增值服务项目。在提升景区信息化水平、完善智慧旅游服务体系方面均取得显著成效。

公司倾力打造的醉西湖品牌始终坚持传承文化，发扬文化精髓理念，围绕西湖人文历史，结合地方区域特色，旨在为消费者提供品质优良、性价比高的旅游商品。至2012年注册以来，“醉西湖”陆续开发出酒类、茶类两大系列十余款产品。

西湖是画钓醉酒，醉卧西湖赏美景。人间仙境怎能缺少一款饮湖上小酒呢？无论从市场需求还是感情诉求，都需要一款标志性的白酒品牌来诠释浙江人的人文精神。酒不醉人，西湖的风景也醉人，“醉西湖”酒系列产品于西湖山山水水的沁润中愈陈愈香，其品牌蕴藏了丰富的西湖文化内涵。

市场经济时代，传统工艺已经被大部分产业化的酒厂摈弃。“醉西湖”仍然坚守民间固态酿酒的小灶工艺，利用天然微生物接种，固态糖化发酵。采用高成本的固态瓮桶截头去尾蒸馏法，虽然产量低，但求保证滴滴精华。

据悉，每一滴“醉西湖”都是生产完成后直接窖藏，中途不做任何勾兑，强化传统的口感特征，入口醇净柔和、甘润爽口，且具有不上头、不口干、醉酒慢、醒酒快的显著特征。造型犹如南宋官帽的酒瓶，由景德镇大师设计制作，具有浓厚的南宋特色，此外观造型也已获得国家外观专利，具有收藏价值。

为满足不同“醉粉”的需要，“醉西湖”小酒系列产品倾情上线，深度挖掘西湖南宋文化之韵，赋予西湖十景、人文与传说的文化内涵，酒体清透明亮，酒味清爽宜人，酒香馥郁芬芳的青梅酒、红梅酒、桂花酒、花雕酒四种 100ml 规格的小酒产品，极具质感的磨砂玻璃小酒瓶，匠心独具的三款时尚包装——“四季款”“东坡款”“青白闺蜜款”，颜值与内在并存，在景区官方线上公众号及西湖景区线下门店都能买到，上市仅三个月，单月销量已突破万瓶。

万丈红尘三杯酒，千秋大业一壶茶。2018 年，白酒产销逐步稳定后，团队又开始进军茶行业。

酒能醉人，茶亦醉。茶系列产品沿袭了“醉西湖”品牌名称，团队先是在西湖龙井核心产区内租下一片茶园，以保证茶叶原产地正宗和品质优良，又与中国茶叶博物馆联合打造满觉陇炒茶中心，完成制茶体验、茶宴体验和茶文化游学体验等周边产品开发。

当然，优质的茶叶品质也决定了其价格不菲。目前，醉西湖系列茶产品中，特级西湖龙井价格近 7000 元 / 斤。为了能让普通市民和游客都能品尝到特级的西湖龙井茶滋味，团队在 2018 年又特意定制了 20g 小罐装、售价 200 元的西湖龙井体验装，放在公司旗下的西湖景区内的各家旅游产品门店销售。

目前，“醉西湖”特级西湖龙井已连续在第十一、十二届“国际名茶评比”中斩获金奖，2016 年“醉西湖”茶叶类商标被杭州市评为“杭州市著名商标”。

一家有人情味的智能超市

潘金泸

在便利狗 24H 智能超市，墙上写着这么一句话：深夜便利店就是那种全世界都不在乎你，可它却依旧为你亮着灯的地方。

在潘金泸的构想中，未来的超市应该是“智能的”“体面的”，甚至是“富有人情味的”——从用户进入店铺开始，便利狗就会注册录入虹膜数据或者手掌毛细血管数据，给每个顾客一个唯一的终身 ID，配合体态的行为检测算法，判断顾客拿取商品的动态，确定其是否“拿了”。在商品识别上，通过成熟的视觉收银技术，实现无感支付，顾客无须现场付款，就可以拿着商品一走了之。

这不是潘金泸的“一厢情愿”，也并非某种学术性科技畅想。随着我国信息技术飞速发展，在他带领下的杭州便利狗智能科技有限公司（以下简称便利狗）正朝着构想中的完美超市跃马扬鞭，一往无前。

18岁外出打拼

初识潘金泸的人，都会在脑海里留下“温文尔雅”，甚至近乎“与世无争”的印象。潘金泸出身于浙江台州贫苦农村家庭。20 世纪 80 年代，18 岁的潘金泸早早走上社会，只身远赴东北辽宁以工养学，积累下宝贵的社会经验与人脉。20 世纪 90 年代，改革开放浪潮席卷全国，服装业异常火爆。坊间流传一句顺口溜：不管多大官，都穿夹克衫；不管多大肚，都穿健美裤。健美裤可以说是那时候中国最潮流的裤型。1993 年，在外打工的潘金泸看到商机，回家向银行贷款开了一家服装厂。

可事与愿违，整整两大卡车价值 30 万元的健美裤仅仅收到 3 万元预付款，尾款迟迟没有到账，刚开的服装厂不得不关门，雄心勃勃的潘金泸刚创业就遭遇了滑铁卢。

所幸，失败并没有让潘金泸停下脚步，反而教他学会如何审时度势，尝试更多先机。他在昆明螺狮湾卖过日用品，在山东创办过水电安装公司，有过收获，也遭遇过生产设备被洗劫、上千万元工程款因客户事故而不了了之的“横祸”。在摸爬滚打间，潘金泸从未气馁，他甚至觉得如果不是当年亏损了那么多钱，可能也不会有今天的成就。

“亏损未必就是一件坏事。如果你一直处在一个比较安逸的状态里，安逸的生活过惯了就不会想去奋斗了。”塞翁失马焉知非福，潘金泸认为有失才有得，钱没了人脉还在。只要大家相信他，一切都可以清盘重来。

开启一场“任性”的“解放”

潘金泸与便利店有着不解之缘。对他来说，便利店意味着一处精神上的“驿站”。

二三十年前，离潘金泸家不远有爿小便利店，那里灯烛昏暗，商品稀少，甚至柜台上还有积灰，但彼此相熟的老板会在下班之际帮他准备最喜欢的烧酒，请他坐下聊聊天、解解乏。那时候，忙碌一天的疲惫、饥饿，都能在小小的一爿便利店里得到缓解。

2012 年，潘金泸终于因投资建设太阳能光伏发电站而迎来事业腾飞。此后他一路披荆斩棘，先后成立台州泓阳旅游集团有限公司、台州高麦影视制作有限公司、台州汉宗网文化传播有限公司等国内知名企业，业务涉及旅游、环保、房地产开发、影视拍摄制作以及网络科技研发等多个领域。

时代在变，真情不变。事业有成的潘金泸并没有忘怀记忆深处的那爿便利店，事实上，他的同乡玩伴中有很多人在外地开私营小超市。相聚时，他们纷纷抱怨：小超市商品采购难，没有渠道，价格压不下来；招工难，人力成本高，凡事得自己亲力亲为；租房难，偏僻的地方没人流，热闹的地方租金一涨再涨，利润空间越来越小……加上缺乏长远的规划，店面装修陈旧，不符合年轻人的口味，相较于连锁超市、便利店毫无竞争力可言。

说者无心，听者有意。潘金泸想：小超市、小便利店开店难，可城市里的老小区、农村地区往往离不开这些便利店，能不能利用最新、最前沿的技术，造福城市甚至是偏远地区的小便利店呢？他在心里埋下了种子，此后不自觉地关注、研究有关方面的信息。

2016 年 10 月，马云在云栖大会上率先提出“新零售”概念，点燃了中国零售行业的激情，一时间，有关“新零售”的讨论甚嚣尘上。潘金泸看到这则消息之后，眼前一亮：如果概念可行，不正好能解决他的疑惑吗？

2016 年底，潘金泸回台州老家过春节，理应热闹的村子看起来冷冷清清。原来，由于春节期间小超市也要照常运营，很多亲朋好友只得取消春节“坚守阵地”，无法回家过年。潘金泸突然下定了决心——一定要开发一款在国内有影响力的“智能新零售”平台，通过智能的手段，真正把人从禁锢于便利店的时间、空间中“解放”出来。

有人情味的智能超市

有人说潘金泸的“解放”是“任性”的，很难实现。可潘金泸很快用实际行动证明了自己的“较真”。

杭州便利狗智能科技有限公司一角

2017 年一开年，潘金泸就紧锣密鼓地进行准备工作，他组建技术研发团队，带领团队多次辗转于北京、上海、广州等各大城市，考察京东 X 无人超市、盒马鲜生、缤果盒子、苏宁 biu 店等新零售先驱，不断丰富完善自己的产品构思。

万事开头难，从无到有是最难的一步。在软件开发过程中，潘金泸对产品设定了非常高的要求，力求将产品做到完善。经过两年多不断打磨和技术突破，潘金泸终于在 2019 年 3 月完成系统开发和产品建设，实现 19 项专利技术突破，并注册成立“杭州便利狗智能科技有限公司”，正式进军新零售智能超市领域。

与传统零售相比，便利狗 24H 智能超市在采购、物流、支付、销售等环节都发生了极大的变革，期冀实现传统零售全产业链的整体优化。“便利狗”定位“智能新零售”，以识别消费者需求为出发点，基于智慧化技术手段，通过大数据、互联网、供应链、物联网要素，构建出四大系统——店面经营管理系统、智能监控系统、智能收银系统、进销存管理系统。在实现商品数据化、场景智慧化、服务云化的基础上，引导原始交易转变为场景服务。

潘金泸对便利狗的理念设定应该是“坚持一切以顾客为中心、以消费趋势为导向”。

同时，便利狗 24H 智能超市更不同于市面上的“无人超市”。潘金泸认为，便利狗 24H 智能超市并不会为了无人而无人，而是通过新技术的运用，逐渐消除用户线下消费的阻力，让消费者切身感受到科技的便捷；不断提升商家店铺运营的效率，让商家感受到科技的价值。

潘金泸分享说：“我们要打造一个有‘人情味’的智能超市，这是我们的产品有别于其他产品的地方，具体说来离不开在创办便利狗之初的三点初衷。”

第一点初衷是解放人的自由。传统零售模式是人、物、场的绑定，随着无人技术和智能设备的发展，人的自由迟早要得到更大程度解放。有了便利狗 24H 智能超市，店主就可以更加轻松地安排自己的时间。

第二点初衷是食品安全。潘金泸回忆说，小时候在农村的便利店经常会碰到放了很久、已经过了保质期的东西还在卖。这种现象在一些地方依然还在发生。为了解决食品安全把控问题，便利狗专门开发出货物管理系统，所有食品的产地、生产日期等信息都被录入，并自动在过期前发送提醒，及时处理物品。

第三点初衷是人身安全。便利狗智能超市采用自助注册、人脸识别的进场方法，防止尾随，安装无死角监控，杜绝偷盗和其他安全隐患。

一款有温度的产品，才是能长久的产品。截至 2019 年 8 月，便利狗 24H 智能超市以杭州作为起点逐步扩展至全国，已签约 50 多家，与杭州高

便利狗 24H 智能超市

速公路综合服务有限公司达成合作意向，包括浙江沿海高速公路服务区的智能便利店项目。

描绘未来的模样

杭州是较早尝试新零售的地区，2018 年 11 月 28 日，杭州市政府发布《关于推进新零售发展（2018—2022）若干意见》，提出要在全国范围内率先建成新零售示范城市。

2019 年 7 月，国务院发布《关于推动便利店品牌化连锁化发展的工作通知》，提出打造“一刻钟便民生活服务圈”，支持开设 24 小时营业便利店，从社区、距离或人口等维度出发，重点发展有实力的、知名度诚信度高的品牌连锁企业。

潘金泸不断打磨便利狗智能超市产品。店铺管理方面，研发了一套完整的店铺管理系统，店家可实时查看店铺的状况和营业额，同时财务自动结算，系统也会自动提示配货、补货。大数据还会根据每个顾客的消费喜好作出用户画像，提供配货参考，帮助店主精准营销。在供应链方面，更是建立了一套完善的供应链管理体系，坚持厂家直供、商品直采的方式，去溢价，提高商品毛利，保障投资收益。同时，采购范围遍布全球，产品多元化也符合现在消费者的消费趋势。

潘金泸还制定出“乡村包围城市”的战略。一方面，乡村便利店有巨大的提升市场；另一方面，潘金泸想为乡村振兴做些事，乡村也需要便利狗这样的企业。

2019 年 9 月，便利狗与仙居县广度乡庆云村达成战略合作。广度乡是仙居的高山乡，平均海拔 650 米，日光充足，昼夜温差大，村里的农产品虽有品质优势，但由于交通不便，销售困难。通过便利狗直销，庆云村的土蜂蜜、笋干、红薯面等农副产品可迅速到达消费者手中。依托于自身的智能系统管理，既建立了直销通道，又能实现精准营销。

此后，便利狗又与黑龙江的农场供应商达成合作，实现黑龙江农副产品的直采。同时，便利狗也在积极帮助乡村便利店实现智能化改造，让乡村的便利店也逐步实现数字化、智能化，其中就包括与上海市青浦区供销社合作振兴乡村，落实便利店品牌升级。

对于未来的新零售，潘金泸有着美好的设想。“随着5G时代的到来，便利狗还将研发2.0、3.0版本。5G时代的到来，将驱动信息流、资金流、物流全链路的变革，人、货、场将通过数字化更加紧密地联系在一起，新零售将是更高效率的零售。可能不久的将来，在便利狗24H智能超市消费，付款的动作都不需要，进来直接消费拿走就能完成整个过程。”

吕德坤：诚信铺就千桥万路

吕德坤

诚信精神是中国第一商帮浙商自古流传的美德，自新中国成立，党和政府从多个层面在全社会弘扬诚信精神。正念利他，立己立企，以诚信为指挥棒，浙江市政建设领域赫赫有名的浙商、市政一级企业——嘉兴桐乡吕德坤带领恒基建设集团有限公司一路奔跑，集团成立 24 年来，接连获得省市级市政金奖和各级“文明标化工地”等 200 余项奖项，并两次荣获国内市政行业工程建设的最高奖项“中国市政金杯示范工程奖”，还成立业内首家“全国市政行业企业文化建设示范基地”，成为诚信浙商典范。

诚信的火种

吕德坤将企业诚信视同生命，这起源于小时候根深蒂固的家庭影响。

1964年，嘉兴桐乡市农村，吕德坤呱呱坠地。家庭经济拮据，母亲卖布鞋的微薄收入是唯一来源。母亲长途跋涉到周边县城去卖布鞋时，年幼的吕德坤也常随左右。不久，聪慧的吕德坤即发现玄机——母亲的布鞋一直是同行中卖得最好最快的！

对此，母亲解密，自家布鞋都是用上好布料一针一线缝制，货真价实，良好的口碑一传十，十传百，客人就源源不断了。“卖什么东西都要替人家着想，这样生意才能做得长远。”

母亲一席话，言浅意深，像一颗火种，让“诚信”二字在吕德坤心里扎根。

都说穷人的孩子早当家，吕德坤在家务过农，在蚕种场养过蚕种，在20世纪80年代初社会流行“泥水（匠）木匠解放军”（意为泥水匠、木匠等手工业者与参军一样吃香受追捧）时拜师学艺做起泥水匠。改革开放的春风吹拂神州大地，17岁的吕德坤听说银行推出半年贷款40元的新政策，渴望改变命运的吕德坤瞒着父母贷款去杭州做香火生意。这是吕德坤第一次进入杭州城，但兴奋劲还没过，首次出击就以失败告终，不仅没赚钱，还亏了23元。

眼看还款日越来越近，吕德坤一度对自己的冲动焦虑、沮丧，但按期还款是必须承担的责任。于是，在骄阳似火的三伏天，吕德坤每天挨家挨户卖棒冰，双脚起泡，嗓子沙哑，连续两个月的努力后，用一分一毫积攒起的钱按期还清了银行贷款！此时，历经磨难的吕德坤深深呼出一口气，对自己说：诚信是金，有志者事竟成。

诚信的第一桶金

1986年6月，吕德坤经人介绍进入当地同福桥梁队，这一干就是十年。这十年，除了学本领学技术，吕德坤更深深体会到，做好一个工程，建好一座桥梁，是一项造福百姓、利国利民的大事，上要对得起政府，下要对得起百姓，做到问心无愧。

1992年小平同志南方谈话后，国内市场迅速放开，经过一段时间的蛰伏和观察，吕德坤决定挑战自己的命运。在好兄弟沈有根、沈掌千、孙敏庆、吕根荣等人帮助下，靠着东拼西凑的5万块钱，于1995年正式创建恒基建设集团的前身，也是桐乡市第一家民营建筑企业——同福路桥责任有限公司。

创业之初，一无资金、二无设备，有的只是几个人手上的技术以及“一根筋”想把工程干好的决心和毅力。当320国道工程施工遇到难题时，吕德坤以之前积累的诚信口碑签下第一个工程。

小团队的几个人都明白，这个工程做好和做差对公司意味着什么。签约后第一件事，吕德坤就给大伙儿开了个会。会议内容大致是：工程只能提前完成，决不能逾期；工程质量要达到优良，一定要把第一个工程干得漂亮！在吕德坤带动下，那段时间，几个人几乎都把家搬到了公司和工地。

当时的负责人回忆，别的施工队想方设法偷工减料，吕德坤却要用最好的材料；别的公司工期一拖再拖以图更多的补贴和经费，吕德坤团队却咬紧牙关“5+2”“白 + 黑”按期完工。也正是在当时看来有点“犯傻”的坚持下，在当时的几个标段中，吕德坤团队最先完成施工任务，在质量上则是唯一得到优良的单位。

此后，公司承接的工程逐渐增多，业绩稳步上升，而关于吕德坤的诚信故事也越来越多。比如承建嘉兴学院。因任务重、工期紧、涉及面广，加上8月份的高温，一些年轻员工开始发起牢骚。若大伙儿情绪持续蔓延，保质保量完工几乎成为不可能的任务。得知情况，吕德坤马上跑到施工现场，给大伙儿开起了动员大会。其中几句话至今让大伙儿记忆深刻，“无论再难，恒基都要保质保量如期完工！这是恒基的责任，也是恒基的信誉。”“成本提高些不要紧，但恒基亏不起信誉，恒基宁失100万，也不能失去信誉。”诚信凝结起团队力量，最后，该工程竟奇迹般完工，高质量更得到学校和政府认可。

诚信感召团队

“当我站在‘中国市政金杯示范工程奖’的领奖台上，当我看到公司荣誉室内的奖杯奖牌时，我深深觉得，金杯银杯不如老百姓的口碑。”不过，吕德坤又说，企业诚信是个系统工程，外界良好的口碑是站立在企业内部诚信基础之上。

为此，吕德坤首先引导企业对员工讲诚信。近年来，吕德坤先后在公司设立党支部、工会、团委等群团组织，大力建设企业文化，每年为员工

恒基建设集团有限公司一角

提供健康体检、健康讲座，安排外出旅游，通过各种形式的关爱，把企业的温暖情怀源源不断地输送到员工的心坎里。

在公司的国学馆，吕德坤不仅聘请名师用国学“仁义礼智信”潜移默化引导员工，还让员工们的下一代接受教育，指引他们成长为“有爱心、有知识、有礼貌、有正义、有诚信”的接班人，成长为社会需要的德才兼备的人才。

2008 年金融危机来势汹汹，很多公司以大规模裁员保生存，当时的恒基也一度面临资金紧张。“那段时间，如果发放员工工资，工程款就无法拨放，拨了工程款，员工工资就无法发放，很多员工深深担忧自己的饭碗。”面对百年一遇的公司困境，在全体职工会议上，吕德坤当场对所有员工做出承诺：不裁员、不降薪！这时，深知公司财务困境的老员工、老党员们站了出来，表示愿和公司共渡难关，只要公司不倒闭，哪怕工资延期甚至停发也愿意。

就这样，靠着上下一心，公司平安地渡过难关。作为桐乡市企业代表参加嘉兴市和谐企业会议，吕德坤也为不少深受金融危机压力的企业提供了可借鉴的经验。

“水能载舟亦能覆舟，对员工的诚信就是对自己的诚信。”也正是这一年的 12 月，公司成功地从市政二级资质晋升为市政一级企业。是年，同福路桥责任有限公司更名为恒基建设集团。至 2017 年，集团从只有十几人、以修筑桥梁为起点的小公司，发展成为总资产 3 亿多元、年产值 20 多亿元的大型集团企业。

诚信感染社会

“企业的领导者不仅是一种身份，更意味着责任。”饮水思源，随着恒基集团的发展壮大，吕德坤积极回馈社会，承担作为企业家的社会责任。

近年来，恒基集团出资500万元，冠名基金支持桐乡慈善事业；捐款25万元支持村、社区成立“村级慈善工作站”；与同福敬老院连续结对十多年；连续与同福中群村8年、联庄村11年设立“恒基崇学奖”，受奖学生300多人，同时连续资助贫困学生100多名。安排60多万元在特困家庭结对困难学生；恒基党组织捐赠100万元成立党群关爱基金，用于困难党员救助慰问等。

此外，从2009年至今，恒基把每年12月20日定为社会感恩日，采取多种形式向员工、家属、社会感恩。据不完全统计，集团每年用于公益事业的金额不少于当年利润的3%，资金在100万元以上。

吕德坤带领下的恒基集团热心社会公益，彰显了浙商企业的责任心和爱心，恒基对社会的诚信是每个人都能从心底感受到的。对此，吕德坤表示，“我们是世界的主人，不是世界的无情看客，道德不应该是华美的谚语，而应该是朴实的行动。”“谁都有困难的时候，在别人遭遇困境时，应及时伸出援助之手，奉献自己的一分力量。”这也是“正念利他，立己立企”的精髓所在。

18年精耕细作，打造中国最大的金属结构件配送基地

葛关浩

金属制造业是传统的高度竞争行业，这不是一个风口上的行业，在这个行业里要生存、要发展，只有一条路，那就是踏踏实实搞技术，勤勤恳恳做产品。

杭州恒立制造科技有限公司（以下简称恒立）就是这么一家以市场为导向，以技术为根本的企业。在金属制造行业深耕近20年，恒立依靠过硬的产品，赢得了市场，从一家金属件加工制造企业发展成为集原材料采购、金属切割下料、精密钣金件制造、结构件焊接、机加工、金属表面处

理、仓储、配送为一体的现代科技企业。2018年，金属加工件产量1000万件，产值6.5亿元。

18年恒立亦行亦歌

2002年4月11日，杭州恒立钣金有限公司正式注册成立，主要为特种工程叉车、水电设备、环保设备、电梯配件、纺织机械、意大利包装设备、欧洲建筑工程等行业提供火焰切割、激光切割、冲压成形、结构件焊接、机加工等服务。公司成立仅一年，产值就从430万元增至3800万元，4年后产值突破亿元大关，达到1.2亿元，2008年工业总产值再度翻番，达到2.5亿元，造就金属制造行业的恒立速度。

2007年3月14日，不断发展壮大的杭州恒立钣金有限公司从西湖区搬迁到余杭区瓶窑镇凤都工业园凤都路，新厂址建有2幢总面积达2万平方米的现代化标准生产车间和1幢3000平方米的办公大楼，为恒立大展拳脚提供了空间基础。

为进一步服务好客户，同时也为公司下一步发展谋划，恒立打算进军上游钢材原料市场，保障原材料的质量和稳定供给，掌握主动权，同时也节省客户在采购原材料、委托外加工、运输等方面的成本，实现客我双赢、共同发展的目标。

经过精心准备筹划，2007年，恒立旗下钢贸公司在三里洋钢材市场成立，标志着恒立向上游原料市场的迈进。经过几年的积累，现在的恒销钢铁贸易公司已拥有完善的进货渠道和销售网络，不仅保证了本公司内部的原材料稳定供给，还在钢材销售领域闯出了一条新路。

恒销钢铁贸易公司的成立进一步完善了恒立的加工配送模式，形成原材料采购、切割、折弯、机加工、焊接成型、金属表面处理、配送一条龙服务模式，恒立也从一个结构件加工商发展成为集钢材贸易、加工制造、仓储业务、物流配送为一体的综合性结构件服务商。

以人为本，对标德国制造

从一个小小的加工厂发展成为AGCO（爱科）、JCB（杰西博）和美国通用的合作伙伴，恒立的秘诀有两个：一是注重技术，二是以人为本。

恒立总经理葛关浩娓娓而谈："注重技术主要体现在'对标德国制造'标准上。在机械加工行业，德国的技术设备和管理制度是领先全球的，要成长为中国金属结构件的龙头企业，'德国制造'是最好的老师。"

恒立对标"德国制造"是全方位的，首先是机器设备上的对标，先进设备是机械制造的基础。恒立不惜重金，购进德国通快（TRUMP）激光切割机、数控冲切复合机、数控折弯机等设备，拥有国内先进的检测设备和分析系统等诸多精密测量仪器，确保测量数据的准确性；使用测量系统分析（MSA）方法对测量系统进行评估，不断提高产品质量和稳定性。

其次是人才上的对标。硬件设备上去了，恒立在引进和培养技术员工上也是不遗余力，公司引进高级技术人才，加大对员工的培训，请进师傅教，送到外面学。目前，恒立共有产品项目工程师、测量工程师、工艺工程师、工装工程师、质量工程师近百人，其中6人获得欧标焊工证书，2019年新增专利7件。

恒立积极推行5S现场管理，早在2008年就通过了全面质量管理体系，公司非常注重EHS环境、健康、安全建设。在管理中始终秉承"以人为本"的宗旨，注重团队建设，关心关爱员工。

金属制造工作强度大，遇到赶订单的时候更是不分昼夜，为了提高员工的生活水平，保障员工劳逸结合，早在2009年，恒立就开始建设员工宿舍、篮球场、职工活动室等，2011年又新建能容纳800名职工同时用餐的食堂。目前，公司设有多功能活动室——乒乓球室、台球室、棋牌室、职工书屋、露天灯光篮球场、健身活动区等，全面提升职工生活配套设施，丰富职工文化娱乐生活。

同时，恒立又组织开展丰富多彩的职工文化活动。每年“五一”前后组织职工及家属外出旅游；“十一”前后组织“职工运动会”；春节举办年度联欢会，表彰先进，奖励优秀员工，凝聚员工集体意识，激励员工的荣誉感。每月举办员工生日庆生会；鼓励员工参加技能培训，全额报销学费鼓励职工提升学历；举办道德讲堂，讲讲身边的好人好事，传播社会正能量。

老总和高管们带头捐款，组建成立了“爱心公益基金”，累计资助7万多元，为生活上遇到困难的员工送去家庭般的温暖。恒立一系列关爱员工的措施也获得了政府部门的高度肯定，近年来，公司连续获得杭州市职工文化建设先进单位、浙江省创建和谐劳动关系先进企业等荣誉。

公司对职工的关爱换来了职工对企业全心全意的付出。近年来，恒立的员工队伍保持稳定，时间紧任务重的订单都能及时完成交货。稳定的产品质量和及时的交货保证赢得了客户的信任，2019年的订单源源不断，生产产值和利税都呈现快速增长态势。

打造中国更强的金属结构件加工配送基地

2018年3月，恒立钣金正式更名为杭州恒立制造科技有限公司，标志着恒立已经从传统的加工制造转型升级为具有较高科技含量的智能制造型公司。

恒立的转型首先体现在它向上下游的迈进，在进军钢材原料市场，参与钢材贸易之后，恒立建造了原料仓储、物流配送等一系列配套基础设施，逐渐从一个纯粹的来料加工企业变成一个集原料、加工、仓储、物流为一体的综合性的“制作 + 服务”型企业。

恒立的转型更体现在它以人工智能、大数据、物联网等高科技赋能传统制造业。2019 年，恒立投资逾 2000 万元，上马机器换人项目，标志着恒立正式开始走进智能制造；未来，通过智能制造和大数据云计算加持，恒立制造的科技含量将进一步提高，同时随着公司电商平台的启动，恒立线上线下双轮驱动战略正式落地，恒立的“传统制造 + 互联网”的探索已经进入实践阶段。

目前，恒立制造科技已经扬帆出海，闯出了属于自己的一片天。2018 年，公司在河南成立了恒立龙成重工有限公司，这是恒立在全国布局子公司的开始，目前，龙成重工成立一年多，产值已经超过一亿元。

在布局国内市场的同时，恒立的海外市场拓展也硕果累累，与国外知名企业 ALO、OCME 等十几家客户建立长期合作关系，以优质产品和守合同重信用的信誉赢得了客户的满意和市场的认可。2019 年，公司的产值有望突破 8 亿元，利税突破 15000 万元，再创纪录。

从恒立钣金到恒立制造科技，18 年的行业沉淀，18 年的精耕细作，恒立已经从一个传统加工制造型企业转型升级为金属结构件加工方案的综合性高科技的服务供应商。

没有夕阳的产业，只有不进取的企业。金属结构件加工制造，一个向来被认为是非常传统的制造行业，通过拥抱人工智能、大数据、云计算，市场开拓和服务商，实施“互联网 +”战略等走出一条新路。

“现在，我们已开始新的征程。”葛关浩动情地说，“恒立正在致力打造中国更强乃至最大的金属结构件配送基地，未来公司将立足长三角，面向海内外，苦练内功，提升技术水平，不断开拓市场，在现代人工智能、大数据应用等技术支撑下，力争通过不懈努力，成为中国金属结构件加工配送行业的 NO. 1。”

搭建G20场馆的浙商夫妇

汉尔姆建设科技有限公司一角

初识汉尔姆建筑科技有限公司（以下简称汉尔姆）是在2016年G20杭州峰会。作为峰会装配式场馆的总包单位，汉尔姆一跃进入公众视线；而紧接着，汉尔姆在2017年再度出色完成厦门金砖五国会晤装配式场馆建设任务；又在2018年参与雄安第一个项目（雄安市民服务中心）建设。汉尔姆一下子成为媒体焦点，而当鲜花和掌声扑面而来时，他们却淡然处之，究竟为何？

“两块木头”

早在20世纪90年代，王晓冬、郦钰蓉夫妇在旅游行业已经赚得人生第一桶金。在西方国家考察时，他们看到了中西方建筑和环境的巨大差距，他们决定将这桶金投入到建筑装饰行业，这一做就是近20年。

洁性不可污，为饮涤尘烦。王晓冬和郦钰蓉都很喜欢饮茶，精通茶道。在他们看来，做事业和茶道都是一种“修行”——会泡茶简单，但要泡出一壶好茶就得耐得住性子。“汉尔姆有自己的‘茶道’，为了泡好一杯茶，从清晨起水到整理茶器，再到扫除、焚香、烧水、泡茶，每个环节都要用心去做，只有当一切准备就绪，我们才可以起身迎客。”

王晓冬只身来到德国学习，从工业设计入手，学习德国在建筑行业采用的标准化、模数化和高精度的先进经验。2001 年，他开始着手组建自己的中国技术团队，一边消化吸收国外技术，研究这些技术的本土化；一边固化知识产权，形成自己的技术体系。

从 2007 年开始，他着力进行产业化布局，打造属于自己的工厂，开拓市场。但这段时间，汉尔姆的品牌依旧属于德国总公司。

直到 2015 年，王晓冬、郦钰蓉两人做了一项重大决定，把汉尔姆这个德国品牌买下来，将原本的外资品牌完全转变为中国品牌。这是非常不容易的事情，也显示了浙商在创业中的长远智慧和魄力。

然而，汉尔姆主攻研发的装配式建筑领域的发展其实并非一帆风顺，甚至可以说坐了很长时间“冷板凳”。虽然人人都知道装配式建筑好，更绿色、更环保，更符合未来建筑行业发展，但让人们在当时的发展阶段接受却并不容易。

真正的市场爆发一直等到了 2016 年。2016 年 3 月，李克强总理在政府工作报告中提出：“积极推广绿色建筑和建材，大力发展钢结构和装配式建筑。”

此后相关政策密集出台。同年 9 月，国务院厅公布《关于大力发展装配式建筑的指导意见》；2017 年 3 月住建部出台《“十三五”装配式建筑行动方案》，发布《装配式建筑评价标准》等系列文件。全国 30 多个省市出台了推动装配式建筑发展的政策措施。如今，发展装配式建筑已经成为业内的共识。2019年9月，住建部再度发文，要求大力发展装配式建筑，全面提升工程装备技术水平。

从装配式墙体到装配式内装再到装配式钢结构建筑整体方案，这是一个漫长枯燥的过程，特别是在市场还未完全打开的情况下做研发。

在过去的20年里，大家都在房产、股票等市场赚快钱，在这样一个大环境下，汉尔姆搞基础研发。为此，周围有亲戚朋友开玩笑式地称呼夫妇二人为“两块木头”，但他们却一笑而过，他们领导的团队非常稳定，因为大家都知道自己在做什么，每一步都走得非常扎实，他们坚信自己的决定和发展方向是正确的。

“G20”与“金砖”

多年前，王晓冬与达照法师结缘，达照法师送给他四个字：“心甘情愿”。王晓冬坚信：只有把自身做到最好，别人才可能认可你，所以一切付出都是“心甘情愿”的。

漫长的努力最终获得了回报。

2010年，汉尔姆成为国家级高新技术企业；2014年，汉尔姆成功拿下杭州市民中心六幢大楼的内装墙体分包业务；2015年又拿下农行浙江省总部的内装墙体业务，并成为上海中心的装饰分包商。

“当时市民中心的隔墙要求隔音效果必须达到保密级别，且对功能要求很高，比如走线、设备带、防火指标、无甲醛无污染，时间又很紧迫，像这样的急难险重的项目，我们汉尔姆仅用了6个月就全部完成了。”郦钰蓉认为，这项工程为汉尔姆在行业内奠定了品牌基础，因此才有了后续大型项目的机会。

汉尔姆建设科技有限公司搭建的 G20 场馆一角

值得一提的是，截至 2015 年底，汉尔姆已获百余项专利技术，且这些专利技术全部都掌握在公司自己团队的手中，这也成为汉尔姆角逐市场的立足之本。

快速高效、绿色环保、可循环利用等成为汉尔姆建筑装饰整体解决方案的鲜明特征，所以当公司团队几乎以路演的形式将方案推荐给 G20 杭州峰会场馆总设计单位时，对方的反应是眼前一亮。

“这就是我要找的企业。”G20 杭州峰会场馆总设计师感叹道。他们一直承担国家的重要会议场馆的设计任务，但一直找不到好的建造方式。于是，G20 场馆建设项目的设计方向就这样确定下来了。

在经过层层筛选和公开招投标后，汉尔姆成功成为 G20 主会场装配式场馆的承建单位，仅用 40 天就完成了占地 3 万平方米的 30 多个场馆的结构和装修，那可是一个交钥匙工程呀。

“我们的装配率很高，部品部件都在工厂预制，现场装配非常简单，且所有部件都可以拆卸、回收，循环利用。”郦钰蓉在G20期间接受记者采访时这样说。

在G20项目结束后，汉尔姆对整个场馆进行了拆除，完整还原了现场，而在G20项目应用的建筑部品部件则再次循环利用到其他项目中去，具体包括台湾大学生运动会、第26届中国室内设计师年会、世界工业设计大会等一系列项目。

国家在2016年陆续提出了“大力发展装配式建筑”一系列政策，而这些政策，至少将影响未来中国建筑装饰行业几十年的发展。对于这些政策，汉尔姆可谓准备充足，甚至可以说已做到走在前头。因此，在G20项目完成之后，汉尔姆又收到了来自厦门的邀请——金砖五国厦门会晤场馆建设。

“汉尔姆建筑整体解决方案最大的特点是工业化，我们大部分工作是在汉尔姆总部完成的，所以在项目初期现场的动作会比较少，这一度还引起了业主方的质疑，不过当我们迅速开始现场装配化施工时，他们很快就放心了。”郦钰蓉描述了项目实施的过程，“我们与传统方式的一大不同在于项目管理方式不同，传统项目管理方式是项目部掌管一切，我们则是总部为核心，现场项目部负责执行。”

所谓“装配式建筑”，就是用工业化和信息化的方法，像造汽车一样造房子，用机器替代人工，实现自动化、标准化、模块化。金砖五国场馆建设项目的成功，为汉尔姆带来了更多的掌声和荣誉，也进一步完善了汉尔姆建筑装饰整体解决方案，固化成为产品标准、管理标准、项目实施标准等一系列标准。

至此，汉尔姆已主编和参编包括《装配式钢结构建筑技术标准》在内的国家标准、行业标准、团体标准12项。在项目实施的同时，也在技术上确立了引领地位。

做“禅茶一味”式的工匠

据了解，汉尔姆企业文化的核心是“三心”:“齐心”“安心”“尽心”。对此，王晓冬解释道:“齐心是指团队凝聚，安心是指宁静守一，尽心是指全力以赴。”

项目的成功和技术的进步让汉尔姆在创业20年之际尝到了成功的果实，但很少有人意识到成功的背后，是一直默默的潜心积攒。整天面对艰难枯燥的基础性研究，倘若守不住一颗“心甘情愿”的发心，是不可能做到的。

王晓冬看来，这一过程也无异于茶道——在壶中水经历了充分受热后终将“腾波鼓浪”。

“其实禅茶和匠心有很多相似之处，都是坚定本心的一件事。当我们在做一件专业复杂的工业品时，把尺寸品质做到分毫不差，把每个细节、环节做到极致。每个细节都‘按部就班’做下来，一毫米就是一毫米，一分钟就是一分钟。最后得到的产品就是我们期望的样子。这跟喝茶一样，从选茶到泡茶，选最好的茶，用最恰到时间的水，用最标准的程序冲泡，这样下来，即便我不亲自品尝，我也知道它的味道，你一定会喜欢。”

“为人类提供舒适、健康、安全、环保的生活环境”是汉尔姆的企业使命，装配式建筑绿色环保、性价比高，是未来建筑业的发展方向，但新生事物被市场接受之前，往往要经得起质疑。为了打消人们的疑虑，给行业树立一个经得起论证的标准，汉尔姆决定先行先试。

郦钰蓉说:“我们自己盖一幢装配式建筑示范楼吧！按 100 米高层要求、装配率 100%、绿建 3 星、LEED 金奖等要求做！”

说干就干，目前汉尔姆已经在自己园区里启动建造一幢示范楼，将“汉尔姆模块化装配式钢结构建筑技术体系”进行完整实战应用，同时主编《模块化装配式钢结构建筑技术标准》等四项团体标准。

“我们希望通过示范楼的设计和建造，让客户和同行能亲身体验装配式建筑效果，通过建筑实例和标准来推动装配式建筑的发展。”

20 年发展历程是一场漫长的修行，如人饮水，冷暖自知。

汉尔姆通过 BIM 等技术手段让建筑的每个零部件都有自己的“身份证”，记录其“从生到死”以及“重生”的所有信息。未来，他们还将在此基础上整合出建筑大数据，这样建筑就有了生命的“脉搏”。人们可以随时掌握建筑的健康状况，进行改进和升级，从而建造出最可靠、建筑垃圾最少的建筑，真正实现绿色、可持续的未来建筑发展需求。

难能可贵的是，汉尔姆坚持把有关标准、技术系统共享于社会，希望有更多人了解并使用装配式建筑，真正造福于世界。

西子天堂有一座『硅谷』

天堂硅谷资产管理集团有限公司投资企业在 2015 年上市

入秋之后，文章里西溪湿地的诗情画意就会变成绿意盎然间的现实。福堤上有人在叫卖火红的柿子，有意无意地提醒人们即将迎来的“火柿节”。很少人在意这条将湿地公园一分为二的路堤名字背后的喜庆深意，对人们来说，那份喜庆味儿早已和整个公园浑然一体，就像很少人会留意隐于曲径通幽间的天堂硅谷资产管理集团有限公司（以下简称天堂硅谷）一样。

择址于此，天堂硅谷很明显想要一份“闹中取静”——经过 19 年的探索和实践，天堂硅谷围绕浙江优势产业，不断用专业能力为有实力、有潜力、有理想的浙江优质企业输送资本、管理经验和产业上下游资源。在风起云涌的金融市场面前，站在诸多实体经济身后的天堂硅谷必须守得起专注、耐得起寂寞、经得起诱惑。

缘起1999：跨越20年的委重投艰

在靠近河边的办公室里，天堂硅谷董事长何向东已在早早地招呼来客，他腰板笔直、笑容和蔼，低调而利落。

长期深耕金融领域的何向东对天堂硅谷一路走来洞若观火。于他而言，天堂硅谷的诞生既有偶然性，又是历史发展的必然，极富传奇性。

“浙江省是民营经济大省，各届政府对省内企业的创业创新都非常重视。1999年前后，全国萌生了最早的一批私募企业，考虑到经济体制趋向成熟，省政府亦开始酝酿，提出在浙江也要成立一个这样的机构，专门用以支持中小企业发展。”

作为探索市场经济的“桥头堡”，浙江省政府有关部门领导与部分企业家早已意识到：企业要走创新升级之路，单纯依靠自主投入和银行支持是远远不够的，民间资本力量的融入是大势所趋。几经商议与讨论，天堂硅谷终在2000年11月11日正式成立。这是一家由浙江省政府牵头，联合十几家省内上市公司、省内知名企业共同组建的专门从事高科技产业创业投资的公司，是第一批在中国成立的私募股权投资机构之一……诸多标签令天堂硅谷一成立就自带“主角光环”，同时也意味着其身上承担着更多的期许、更重的担当——中国“私募基金”概念普遍现于2006年，在那之前毫无成功案例可考，“摸着石头过河”这句话，用在天堂硅谷身上恰如其分。

“众所周知，‘硅谷’是世界创新创业的热土和代名词，杭州自古有‘人间天堂’的美誉，以此命名，寄望在杭州打造一家支持国家自主创新发展的创投机构，成为中国的硅谷。”

摸索发展：树立规范化基金托管典范

“早期创新科技企业创业非常不易。受行业特征所限，必须在前期投入大量的资金；在天堂硅谷出现以前，他们大都靠自由融资、个人资金，银行也很难提供融资支持，公司经营发展和扩大再生产都面临巨大压力。”

何向东将天堂硅谷成立后的第一个五年视作“起步摸索期”，是一个“交学费”的阶段。在此期间，天堂硅谷主要以自有资金出资支持中小创新企业发展。2001 年，天堂硅谷投资“创业软件”，后者于 2015 年上市，带来了不菲收益。

2005 年 5 月至次年 8 月，对天堂硅谷来说是一段“实现嬗变”的过程。在这段日子里，天堂硅谷高层审时度势，提出必须要实施改革，实施管理层承包经营，更名为“创业集团有限公司”。随着股权分置改革的实施，以及国家对阳光私募基金的支持，天堂硅谷在 2006 年成立了国内第一支规范运作的公司制私募创业投资基金，以拉动民间资本支持实体经济发展。

私募基金怎么做？要遵循哪些规则？在毫无先例的情况下，天堂硅谷主动找到银行，要求银行托管创投基金。2006 年，天堂硅谷和浦发银行合作制定出第一份银行托管版本，在全国率先创立规范决策、银行托管、外部监控等创投管理模式。这份托管版本影响深远，意义重大，此后各类私募基金托管模式，便是在其基础上逐步完善而来的。

阳光私募引入银行托管体现了天堂硅谷对投资人负责任的态度，以及对自身人员的严格道德管控，此举得到了《创业投资企业管理暂行办法》起草小组成员、中国《证券法》《信托法》《投资基金法》起草工作小组组长王连洲老先生的认同与赞赏。天堂硅谷为行业提供了样本，也为私募基金“受人之托，代客理财”之天职树立了典范，为今后的发展打好了基础。此后，天堂硅谷于2009年成为科技部第一批政府引导基金的合作者。

主动转型：首创“PE+上市公司”模式

2010年，随着全民PE热潮的兴起，天堂硅谷意识到一级市场的风险越来越大，主动谋求转型，业务布局从单纯的创业投资向产业并购领域延伸。2010年底，天堂硅谷董事会敏锐地指出：“未来中国资本市场发展不可能只有IPO一条退出路径，一定会走到并购、产业整合这条路”，前

公司一角

瞻性地提出要向产业并购与整合方向做探索，并成立团队开拓并购业务。2011 年，天堂硅谷与上市公司大康牧业成立了“产业整合并购基金”，此举不但是天堂硅谷并购业务的突破，也首开国内“PE+ 上市公司”模式之先河。

何向东认为:“在当时的市场环境下，无论是做主动转型，还是探索并购新业务都是很不容易的。我们转型的重点，是要继续帮助上市企业做强做大。转型意味着阵痛，因为人都有惯性和惰性；转型还意味着争议，但最终‘PE+ 上市公司’并购创新模式得到了证监会的肯定和支持。”

监管部门的认可坚定了天堂硅谷的信心。2012 年，母公司硅谷天堂收购了斯太尔，收购了奥地利新型柴油发动机研发团队，后装入国内上市公司——这是国外标准的收并购模式，名震一时。与此同时，天堂硅谷在定增领域不断探索，还成立了自己的地产基金，不仅为投资人提供多元化的产品，也创造了良好的收益。

从做“负责任的股东”到“专业聚焦”

2013 年，天堂硅谷业务已实质覆盖股权投资、并购整合、定向增发、夹层投资等多个领域，形成了短、中、长期相互补的多元化产品体系，成为浙江省内第一家民营控股的资产管理集团。

“我们希望通过自身的专业能力，为合作伙伴和投资人提供全方位的金融服务，尽好信托责任。也正是得益于业务转型，天堂硅谷避开了2012—2014 年期间资本市场 IPO 暂停的被动局面。”

2014 年，天堂硅谷成为全国首批 50 家在中基协备案的私募投资基金管理人之一。此时，天堂硅谷提出要做“负责任的小股东”，提倡通过发挥自身的专业能力帮助企业做更多的增值服务，并参与了多家国企改革、成立区域政府产业基金，助力经济转型升级。

“从一开始以提供资金为主，到后期更多关注企业实现价值增长，我们和企业一同努力，把企业做大做强，享受企业成长的‘增量’，不断产生正向影响。”

2016年，天堂硅谷把并购概念又往前推进了一步，提出要做“负责任的战略股东”——不做“门口的野蛮人”，从公司战略梳理、内部运营等各方面，帮助上市公司真正做到创造价值、提升价值、改变价值，最后分享价值增量。

何向东表示，资本和实业是相辅相成、互相促进、互相支持的关系，结合得好了，更是一种共生共赢的关系。“尤其是近年来，股权投资成为金融供给侧结构性改革，支持创新资本、激发经济活力的关键力量。中国经济要转型，核心逻辑是要调动足够多的社会资金和资源到新经济上。私募股权基金通过高度分散的市场化投资直达实体经济，承担投资风险，支持企业创新，不仅减少了中间环节，降低了融资成本，更扩充了企业资本金，降低了企业负债率，是科技创新企业的孵化器和助推器，也是新经济发展的重要助力。”

从2015年开始，随着一二级市场简单套利机会渐小，天堂硅谷首次提出“专业聚焦”战略——积极引导各条线团队深耕到各自熟悉的细分行业中，着重加强价值判断、项目获取和增值服务等能力的建设。2017年，天堂硅谷引入“行业合伙人”概念，借助行业专家的力量，对重点行业未来的发展趋势、风险、收益形成做出准确的预判。

目前，天堂硅谷已投资上百家专注于以大数据为主的信息技术、以“中国制造2025”提及新材料新能源为主的高端制造业、以生物制药为主的医药健康，以及消费升级四大领域的企业。伴随“专业聚焦”战略的成熟，天堂硅谷也日益增强了投资实力和综合竞争力。公司于 2016 年将注册资本增至 12 亿元，2019 年公司名称去掉了“浙江”二字，并实现以杭州为业务中心，辐射北京、上海、深圳、武汉等地的全国化布局。

打造百年老店：享受有道德的快乐

近 5 年来，天堂硅谷存续基金实缴管理规模逐年攀升，年均增长率达到 43.13%。管理费增长 3 倍，业务规模增长 4 倍，净利润增长 10 倍，最高峰时增长了 25 倍。截至 2019 年 8 月底，天堂硅谷在管基金 158 只，实缴基金管理规模 127 亿元，认缴规模超过 690 亿元。共投资未上市企业股权项目 100 余个，其中通过 IPO 或借壳、并购等方式成功登陆资本市场的超过 36 家，新三板挂牌 19 家。

何向东常对同事开玩笑说，2020 年 11 月 11 日是天堂硅谷的重要日子，要顺利地“过好 20 周年生日”。“市场好的时候要保持冷静，市场不好的时候敢于转型，才能活得比其他公司长久。”

一方面，天堂硅谷以杭州为基金总部，在北京、上海等地组建专业团队，为资产端准备充足的弹药；另一方面，集团非常重视投资管理、风险管控等工作，重点强化了投前尽调、投中决策与服务、投后管理等工作，并加强了投资复盘和飞行检查，做好全员、全流程风险管控，做好前台价值创造的伙伴。

“完善的风控体系是天堂硅谷引以为傲的资本。风控部直属于董事会，每个人都能发挥自己的主观能动性，按照制度流程行事。在天堂硅谷，一个项目是否可以投资，董事长说了不算，如果团队调研后投决会认为不行，完全可以否决。”

除了以市场化手段实现资源优化配置，助力实体经济发展，助推国家产业转型升级，天堂硅谷还支持教育和环保事业发展，积极履行社会责任。如捐赠浙江大学、杭二中、文澜中学的教育创新基金，捐赠西溪湿地环保基金支持环保事业发展。此外，天堂硅谷也是钱塘江金融港湾公益基金会的创始发起人，发起成立了浙江省第一家慈善义工协会。

何向东表示，“天堂硅谷核心价值观是包容、和谐、快乐，我们鼓励每个人保持独立思考和判断的能力，依靠制度和流程来管理公司，通过自身专业能力享受‘有道德的快乐’，希望通过群体的智慧，将天堂硅谷打造成投资界受人尊敬和信赖的百年老店，树业界之标杆！”

濮院羊毛衫市场：『中国毛衫之都』的奇迹

濮院镇羊毛衫市场品牌中心

“昔日濮绸名扬天下，今朝毛衫销遍四方。”这句话说的是江南小镇——浙江桐乡市濮院羊毛衫市场的发展传奇。

在毗邻嘉兴南湖的小镇濮院，历史上曾以生产精美绝伦的濮绸而闻名海内外。在历史和社会变迁中，以濮绸为代表的濮院传统纺织服装产业得到继承和发扬。然而，新中国特别是改革开放给濮院带来另一个奇迹——不产一根羊毛，成了中国最大的羊毛衫集散中心。如今，濮院羊毛衫市场已经拥有全国最完善的毛针织产业链，成为国内最大的毛衫交易市场和毛衫产业集群，每年从这里销往全国各地的羊毛衫等服装超过7亿件。2018年，1.7平方公里内的15个成衣交易区、5个配套市场1.3万多间商铺，实现成交额近1000亿元。

中国“毛衫之都”缘起马路市场

让所有濮院人都熟稔的一个故事是，1976年，桐乡县二轻总公司下属企业濮院弹花生产合作社购进了3台手摇横机，摇织膨体衫和丙纶羊毛衫，濮院的第一件羊毛衫就这样诞生了。

随着个体经营经济的出现，1979年，首家由个人集资兴办的羊毛衫厂揭开面纱，此后羊毛衫个私企业如雨后春笋般发展。到1988年，在濮院，类似陈建根这样的个体企业已有259家，全镇则拥有羊毛衫生产横机1540台，产量达270万件，产值近亿元。濮院随之形成了“家家有织机，户户做生意”的格局。

前期发展中因没有店铺，大部分羊毛衫的买卖都在农贸市场、街道边、公路旁完成，所以被当地人称为“马路市场”，迫切需要规范管理的羊毛衫专业市场来运作。

于是，濮院镇因势利导，多方筹资58万元建造50多间营业用房，在320国道旁新建羊毛衫、羊毛纱交易市场。1988年10月1日，一个初步具有规范管理的羊毛衫交易市场正式投入使用，市场占地3135.72平方米，由此拉开了开发建设濮院羊毛衫交易市场的序幕。

20世纪90年代初，苏南与浙江、东北一带羊毛衫加工业异军突起，濮院居于羊毛衫区域经济中心，具备了一定的发展基础。在短短几年间，桐乡有21家单位在濮院投入近亿元的资金，开发10个羊毛衫交易区，建成营业用房3000多间，并成功吸引上海、杭州等大中城市及东北、西南等地客商前来交易批发。

到了1997年，桐乡市政府高瞻远瞩，认为现有的规模已经远远不能满足市场发展的需要，发动政府机关股东和其他股东共同投资发展羊毛衫市场，到2004年全部完成由室内市场向商场市场的转型。

现如今，濮院羊毛衫市场占地1.5平方公里，拥有时尚中心、国际时装城、国贸名品港、轻纺城、中央商城、国际毛衫品牌中心、世贸大厦等20个品牌的交易市场，经营商铺13000余间，形成物流配送、检验检测、

市场核心区

科技研发、外贸服务、人才培训、文化传媒、行业服务、政策服务等 8 大政府公共服务创新平台。2018 年，市场成交额近千亿元，物流货运量近 50 万吨。

从线下到线上，毛衫与互联网擦出火花

进入 21 世纪，随着互联网的兴起，无边界的电商这种线上市场，开始不断冲击有形的线下市场。

事实上，有着“智慧基因”的濮院，早在 2000 年伊始就以电商起步，迈开了探索“互联网 + 毛衫”的转型升级步伐。从搭建互联网公共服务平台、完善电子商务配套设施、探索跨境电商，到建立电子商务中心、引入物流等配套企业，濮院形成了特有的电商生态圈、构建

了全新的毛衫销售链。现如今，在市场上万家经营户中，80%以上开设网店或参与网店供货。

2014年11月，第一届世界互联网大会在桐乡乌镇召开，与乌镇仅一水之隔的濮院镇更是深切感受到了互联网时代对传统羊毛衫市场带来的变化，从生产流程到销售模式的巨变中，小镇上刮起了一场毛衫产业的信息化变革。

在如今的濮院羊毛市场，走进一家家商铺，除了随处可见的营业人员，商铺电脑前的网服人员正忙碌网上的订单处理，实体市场与互联网紧密地联系在一起。同时，商铺的管理模式也发生了巨大的变化，管理人员轻点鼠标，一单生意已经完成，通过网络以及管理软件的应用，商铺的订单已经在仓库进行处理。通过濮院完善的物流系统，发至全国各地及国外。

“毛衫作为时尚产业，是电子商务销售量最大的品类之一，淘宝上有8成左右的毛衫产自我们濮院。”濮院羊毛衫市场管委会相关负责人表示，电子商务时代的特点就是“短、频、快”，以前毛衫企业一个系列的款式可以卖一年，现在可能几天就要更新换代一次。

互联网已经让濮院传统的产销模式发生质的变化。

“以前到市场去采购，要一个个门市看过去，询问厂家，厂家再告诉我们去哪里拿货，中间环节费时费力。”从事羊毛衫生产的濮院厂家表示，现在“微信扫一扫，就可以联系原厂，然后订货下单”。

一个简简单单的二维码就给采购商和供应商之间架起了合作的“快车道”。微信的这头，是走进展厅的全国各地客商，而微信的那头，是来自全国的中小微服装企业。

如今，越来越多的濮院羊毛衫经营者用这样的互联网思维去改造传统产业，他们用一根根网线把传统的服装市场搬到“空中”。在这个“互联网+”时代，濮院人前进的步伐越来越清晰——借助互联网这个经济新引擎，驱动经济加快步入新常态，重构毛衫针织产业模式，持续推动毛衫产业业态升级。

借力特色小镇实现产业升级

经过多年高速发展的濮院羊毛衫市场，尽管占据了国内羊毛衫市场的半壁江山，但也曾面临缺乏品牌、产品附加值低等桎梏。设计和品牌的两块短板，成为阻碍濮院进步的绊脚石。

为了改变这一现状，濮院以入选首批浙江省特色小镇和中国特色小镇创建名单为契机，积极引导产品从“保暖属性”向“时尚属性”转型，从“单一型”向“全品类”转型，以羊毛、羊绒等针织制品为核心，逐步丰

濮院轻纺城

富产品种类，一改“濮院只生产针织羊毛衫”的刻板印象，因而使得濮院羊毛衫市场由“淡旺季分明”向“一年四季没有淡季”转变。

濮院时尚产业转型发展，濮院毛衫从早期的保暖为主，到现在时尚占主导，毛衫单价从当初的五六十元一件，到现在的羊绒、貂绒、双面呢等，价格增至几百、上千元，附加值的提升是巨大的。而这两年来，电脑横机、圆机等各种设备增量快，除了毛衫，T恤、衬衫、外套等梭织时装纷纷“走”出车间，进入市场，推动着濮院毛衫市场从单一的毛衫向四季服饰转变。

2019年3月12日，国家会展中心（上海）3号馆内人头攒动，为期3天的2019中国濮院国际毛针织服装博览会在这里盛大开幕。劲爆的音乐、炫酷的灯光、高挑的模特吸引了众多观众驻足停留。这里正在举行的是中国特色小镇·濮院时尚馆开馆仪式暨2019濮院流行趋势发布会。

濮院毛博会自2016年3月开始，已连续四年在上海举办，而上海作为时尚之都、设计之都，在时尚设计领域的地位和影响力，也大大促进了濮院和毛衫产业知名度的提升。

从春夏秋冬四季毛针织服饰流行趋势发布，到濮院时尚小镇亮相上海中国国际服装服饰博览会，再到毛衫企业组团赴深圳、香港等时尚一线城市参展，“时尚濮院”大胆迈出“走出去”的步子。不仅如此，近年来，濮院还主动“引进来”，提升“濮院毛衫”品牌内涵：举办中国·濮院时尚周，邀请意大利时尚大师讲课，主动对接韩国时尚资源，与澳大利亚羊毛领军企业合作……

作为全国最大的毛针织服装产业集群，濮院正在从“技术力量”向“时尚含量”转化，从“传统产业”向“时尚产业”过渡，从“濮院制造”向“濮院创造”转变，高质量打造“中国第一时尚小镇”，高水平建设“世界级时尚针织产业集群”。

打造『为人储蓄健康』的民族品牌

北京罗麦科技有限公司一角

旧唐书有云:“以史为鉴，可以知兴替。”历史是一面镜子，可以让我们更好地认识自己、看清来路。

2001年，北京罗麦科技有限公司（以下简称罗麦科技）正式成立，在近20年的发展历程中，罗麦科技始终坚持以“为人储蓄健康”为使命，以“上善若水，举业德先”为宗旨，以“永远追求卓越”为理念。无论是经营作风，还是品质把控，其迈出的每一步都稳扎稳打。近年来，罗麦科技紧随国家政策和市场需求，将消费者的需求放在首位，不断优化产品生产线，提升服务质量，努力打造体验经济浪潮中的民族品牌。

“匠心+创新”：只为守护一份品质

“人生很多事急不得，你得等它自己熟。”这句简单的话语背后蕴藏的匠心，在罗麦科技发展过程中得到了完美诠释。

成立至今，罗麦科技始终将市场品牌定位、人才界定标准和企业发展战略根植于社会主流群体，让更多普通人有机会享受到优质产品所带来的高品质生活。

因为罗麦科技深知，产品不仅是企业在市场生存的根基，更是连接消费者的桥梁。产品的质量不仅体现企业的生产实力，更体现企业对消费者的诚意。在与消费者日复一日、年复一年的磨合中，罗麦科技的“匠人情怀”逐渐走进人们心中。

随着信息时代的到来，数字化、信息化、网络化主控了市场，极大加速了企业数字化生存、数字化发展的必要性。罗麦科技启动电子商务和移动互联作为新型营销手段，独立开发“罗麦随行”App，实现直销业务电商化和直销业务移动化，开辟出一片崭新的经营领域。

罗麦科技浙江分公司经理夏海涛说:“罗麦科技所要实现的，是要将直销与电子商务相融合，做到‘平台无边界、管理无领导、供应链无尺度’，让企业的血管搭在社会经济发展的大动脉上”。

其实，从互联网经济初现端倪之时，罗麦科技就投入了巨大的人力、物力，陆续建设基于现代网络信息架构的信息媒介、支付端口、管理平台，开发以罗麦随行、罗麦支付、在线管理系统为代表的系列工具。

多年来，罗麦科技不断升级硬件设备，将单一生产线发展扩大，不断完善产品架构，力求为消费者提供更优质的产品。同时，以雄厚的实力，在不断变化的市场大环境下打造值得信赖的品牌，为合作伙伴提供更加强有力的支持与保障。并以过硬的产品质量，在风云变幻的市场竞争中开辟出属于自己的道路，收获众多消费者的信赖和拥护。

“诚心+规范”：只为打造优质口碑

人无信不立，企无信不强。在直销高速发展的同时，非法传销也在不断滋生。健康的市场环境是企业进步的基础，罗麦科技在保护行业环境领域不遗余力。作为国内发展多年的直销企业，罗麦科技在打击传销宣传工作中积极作为。

从“不欺诈消费”上升到“让用户满意”，再到“主动服务”，罗麦科技不断提升培训团队的专业实力，加强各地分公司对直销管理条例的宣传力度，提升广大消费者对直销的认识，并对非法传销进行鞭辟入里的分析，使消费者的警惕性和辨别能力有所提高。

同时，罗麦科技全力支持国家市场监督管理总局在全国范围内集中开展为期 100 天的联合整治行动，积极推广普法大讲堂的案例分析，在直销从业人员和广大消费者之间构建普及直销法规的桥梁。

2017 年 3 月，罗麦科技成为直销企业保护消费者联盟常务理事单位，并于 2017 年 4 月，加入北京大学中国直销行业研究中心，为国内直销行业的健康发展增添助力。

通过制度化、日常化的管理策略，积极推动“罗麦信誉体系”，通过大力加强体系建设，将消费者的反馈作为对公司员工的考核标准之一，以此为导向引导内部风气。

夏海涛说：“我们将进一步配合国家相关部门规范直销管理，不断完善企业管控机制，促使自身进步、助推行业进步，努力营造绿色直销环境，为我国经济建设做出应有的贡献。”

公司一角

“爱心+公益”：只为传递一份温暖

“慈善是企业的天职，以无之有余，补彼之不足，取之于社会，回报于社会。”2002 年，罗麦科技就开始涉足公益项目，积极推动社会和谐发展。2015 年 1 月 24 日，由罗麦科技发起的国家一级基金会——“启明公益基金会”在国家体育馆宣告成立。以“启迪爱心、明镜心灵”为宗旨，以“老吾老以及人之老，幼吾幼以及人之幼”为理念，在助力中国航天事业、教育事业、残疾人事业、社会福利事业中开展各类慈善公益活动，标志着启明公益开始步入正规化、专业化、专项化、社会化、有序化的轨道，树立了罗麦科技在公益领域中一块新的里程碑。

自 2015 年基金会成立，启明公益就开展了启明公益万里行大型公益活动，并通过无数次的活动，在全国各地留下他们的足迹。

当人老去时，最需要的是陪伴。罗麦科技通过一系列公益项目，走进经济欠发达地区、红色老区，持续关注贫困地区老年养老问题，将关怀送给老人。

当孩童有记忆时，最需要的是知识。罗麦科技开展启明工程计划，重视贫困地区适龄儿童顺利完成九年义务教育，关注贫困地区教师业务技能培养，关爱贫困学童身体健康，为众多少年儿童在成长的航程中指明方向。

当国家稳健发展时，最不能舍弃的是航天科技。航天事业是衡量一个国家科技力量的重要标准，也是实现中国梦的重要元素。启明公益依托罗麦科技的强大支撑，大力资助中国航天事业发展，并与中国航天基金会共同设立“航天启明专项基金”。在全国设立“航天启明班”和“中国航天启明图书室”，为贵州等地的贫困学子带来光明和希望。

当经济迅速发展时，更不能忘却弱势群体的需求。在关注贫困地区教育资源的同时，启明公益基金会心系残障人士，与北京心灵之声艺术团共同发起，成立“启明特殊艺术培训中心”，成为帮助残障人士实现艺术梦想的摇篮。

2018 年 6 月，浙江省湖州市吴兴区青联村的老人们迎来了一群“红色志愿者”，这抹靓丽的红色便来自夏海涛和罗麦科技的爱心志愿者们。他们为青联村捐赠物资 20 余万元，夏海涛说，“尊老敬老、传承美德，让每一位老人幸福、健康的安享晚年，是中华民族的优良传统，也是启明公益基金会践行‘老吾老以及人之老、幼吾幼以及人之幼’理念的具体体现”。

慈善与公益，是创建和谐社会、成就中国梦的必经之路，也是全社会公民义不容辞的责任。多年来，启明公益用切实行动诠释着企业与广大爱心人士对国家和社会的高度责任感，未来，罗麦科技也将不忘初心，砥砺前行，想国家之所需、急人民之所困、解群众之所难，积极传播公益理念，扩大公益成果，为推进中国公益事业全面健康发展努力奋斗。

小包子里的大生意

杭州包客里餐饮管理有限公司年会现场

如果你在杭州生活，经过杭州的大街小巷，你一定见过“包客里”早餐店；如果你的早餐主要以传统中式早餐为主，你说不定就吃过包客里的包子、烧麦、豆浆。

一只小小的包子，从我们的舌尖开始，抚慰我们的味蕾，填充我们的肠胃，让我们的身体随着肠胃的苏醒而活力满满。朝气蓬勃的一天，从一只美味的包子开始，也是件美好的事情吧。

而做出这美味包子并将它售卖到人们手上的就是杭州包客里餐饮管理有限公司（以下简称包客里）。

包客里坐落于人文景观优美的良渚文化遗址旁——杭州市余杭凤都工业园区。公司自 2012 年 6 月创立就秉持以现代经营管理模式传承传统美食文化的理念，按照标准化、规范化、统一化的运作模式发展加盟店。品牌店一经推出便以健康美味的饮食、快捷环保的购物方式迅速获得消费者的认同，在杭州刮起了一阵又一阵“杭儿风”。品质稳定、健康美味的包客里食品，还获得了“浙江餐饮消费者满意品牌”荣誉称号。

安徽青年的包子梦

安徽怀宁江镇镇，位于皖河之滨，风景秀丽、人杰地灵，江镇镇的“白案经济”发展迅猛，馒头之乡越叫越响，大小包子、馒头店铺遍布全国各大中城市，号称“中国面点师之乡”。

创办包客里的汪少华也来自江镇镇，因为没有其他手艺，但从小会做包子，于是他和老乡们一起，起早摸黑做安徽“土包子”，安徽包子在杭州因为物美价廉很受老百姓欢迎。每天做包子、卖包子，生活很辛苦，但是也很快乐，看到越来越多的顾客爱吃自己做的包子，汪少华很有成就感，同时一个梦想渐渐在心底萌芽：

要做越来越多好吃的包子，让越来越多的顾客吃到自己做的包子。梦想总是要有的，万一实现了呢？

然而，光靠一个人肯定不可能做出那么多包子，怎样才能让自己和老乡们的安徽包子在杭城立住脚跟，越做越大呢？脑袋瓜机灵的汪少华觉得只有集合众人之力，成立连锁加盟店，才能实现自己的梦想，他和他的安徽老乡们注册成立了杭州包客里餐饮管理有限公司，“包客里”是公司的主打商标。

基于一批来自安徽、多年来一直活跃在杭州市场上做包子的专业户，他们凭着做包子的手艺，走南闯北，终于在杭州闯出了一片天。

公司以发展加盟商开连锁店为主要经营模式，所有门店统一商标、统一门头，短短几年，“包客里”已在杭州各区拥有加盟店400多家。为进一步将连锁加盟店做大做强，2014年，杭州安早食品有限公司成立，包客里有了自己的标准化中央生产工厂；2018 年，杭州包客里、上海早阳、宁波包子叔叔、温州三味斋、上海朱师傅等正式合作组建包客联盟成立，联盟成员在杭州、上海、宁波等地拥有门店 3000 多家。

一个有梦想的安徽青年和他的小伙伴们的包子梦一步一个脚印走得越来越踏实。

精耕细作，包子刮起的早餐“杭儿风”

包子是中国的传统食品，是很多人早餐桌上必不可少的美食。包客里门店大部分主攻早餐，每天早上绿色、健康、美味、冒着腾腾热气的美食，培养了一批又一批忠实的消费者。

包子要好卖，两点最重要：一是健康，二是美味。舌尖上的安全是包客里生产经营的底线，为了守牢这条底线，包客里加工中心——杭州安早

刚出炉的包子

食品有限公司，从原料采购、加工制作、物流配送等各环节进行严格的质量检验，精工细作，将新鲜食材安全、快捷送达门店。

原料采购。绿色、安全、健康是所有原材料选择的唯一标准，选用的原材料都是国内同行的名优品牌，比如肉，选择的是江苏雨润猪肉，冷鲜有香味。原材料送达加工中心将对各项指标进行严格检验。

加工制作。包客里加工中心获得了全国工业生产许可证，生产车间按照 GMP 标准设计布局和清洁管控，按照 HACCP 管理体系要求，对生产过程质量进行严格把控。

物流配送。公司与资深的冷链物流团队进行合作，全程实施冷链配送。为了监测配送车辆温度，运输车辆都安装了 GPS 系统，系统平台运输时段时时监控。

包客里对原材料精益求精、天然的配方辅以传统的制作工艺，保持了汤料的鲜浓醇厚，保证了产品的绿色健康，让食物原本的营养成分不会流失。由于用料天然健康，清新原香爽口，又采用现代食品技术工艺创新，非常适合现代人的口感和健康饮食习惯。

为了让包客里的包子更加适合杭州人的口味，包客里在包子的制作中不断探索改良，比如鲜汁肉包馅里少加糖，自己蒸制豆沙馅儿，汤包除了做到皮薄馅多，更主要的是熬制的高汤要肥而不腻，鲜美爽口。除了包子，包客里在烧麦、豆浆等方面也做了不少探索，围绕中国人的早餐饮食习惯，结合健康营养的饮食理念，包客里在传承和创新的路上走得越来越顺。

未来已来，帮助更多的中小创业者圆梦

从事餐饮业门槛低，但压力大，淘汰率很高，要做好并不容易。随

着“包客里”的知名度越来越高，将小包子做成大事业的“包客里”想帮助更多的年轻人圆自己的创业梦。

对比，汪少华侃侃而谈：“想在餐饮行业打下自己的一片天，选择一个好品牌，能够节约很多摸索的弯路。成为包客里的加盟商，只有一个条件，就是自己会做包子，其余的事情包客里会进行培训、提供资源，帮助创业者做好各项准备工作。

此外，餐饮行业门店选址很重要，选对店面，就成功了一半。一般500米之内不建议重设加盟店，同时人流、周边商业生态都非常重要。选好店面后，包客里会对加盟店主进行培训，同时对门店进行装修，大概一个月左右就可以开店了。”

店里的食材都由杭州安早公司提供，直接配送到门店，加盟商只需做好服务管理就行，这大大减轻了个体小创业者的负担和压力。包客里招商负责人说：“对于加盟商而言，包客里具有六大优势，一是品牌优势：包客里深入人心的品牌，其良好的形象早就扎根在消费者的心中；二是产品优势：包客里时刻关注行业流行趋势，不断引进最新的产品设计，紧随最新潮流，抢占有利时机推出最新流行新品，以此提升加盟店的竞争实力，抢占更丰富的消费资源；三是技术优势：包客里加盟总部将定期为投资者提供最新研发的产品，以保持产品的不断更新，提高竞争力；四是培训优势：强势的技术团队进行全程培训，现场指导，并贯穿整个经营活动始终；五是服务优势：包客里提供全方位的后期配套服务，长期提供经营中必需品的供应，让每个经营者专心经营；六是投资优势：成熟的品牌才可以保障加盟商的创业成功率，包客里拥有完善的运营和管理机制，成熟的经营技巧，可以直接为加盟商服务，大大降低投资风险。”

“我自己就是从一个做包子的个体户开始成长起来的，我明白个体小创业者的难处，也熟悉早餐店经营的每一个流程，我们包客里的价值就在于为这些个体创业者解决困难，圆他们的创业梦。同时，这也是个双赢的过程，加盟商生意好，我们包客里的生意也好，大家一起进步。”

说到未来的发展，汪少华说，“包客里是做包子卖包子的，一定要守牢食品安全底线，不断探索现代技术和传统工艺的结合，在早餐品种的开发上，在包子、烧麦等早餐的制作工艺上进一步加强研发，做出更多更美味的早餐食品。”

而对于杭州包客里餐饮管理有限公司的发展，管理团队也基本有了明确的五年蓝图，首先是进一步扩大连锁加盟门店规模，争取2019年包客里门店数量突破500家；其次是进一步向长三角大中城市延伸，借助包客联盟的强大辐射能力，未来五年布局珠三角和京津冀地区，争取上市。

也许在不远的将来，我们会看到起步在杭州的包客里成长为全国早餐界的翘楚。

成长记

『全球爱车系统养护专家』

邱娣兵

浙江衢州常山是钱塘江的源头县，千百年来，肥沃的三衢大地上，滋养了大批文人墨客、乡贤才俊。

这里书写着三国名将赵子龙英武盖世、忠勇多谋的传说，这里迎来送往过思致幽缓的唐代诗人刘长卿，这里的山山水水充盈着宋代的诗意和浪漫。

在这样一个人杰地灵、人文璀璨的地方，同样走出了一位不向命运低头、不畏磨难的“优质青年”，他就是品融控股集团有限公司董事长邱娣兵。

小时候连吃一碗大米饭都算是奢望，如今转身为拥有近百亿产值集团的董事长；从创办一个仅有 3 名员工的小公司起步，如今已拥有迈道夫、赢天下等两大核心子集团，10 余家子公司、20 余家分公司、500 多名员工；

从白手起家的“三无青年”，到迈入浙商500强……

寒门生贵子，白屋出公卿。邱娣兵一直“战斗”在第一线，用他的坚韧，让成功的梦想“迈”进现实。

四个梦想，开启奋斗人生

“我的第一个梦想是知识改变命运。”小时候，邱娣兵印象最深刻的是家中空荡荡的米缸。5岁时，父亲离世，留下了母亲和三个孩子。原本就不富裕的家庭，境况一落千丈。

穷则思变，邱娣兵想通过知识改变命运。7岁那年，尚未到入学年龄，邱娣兵便央求着母亲跟老师去说情，想读书。受不了他的软磨硬泡，母亲找到了村中一位当小学老师的本家帮忙。虽最终无功而返，但在母亲眼里这个孩子是特别的。

一年后，邱娣兵顺利上了小学。学习对他来说并不轻松，但他懂得天道酬勤的道理。“别人读一遍就记住，我就读三遍、五遍，直到记住为止。”为了省电，家里晚上不许开电灯，他就偷偷买来一个手电筒，每天躲在被窝里看书。

邱娣兵的求学之路并非一帆风顺。初二那年，邱娣兵不小心摔成轻微脑震荡。为不耽误学习，他独自一人辗转找到县教委开具休学证明，休学一年后，再重新回到了学校。“别读书了，还是早点赚钱吧。”刚回学校不久，养父的这句话又让他不敢回家，只好偷偷摸摸跑到较远的姑父姑母那边读书。

付出终会有回报。1995年，邱娣兵顺利考上了浙江建筑工业学校（当时的省重点中专），迈出全新人生的第一步。揣着妈妈烙的几个大饼和自己打工拼凑来的2000元钱，邱娣兵独自踏上了去杭城求学之路。

到站后，一大群求学的年轻人涌出车站。邱娣兵看着其他同学衣着鲜艳，拿着皮质、牛津布等材质的行李箱，只有他拎着家里的“古董”——掉漆的红色木质箱子。这样强烈的对比差异，让邱娣兵感到羞愧，也让这个年轻人有了第二个梦想：“毕业的时候，我要成为这个学校最优秀、最好的学生干部。”

在他的不懈努力下，从寝室长到团支委书记，从团支委书记到校纪检委员，最后成了团委学生书记。第二个梦想如期实现。

毕业后，邱娣兵在老师的帮助下，在一家国营建筑企业上班。“在上班的前7天时间里，我拿着草席睡在六和塔下的工地里，整夜思考着自己的十年职业规划，这就是我的第三个梦想。”

邱娣兵做了一个宏伟的“十年职业规划”，即10年内，从技术员到施工员，再到项目经理，最后要做到集团董事长。

可是十年规划做好以后，邱娣兵发现在有限的时间内很难实现这个梦想，“那段时间也想自己做点什么，但是资金、经验、资源等各种方面的因素制约了我。而且像我这样的毕业生在集团内部多得是，要想从中间脱颖而出确实非常难。”于是邱娣兵决定，既然“向上”难走，那就尝试着“向下”走。

2004年，敏锐的邱娣兵发现，很少有正规的公司去接“包清工”的工作。这是一个很好的商机，何不一试？但他手上并没有多少创业资金。幸好两位老师借给他6.5万元。有了启动资金，邱娣兵开始艰苦创业，成立了专做建筑劳务分包的公司，实现了自己的第三个梦想。

“关于我的第四个梦想，我现在还没有实现，但是已经在实现的过程中了。”邱娣兵说，2008年他用心做了15年的规划，即三个五年规划，将公司15年的发展分成三段：“一五”的目标，成立集团公司；“二五”目标，两个品牌成为行业领导者；“三五”目标，成为中国乃至世界500强。

第一个五年规划在2012年就已经提前一年实现，赢天下和迈道夫连续多年被评为行业领导品牌，“二五计划”也超额完成，接下来，按照集团稳定增长，三年半内要成功冲进中国五百强。

聚焦细节，迸发更大能量

白衬衣、黑西裤、一头短寸，邱娣兵干起事来雷厉风行。大到门店的服务管理、客户的资料是否完整，小到店内一盆绿色植物的摆放位置，邱娣兵都亲自过问，对于服务细节的要求近乎严苛。他说，细节决定成败。

在集团公司大厅里，墙上的电子屏实时播放着迈道夫各个店的汽车美容维修现场，这也是近几年邱娣兵在着力打造的汽车后产业。

“汽车后产业是后来才做的，当时我有一个老乡是做迈道夫的，后来因为经营不善找我合作，当时只是想帮一下老乡。”依邱娣兵的性子，既然做了就要做好，迈道夫店里用的机油等产品非常正宗，店里的服务也一定是最好的。

如今，插上互联网翅膀的迈道夫，力争要做全球汽车绅士文化倡导者。以“打造全球车主服务第一O2O生态平台”为愿景，以“服务体验”为核心竞争力，通过整合线下会所店、钣喷维修中央工厂店和社区标准店业务系统标准，融合金融、平台、互联网和跨界思维，旨在建立一个以汽车服务为载体、以车主服务为核心业务的高品质“人车从容”商务生活圈。邱娣兵正在不断地搭建与完善这个平台，它融入了邱娣兵走向全球的战略“野心”。

“全球爱车系统养护专家”是邱娣兵对迈道夫的定位，这句听起来像愿景一样美好的话语已经得到了市场认可，迈道夫在杭城拥有20多家连锁店，采用1+N的独特服务模式，通过整合旗下多家子公司，包括迈道夫车主商务会所、迈道夫车主服务店连锁、迈道夫汽车绅士文化俱乐部壹杆清会所等，逐步建立起一个以汽车服务为载体、以车主服务为核心业务的高品质人车从容商务生活圈。

品牌建立起来了，邱娣兵对服务的要求也变得更高。他立志将迈道夫打造成汽车连锁服务业的“迈海星”。

说起这个名字的寓意，邱娣兵解释道：“跨界的行业中，海底捞的服务很好，我们希望在汽车服务上，这个服务能够做到这样一个层级；星是星巴克，星巴克品质好，全球化的市场布局，品牌度很响；迈道夫取了个迈字，要向海底捞的服务学习看起，向星巴克的品质和全球化的布局看齐。”

体贴入微的细节处理，也为迈道夫在客户中赢得了好口碑。会所店的营业时间是上午 8:30，但只要客户有需要，员工会在清晨 6 点前赶到店里将客户急用的车做好清洗美容，方便客户出行；只要接到电话，不管严寒、酷暑或晴雨，迈道夫的员工会第一时间跑去帮助客户抢修汽车，甚至还有跨省抢修的经历。除此之外，车主们还常能从员工口中、从迈道夫微信公众号上获得许多实用的汽车养护“小窍门”。

邱娣兵说，“政策推动我们成长，责任鞭策我们壮大。企业如果不能壮大、不能做强，就无法承担更大的产业责任。”邱娣兵相信，只有聚焦，才会迸发出更大的能量。

爱和利他，传递无限希望

公司从小到大，产业从点到面，一路以来，邱娣兵收获了成功，但他却从没忘记自己来时之路。

“成就多少人，荣誉多少深”是邱娣兵的行为准则，他始终秉承用事业的载体践行价值观，每年他都会划出部分资金为企业员工提供免费学习深造的机会，同时引入外部技术软件不断提升人才实力。

邱娣兵深知任何事业，除了项目本身的定位特色有竞争力外，关键是人才，而融合人才最关键的一点，就是所有人对企业文化的认同。迈道夫推崇的是天道酬勤文化，方向一致文化，上下合欲文化，同心同德文化。他对企业员工用心的付出，也收获了同等的回报，这是迈道夫的团队灵魂，也是邱娣兵最骄傲的地方。

而家乡常山，更是邱娣兵无法割舍的桑梓情怀。

金川街道胡家淤村的健健（化名）姐弟说起非亲非故的邱娣兵叔叔，总有说不完的感激。健健一家5口人，爷爷奶奶年纪已大，没有劳动能力，父亲前些年不幸生病去世，姐姐还在上学，仅靠母亲一人打工维持生活。得知情况后，邱娣兵专程从杭州赶回常山，与他们姐弟结对，承诺每年资助姐弟俩的学费和学习用品。

其实，邱娣兵已经在常山与多位这样的贫困孩子结对，每人每年至少捐助2000元。作为常山县目前最大规模的异地商会会长，邱娣兵还积极发挥商会作用，始终关注家乡建设，助力家乡发展。

杭州常山商会组织开展的“情系家乡关爱老人”主题慰问活动中，邱娣兵为全县21所敬老院、1091名老人送上慰问礼包；筹款20万元表彰10名优秀教师、7名优秀学生，资助30名贫困学生；向芳村镇洁湖村18岁尿毒症少年捐助2.8万元；累计向家乡捐助120多万元，用于“五水共治”“一路一镇”集中整治等。

这样的爱心捐助，邱娣兵已经坚持了很多年。“没什么，就是希望能为家乡做点事。”说起慈善公益，一向坚韧的邱娣兵露出了难得的腼腆。

成就不忘报乡情，邱娣兵用他的默默奉献让希望的种子生根发芽，让充满爱心的花朵永远绽放。

“爱”是一份爱心，一份关爱，邱娣兵用无私的爱，成就他人，传递着真善美的正能量；“知”是渴望知识，知行合一，邱娣兵从不吝啬对学习的投入，他宁愿选择租房住在公司附近，也不愿将宝贵的时间浪费在通勤路上，勤奋刻苦用活了人生的每分每秒；“病”是浑然忘乎的痴迷，是锲而不舍的钻研，邱娣兵将95%的时间投入到事业中，成功离不开他这般偏执和专注的“疯子”精神。

这样的“爱知病”是邱娣兵解锁梦想的钥匙，也是企业发展的“蝶变密码”。在邱娣兵看来，任何困难和挫折都是前进路上理所当然的存在，如果实现梦想的过程太顺利就像打游戏不能冲关一样反而会索然无味。

品者，品味、品质、品相；融者，融通、融汇、融洽；品人生，融天下。打造品牌，创造财富，共赢天下，在这个充满机遇与挑战的时代，邱娣兵永远在路上。

『毛衫女王』孙雪金的传奇故事

孙雪金

从手工作坊到代工厂，再到一手复活传统品牌……曾经平凡的纺织女工埋头 30 载，织就了自己的创业梦想。孙雪金行销全球的羊毛衫背后，离不开个人的汗水，也离不开时代机遇的助力。

体制改革助推创业梦

在 20 来岁时的孙雪金眼里，她赶上了最好的时代。

20 世纪 80 年代初，孙雪金还是桐乡一家羊毛衫企业的普通女工。那一代人总是带着一股特有的干劲，这份干劲在孙雪金身上却更鲜明几分。

能吃苦、会认真的精神加上出色的工作表现，让她从一众女工中脱颖而出，很快成长为一名中层骨干。

改革开放的春风从南方吹来，计划经济向市场经济的转型逐渐明朗，企业形势向好。旁人眼里，在企业担任要职的孙雪金手捧金饭碗。但她却做了一个令人匪夷所思的决定：离职。

孙雪金的决定并非一时兴起。企业为她带来的稳定收入和体面生活，似乎总是少点儿什么——她希望打拼一份属于自己的事业。1992年，小平南方谈话在大江南北荡起春潮，激励无数中华儿女。全国大批民营企业的崛起和成功，更加倍激发了孙雪金“试一试、闯一闯”的心理。

生长在中国羊毛衫之乡——桐乡，又在羊毛衫企业积累了丰富的技术和管理经验，孙雪金的创业尝试还是选择了“老本行”。她以个体户的形式迈出了第一步。

一开始，她的事业甚至不能称之为“事业”——孙雪金自己的裁缝手艺，就是她商户的核心资源。如今，回忆起自己的创业初试，孙雪金更愿意把它定义为一次“家庭手工业”的尝试。

初创的时光并不光鲜，资金匮乏、环境恶劣、业务缺少……种种问题迎面而来。近30年后的今天，早已经历过各种考验的孙雪金，在回忆起这段日子时，仍不禁感叹一句“很辛苦”。

“但是，自己的能力达到一定程度，才能有发挥平台的机会。”抱着这样的信念，孙雪金沉心积累。骨子里那一代人的韧劲注定了她不会轻易屈服，她反复告诉自己“要勤劳”。无论大事小事，孙雪金都保有十二分的认真精神。政府的鼓励和扶持也为她的小生意助了一把力。在个人努力和时代机遇的共同作用下，孙雪金完成了原始积累。

20世纪90年代末，国企改革逐步进入第二阶段，孙雪金从中看到商机。她跨出新的一步，开始主动接触、涉猎大企业订单。

环境升级促生全变革

孙雪金的事业渐渐迈入正轨。从困难走向稳定，她没有给自己停步喘息的机会。她紧锣密鼓地开始第二阶段的筹划，目标明确：要想做强做大，离不开可靠的生产基地和良好的合作伙伴。

2002年，孙雪金购入土地，投入大笔资金建造厂房，实现规范化生产

兔皇生活馆

的基础。2003 年，她在桐乡登记成立桐乡富士佳针织服饰有限公司，正式进军现代市场。

想要做得更好，就要有胆识。这也是孙雪金对自己的要求。有了成熟的经济和技术基础，孙雪金开始思考产业布局。

21 世纪初，国内的高档服装市场几乎完全被来自法国、意大利、韩国、美国、日本、英国等发达国家以及中国香港、台湾地区的品牌占领。商场内真假洋品牌混杂，有些中国名牌服装为迎合消费者，甚至改用汉语拼音作商标以“提升地位”。

从过去流行一时的“的确良”到如今备受追捧的洋品牌，背后反映的实则都是国人对品质和时尚的追求。孙雪金思考，这种现象不应仅作为市场国际化或是消费者崇洋心理的表现来看待。改革后社会经济水平的大幅提高，势必带来国人的消费升级。

当时，孙雪金的企业主做批发市场，以量制胜。相较于品质，大量备货能力的好坏是竞争的决定性因素。然而，如果备货眼光不好，就容易亏损；逐渐激烈的市场竞争，也提高了企业风险。结合消费环境的变化，孙雪金当机立断，由批发转型代工。

孙雪金转做国内一二线品牌的 OEM、ODM，期待与著名品牌的合作能够打下口碑。新定位下，她给自己设立了两个具体目标：品质是企业的生命线，新的社会环境下更要让品质进一步提升；产品要拒绝同质化，培养独到的竞争优势。

转型的第一步，却迈得不算顺利：她缺少合作伙伴。2004 年，走在全国开放前列的广东贸易热度持续上升，孙雪金大胆地“走出去”——将分公司开到广州。她亲自带着样衣辗转各地，为自己争取到新的发展机遇。

这一年，孙雪金博得“恒源祥”等大公司的肯定，成为多家知名品牌的加盟企业。近二十年的经验积累，加上前期领先的技术投入，孙雪金在生产方面遥遥领先。2005年8月，孙雪金的富士佳公司接手恒源祥的“金羊毛”研究工程，研发世界上最细的羊毛，并开发出从倒毛、织片、成衣“一线到底”的无接头、不动刀羊毛衫。

这一项目成果，填补了我国在超细羊毛科研领域的空白，呼应国家推动高新技术产业化进程的号召，为高新技术在传统产业上的运用做出高级示范，更大大推动我国纺织行业的一次进步。

在品质和创新上的成功尝试，为孙雪金的富士佳公司打响知名度。经过一系列成熟的布局，2007年，富士佳的年产值已经达到一亿元。

时代潮流创造新机遇

2008年的国际金融危机，带来一次全国经济的巨大震荡，对国内纺织业形成了巨大的冲击。加之汇率、后市预期、贸易保护等各方面因素的影响，以欧美为代表的外商订单大幅减少。作为品牌代工厂的富士佳，承受了直接的双重冲击。

订单来源的大幅缩减对生产收入产生了严重的负面影响，国内经济的衰退又进一步压缩单品利润，提高了竞争压力。对孙雪金来说，这无疑是雪上加霜。经济大环境下富士佳的发展瓶颈，让孙雪金开始重新审视“代工”这一缺乏自主性的运营模式。

距离孙雪金初入羊毛衫企业任职，已经过去二十余年。日趋激烈的全球化贸易趋势中，质量、产量已经不是企业生死的决定因素，“品牌”逐渐成长为一个重要的关键词。孙雪金早早认识到这一点。如今她更意识到：靠依赖大品牌难以在当前时代生存，经营自己的品牌才能创造新力量。

前期数年OEM、ODM的合作经验，减轻了孙雪金品牌转型升级的痛苦。

2011年，孙雪金投入7000万元本金和3000万元流动资金，以一亿元资本收购兔皇，进行品牌培育。

嘉兴兔皇羊绒有限公司1993年建厂，一度是羊绒行业中的奢侈品牌领军者，早在2006年就被认定为中国驰名商标。然而，孙雪金接手时，它是一个欠发亿计工资、欠债数千万、积压库存数十万的“烂摊子”。

在危机之中，孙雪金看到的却是商机：品牌的底蕴、文化积淀、市场认可度，这样的无形资产是无价的。经过调研了解，孙雪金确定了兔皇没落的主要原因：产品老化，上新速度慢、管理思路与市场脱节，经营效率不佳。

始于20世纪八九十年代的一批企业里，这样的问题普遍存在着。陈旧的经营手段难以适应变化的时代需求，固守“老一套”蛮闯硬干已经行不通。 在众多曾经叱咤风云的同行相继倒下之时，孙雪金明白彻底变革、引入现代企业管理方法刻不容缓。

找准了切入点，孙雪金以志在必得的信心投入到收购工作中去，并着手进行大刀阔斧的改革：产品层面上，她加快推陈出新，以现代化眼光重新调整兔皇的市场布局，着力于直营店的建设；管理层面上，她招揽了大批新人，将原本固定的岗位一视同仁地对全体新老员工开放，以自荐结合评估的方式精准选择最适人才。

双管齐下的策略，如同一针强心剂，让兔皇重新恢复了活力，又一次站到了行业的顶端。兔皇的复苏，也帮助孙雪金实现了她的自主品牌目标。如今，兔皇已完成一二线市场的战略布局，深厚的底蕴积累和适销对路的产品使其核心竞争优势明显。直营专卖店占比达到了行业领先的50%，繁杂冗余的管理环节得到大幅度削减，对利润产生了直接的积极影响。

2018年，依托互联网的迅速发展，服装行业又一次迎来了变革的潮流。众多服装网店、购物平台相继成立，销售额不断攀高。曾经靠配额彻夜排队才能换取几片不起眼布料的消费者，现在只需轻点鼠标，便能足不出户收到各种款式新潮，设计精致的品牌服装。

这一次，兔皇的掌舵人孙雪金看准了互联网时代的发展良机，着力于线上平台的搭建。天猫、京东、唯品会……兔皇布局的脚步迅速而有力，然而孙雪金却认为仍有很大提升空间。未来，她的品牌计划顺应当下潮流，以年轻化、时尚化标签、设计师品牌切入市场，把握新一轮机遇。

丛林深处，有个现实版『开心农场』

朵云生态农场亲子采摘

杭州余杭中泰街道白云村，有一个现代化的有机农业生态园，这个生态园有个美丽的名字——朵云生态农庄。朵云，一朵美丽的云彩，当我们和这朵美丽的云相遇，就会在交汇时互放光亮，感受生活的美好。正如朵云生态农业有限公司的创始人陈永航所说，朵云农庄所做的就是给现代都市人带来绿色健康的有机蔬菜，带来闲适、美好的田园体验。

美丽的朵云，我的梦

白云村位于余杭区中泰乡西部，南临富阳，西接临安，东距杭州市中心30公里。地处三市、区交接处。白云村地形地貌为浙北平原和浙西丘陵区的过渡地带中的高丘陵地，全村森林覆盖率达85%。村内翠竹成荫，山清水秀，绿水环绕，气候宜人，自然环境优美，适合休闲农庄开发。

当都市人忙完一周的工作，在周末带着家人孩子驱车不到30公里就可以远离都市的喧嚣，回归宁静的自然，或者自己动手翻土、耘田，下种，浇水、施肥，等待种子的萌发、长大；或者和孩子一起到小溪边垂钓，优哉游哉度过一个美好的下午；或者邀三五好友，来一场生态有机宴，品尝刚挖出来的芦笋，刚钓起来的鲜鱼，聊聊近况，谈谈梦想；或者和爱人一起除草耕田，感受下男耕女织的乡村生活，重温爱情的纯真与美好……

这一切的美好，在朵云生态农庄都能实现。而创办这个农庄的陈永航选择做一个农场主也是机缘注定的事情。

说起陈永航的创业路，可谓山重水复疑无路，柳暗花明又一村。

“我一直渴望创业，带着一颗火热躁动的心，20多年来，艺术专业出身的我辗转于IT、工程、娱乐等多个行业，但是做什么都不是那么成功，总觉得没有找到自己特别想干的事情，每次创业激情消退，就有种茫然的感觉。直到2012年，我来到余杭，坐在白云村的村头，看到四周青山环绕，竹林青翠，绿水潺潺，朵朵白云头顶飘过，一种强烈的归属感溢满心头，我想这大概就是我的梦想之地了。我将在这里实现我一直以来的梦想。”

选择之后立即行动，这大概是所有创业者的特质。对农业一窍不通的陈永航开始了全国调研之路。从台湾南投到新疆伊犁，陈永航像一只勤奋的小蜜蜂，信奉采过许多花才能酿出蜜来的真理，到处看，虚心学，寻找适合自己的现代农业生产经营模式。

南投信义乡的“梅子梦工厂”，让陈永航看到了农业和文创结合后的能量，赋予了文创力量后的信义梅林逐渐从原来单纯的青梅种植基地，发展成为集种植、产品加工、休闲观光和文化创意于一体的新兴产业链，将现代农业做到了极致。

在伊犁，薰衣草产业小型种植场与车间相邻，完美地将一、二、三产业相融合，新一代的农场模式深深震撼了陈永航。

原来农业不仅仅是农业，它蕴含着无比丰富的内涵，有太多的事情可以去做，有太多的机会就在其中。大量的调研更加坚定了陈永航的创业梦想，也帮助他找到了开启创业之门的钥匙——打造现代生态农场，将绿色有机生态的理念带给千家万户！

实实在在种好菜

在创办朵云之前，陈永航从来没接触过蔬菜种植。不会，没关系，认

朵云生态农场有机菜种植

真学就是。陈永航请来了技术专家，又采购了先进的设备，前后投入500余万元，建基地、购设备、聘请专业技术人员，开荒拓土大搞生产。

每天，陈永航像一个真正的农夫一样，天不亮就起床下地，一直忙到天黑才休息，日出而作日落而息，有时候晚上还要和技术人员讨论种植问题，和销售人员商讨如何打开市场等。

“每天都很累，但是爱觉不累，当你真正爱上一件事情，你会全身心投入，虽然有疲倦，但是心情愉悦。”当第一批颜色鲜嫩、看起来就很好吃的蔬菜开始采摘的时候，陈永航感受到了从未有过的丰收的喜悦。“那种感情很质朴，也很满足。”尤其是有机蔬菜一上市就获得了消费者的欢迎，虽然售价高达30元/公斤，是一般蔬菜的3～4倍，但是仍然供不应求。市场的良好反应给予陈永航巨大的鼓舞，同时也让陈永航坚定了做高品质有机农产品的决心。

“坚守初心并不断超越，是我的信念。我要做更好的有机蔬菜，服务更多的客户。”很快，陈永航引进了智能追溯系统，实时跟踪蔬菜的生长过程并详细记录存档，每批蔬菜包装袋上均设有追溯二维码，让消费者能够完整地掌握种植信息，实时追溯，确保食品安全。

蔬菜种植的门道渐渐摸清，市场认可度也与日俱增，为了进一步规范管理制度，公司又先后获得有机产品认证、质量管理体系认证、职业健康安全管理体系认证、环境管理体系认证，食品安全管理体系认证等，各项管理逐步规范，公司发展步入快车道。

陈永航的有机蔬菜以优质的品质赢得了客户的赞赏，从为高档饭店配送开始，先后引入宅配送、大型商超渠道、电商销售、食堂档口等运营模式。除了电商由于销量小亏损严重而失败，其他销售渠道都越做越大，越做越好。

如今，朵云的有机蔬菜已经进入物美、世纪联华等大型商超的货架，供消费者选择购买。同时，因良好的品质，朵云有机蔬菜与杭州日报、上海铁路局等单位食堂形成长期合作关系。目前，朵云农产品凭借绿色、健康、美味的特点赢得杭城百姓的青睐，逐渐走入千家万户，品牌知名度不断提升。

认真做一个农场主

除了把种好的蔬菜卖出去，陈永航还想着能不能把都市里的人吸引来农庄，将农业种养殖与观光娱乐相合，将农业与服务业结合起来，打造全新的生态农庄经营模式。

农庄距离杭州主城区只有30公里，本身旅游资源丰富，中泰竹笛享誉省内外，朵云农庄依托白云村四季飘香的田园乡村、天然优美的白云花谷和丰富的农村自然资源，以农场广袤的空间，原始与现代交织的生产场地为载体，通过农作物的有机种植、家畜家禽的有机饲养、人与自然的亲密接触，把农村优美的自然环境、多彩的民俗传统、丰富的文化遗产与现代观光旅游和谐相融，吸引更多的都市人群到朵云生态农庄休闲观光。

目标确定，蓝图绘就，接下来就是撸起袖子加油干了。

朵云以“公司 + 园区 + 农户”的生产模式结合“品牌 + 标准 + 规模”的经营模式，以科技赋能农业，以休闲娱乐和农业种养殖相结合，拓展现代农业服务领域，提升农业产业能级。

高科技赋能，朵云生态采用高科技数字化农业生产管理设施，引入有益菌种植技术，兴建植物工厂，人工精细育苗、除草，在种植上返璞归真，不施化肥、化学农药，不使用激素和转基因种子，践行以虫治虫、以菌治菌、相生相克的自然法则，从源头上保证食材的品质和健康。

为了提升农庄硬件设施，满足休闲娱乐要求，陈永航在广泛考察的基

朵云生态农场航拍图

础上，自己绘制规划图，农场占地30多万平方米，外围搭建有机蔬菜种植基地，作为机蔬果种植体验区，让游客亲自动手，体验蔬菜种植全过程；农场内设有骑马场、烧烤自助区、科普馆、亲子游戏区、纪念品超市等，满足游客各类休闲需求。每逢农事节庆，农场举办各类活动，比如端午节的各种民俗游艺，中秋时举办赏月晚会，重阳节做重阳糕，爬山登高等。

这些活动都得到了游客的热烈欢迎。如今，陈永航每天除了做好农场经营与有机产品销售和售后服务外，就是回到农场当导游，为游客们讲解有机蔬果的相关知识，带领他们见证蔬菜种植的全过程，向他们介绍绿色循环生态有机的生活理念。

“每天忙忙碌碌，也快快乐乐，尤其是看到大人和小朋友们收获果实后满足的笑容，我就觉得我的工作我的事业非常有意义。这也是我将继续办好农场，做好有机产品最大的动力。”

从生态种植到现代农场，陈永航的现代农业产业蓝图越来越具体，越来越丰富，在脑海中规划宏伟蓝图，并一步一步将其用实践勾勒、细细描绘。这就是创业带来的幸福吧。未来，朵云这朵美丽的云彩将带给更多的人更好的绿色有机生态体验，将越来越多的美好带给人们。

贵州有个老干妈，杭州有个杨大妈

杨姣英

贵州有个老干妈，杭州有个杨大妈。陶碧华的老干妈辣酱名声响彻海内外，可以说有华人处就有老干妈，而在杭城及周边地区真真切切就是“有猪肉处就有杨大妈”。

杨大妈本名杨姣英。姣者，容貌体态美好也；英者，才能出众、英气勃发也。人如其名，虽然40余年的风霜雨雪让杨姣英从一个容貌秀丽身材窈窕的小姑娘变成一位略带福相的杨大妈，但不变的是那一如既往的飒爽英姿和勃发英气。如今，杨大妈虽然已经年近70，但依然壮心不已、志在千里。

从20世纪70年代末肩扛猪肉闯天下，到1997年正式进军猪肉配送业，2006 年成立杭州杨大妈农副产品配送有限公司，2016 年和 2017 年分别成为 G20 和第十三届全国学生运动会指定猪肉供应商；2018 年被双汇集团评为十大优秀经销商，荣获第十二届浙商女杰·行业领军奖……改革开放的 40 余年，也是杨大妈猪肉配送品牌从无到有，从小到大的 40 余年。

回想创业走来的一路酸甜苦辣，杨姣英感慨万千：“创业是辛苦的，成功来之不易；创业也是幸福的，如今能闯出属于自己的一片天，我满怀感恩，生在这个伟大的国家，这个伟大的时代，我永远不会忘记我的来处，我会尽最大的能力做好自己的事情，尽力回报社会。”

就是有一股不怕苦不服输的劲头

和大部分白手起家的浙商一样，出生于浙江绍兴市诸暨草塔镇一户贫民家庭的杨姣英也是为了改变贫穷的命运，20 世纪 70 年代末一根扁担挑猪肉，赤手空拳闯杭州。

“当时家里真的很穷，可以说是上无片瓦下无立锥之地，我跟村子里的人打赌，说我五年之内必‘发’。”为了打赢这个赌，杨姣英向村里人借了 180 元，凭着一股改变命运的强烈愿望独自踏上了前往杭州的路。

多年之后，当杨姣英回忆起少女时代的贫困和闯荡杭州的志向时，露出了淡淡的笑容：“我别的没有，就是有一股不怕吃苦不服输的劲头。”

大概就是靠着这股劲头，杨姣英在与困难的搏斗中取得了一次又一次的胜利，不仅实现了五年必发的誓言，而且将猪肉配送的事业越做越大，“杨大妈”品牌如今在杭城家喻户晓。

20 世纪 80 年代初，诸暨到杭州的大巴班次寥寥可数，选择了卖猪肉的杨姣英每天凌晨两点准时坐上从诸暨草塔开往杭州的大巴，用肩膀挑着肉，进价 9 毛一斤，卖 1 块一斤，无论烈日炎炎还是寒风刺骨，她都风雨无阻，这趟凌晨 2 点的车，一坐就是好几年。

吃苦杨姣英不怕，怕的是各种意外，有时候拿的猪肉不够，后面客户来了，买不到；有时候猪肉质量不好，自己也不忍心欺骗客户。最窘迫的一次是 1982 年夏天，她与朋友在运肉途中遭遇 12 级台风。车子被台风掀起，掉入水中，同行的小姑娘都哭了，只有她没哭，还组织大家救险捞肉，但是新鲜的猪肉遭到附近村民疯抢，杨姣英眼看着这一次是无法按时将猪肉送给客户了，满身水浆的她再也忍不住，痛哭起来。

后来，杨姣英在杭州文二路农贸市场租了个摊位，因为她卖的猪肉品质好，价格公道，每天来买猪肉的人排起了长队，一些机关事业单位也找上门来要求配送，生意越来越好，摊位越做越大。但是杨姣英吃苦耐劳的劲头却没有因为生意好起来而丢掉。既然大家认可自己的品质，那就要更加努力，不能让客户失望，为了进到更新鲜的猪肉，杨姣英凌晨 2 点就起床进货。一家人看摊的看摊，骑三轮车配送的配送，确保将最新鲜的肉送到客户手中。每天下午忙完了一天的活计，杨姣英还要到各个学校机关食堂去转悠转悠，了解客户需求，拜访新的客户。当时，杭州市政工业园、警校和众多高校的猪肉配送，都被杨姣英承包了。

2006 年，杨姣英成立杭州杨大妈农副产品配送有限公司，主营批发、分割、配送、零售冷鲜肉，蔬菜，调料等，并创立了“杨大妈”品牌。凭着 40 年的积累沉淀，杨大妈家的猪肉已经闻名浙江，成了“高品质、价格实惠”的代名词。公司业务已涵盖农产品种植、肉类分割、净菜加工、农产品冷链配送等领域，客户量连年增长，销售网络已覆盖全杭州市。为省委党校、浙江大学、武警部队等单位提供配送服务，涵盖杭城各大高校、医院、中小学等。在餐饮企业合作上，则与楼外楼、新丰小吃等知名餐饮品牌达成了战略联盟。

再难，也要确保“菜篮子”工程

说起40余年的创业经商之路，杨姣英说得最多的两个字是“诚信”。

“我们给客户的承诺一定要做到，诚信是为人的根本，更是经商的根基。我们现在有20多辆冷链配送车，每天不间断地送货上门，我们承诺24小时配送服务，不会计较路途远近和送货量多少，因为这就是诚信。我一直在员工和客户面前强调：做企业先做人，做产品先做市场，做市场先做质量，做质量先做诚信。”杨姣英说。

公司配送车队

回想过往一年，由于受到非洲猪瘟的影响，市场上的猪肉价格飞涨。同时，因为新的生猪无法在短时间内出栏，猪肉价格上涨的势头还在持续。杨大妈慷慨陈词：“猪肉价格涨了，但是杨大妈的配送价格不会涨，因为我们是签订了长期的配送合同，我们不能也不会无理涨价。虽然现在公司的很多单子基本亏本，但这并不影响我们的配送目标、配送量，有多少我们就要送多少！”

这些年来，“杨大妈”获得的荣誉牌匾挂满整整一堵墙，杨姣英最看重的是浙江市场消费者最满意品牌单位和AAA级“守合同重信用”企业的牌子。前者是消费者的认可，后者是政府的褒奖，这么多年诚信经营，客户看得见、市场看得见、政府看得见。在杨姣英看来，作为农副产品供应商，唯有“品质和诚信”才可创造未来。

当今社会，食品安全重于泰山。猪肉是居民消费，几乎贯穿居民的每日生活，保证猪肉安全是“杨大妈”的第一要务。冷鲜肉的生产对环境温度和工作场所卫生条件要求非常严格，屠宰加工企业需要达到HACCP（危害分析与关键控制点）的管理水平。为此，“杨大妈”近几年来购置了数十台大排机、锯骨机、肉沫机等加工机器。此外，“杨大妈”还建立起了信息化管理系统，通过数据统计每天的进出货物，记录肉类的各项数据，确保从“杨大妈”走出去的肉都是“放心好肉”。

为确保供应给“第十三届全国学生运动会”的肉品质量安全，她亲自到漯河双汇考察，待肉品经过18道检验完全合格后，又专门派人到北京，将鲜肉送到国家体育总局指定检测机构进行检测。同时，配合余杭区市场监督管理局到公司进行鲜肉抽检，所有批次全部合格。

这些年，杨姣英专门在公司配备专业的检测人员和检测室，为杜绝食品安全问题，先后与多家大型企业如河南双汇、南京雨润、海天等合作，还在杭州余杭与上游合作建立上千亩绿色种植基地，只为让老百姓吃到最安全的农副产品。如今杨大妈农副产品配送，已占据浙江省配送总量第一。

回馈社会永不停步

在杨大妈配送公司工作，有一种家的温暖。这是杨大妈配送公司的员工们由衷的感受。杨姣英除了经常组织员工旅游、聚餐，逢年过节给员工各种福利，更是如家人般对待员工，不仅会关注他们的工作状态，更会在生活方面给予实实在在的照顾。

除了关爱员工，杨大妈对社会公益事业的坚持也让人感动，经常安排良渚当地一些年纪大、找不到工作的村民到自己公司上班。良渚本地人何德刚以前是开长途车的，年龄大了这项工作吃不消，其他工作也不好找，就到杨大妈公司里工作。他说，杨大妈对年纪大的员工都蛮照顾的，公司的氛围也很好，大家就像一家人，工作起来闹腾腾、乐融融的。逢年过节，杨姣英都会带领员工到敬老院慰问老人，为他们送去“杨大妈”放心肉，并把健康有机的理念传递给他们。

“社会给予我温暖，我更希望将这份温暖回报给社会。做公益需要恒久坚持。毛主席说了做一天好事不难，难的是一辈子做好事，我就要一辈子做好事。”杨大妈动情地说，“公益路上我初心不改，为社会贡献更多正能量。”

越干越有劲头

60 多岁，是一般老人噫糖弄孙、颐养天年的年纪了，但是杨大妈却越干越有劲头。年近70的杨姣英依旧冲在农副产品加工、存储、销售的第一线。

当大多数人还在睡梦中的时候，公司董事长杨姣英已经提前赶到办公室，开始了新一天的工作。一年365天，除了春节3天，她的日常生活起居几乎都在公司。如今，公司的机器设备、交通运输、公司管理都已实现稳定运作，她却从未考虑过放下工作，享受轻松的退休生活。

2018年，“杨大妈”全年输送肉类达到了惊人的7000吨！2019年，“杨大妈”每天的出货量都保持在30吨以上，维持着强劲的增长势头，不到半年时间就累积了4000吨，杨姣英很有信心在全年突破10000吨大关！

“未来，我希望拥有一块属于自己的地，建造一个更大的厂房，让更多的人能吃到我的安心冷鲜肉和绿色蔬菜。”这是杨姣英现在的心愿，祝愿这位人老心不老、壮志在胸中的杨大妈事业越来越红火，心愿早日实现！

不忘『初心』浇筑『匠心』
让苏作红木薪火相传

潘福初

古人云:“文不按古，匠心独妙。”桐乡市汇才红木家俱有限责任公司的董事长潘福初，便是这般精益求精而臻于至善的匠人。如今，他正与汇才红木一同谱写着苏作红木新篇章。

坚守实业，秉承“匠心”

俗话说，台上一分钟，台下十年功。可以说，潘福初为此足足准备了20多年。

潘福初出生于20世纪50年代，老家在原龙翔街道（现为浙江嘉兴桐乡市乌镇镇）翔厚村。小时候家境清贫，17岁时，他便跟着二哥学做木匠。在那个年代，有一门手艺就意味着可以谋生。做学徒的日子，枯燥而乏味，但想着可以赚钱谋生，潘福初学得比谁都要认真。

“当时弟兄姐妹多，家庭负担也重，所以我在技术上很努力、很用功、也用心，做了两年多就自己能够独立接活了。”当时的潘福初年轻力壮，每日起早贪黑，交代的活儿干得快又好，一身好手艺，便很快在四邻八乡传开了。“那时我一个人跑遍了乌镇桐乡，很多居民户请我做家具。”潘福初微笑坦言。

“在那个年代，农村的木匠就是走街串村干活。”潘福初回忆，不满足现状的他后来开始往市区、隔壁乡镇发展。夜深人静时，则忙着画画、写写，用潘福初自己的话来说就是:“从小就喜欢这些东西，爱好是从骨子里生长出来的。”

高山流水，马遇伯乐。一次偶然的机会，潘福初偶遇了老师傅金卢新，这也成为改变潘福初命运的一个契机。

那年，他 20 多岁。原本在东阳木雕厂工作的金卢新遇到潘福初后，对他的手艺赞赏有加，并收他为徒。从此以后，他开始手把手教潘福初雕花手艺。白天做木工，晚上学雕花，彻夜不眠是常事。

有一年，金师傅带潘福初去东阳参观学习，那一件件活灵活现、栩栩如生的木雕工艺品，给年轻的潘福初留下了深刻印象。从那一刻起，他在内心埋下了一颗种子——要凭借自己的能力，做出这样的木雕作品。此后，梦想的种子逐渐生根、发芽。“如果不是巧遇我的恩师金卢新，说不定我至今还在走村串户做家具呢。”

终于，1987 年，当时小有积蓄的潘福初在翔厚村集镇上买下几间店面房，经营起家具生意。潘福初的家具生意风生水起。20 世纪 90 年代初，赚得第一桶金的他创办了龙翔红木雕刻工艺家具厂（公司前身）。

“我非常佩服师傅的手艺以及他在工作中孜孜不倦的精神。”潘福初回忆，“在他身上，我看到了真正的匠人匠心，对我后来办企业也产生了很大影响。”

做个“匠人”，修颗“匠心”。20多年来，潘福初从木匠起家，步步经营，逐渐将企业打造成为红木家具行业的佼佼者，成为实业领域的真金劲草。

转型升级，打磨“匠心”

“成立公司后，我们大概做了五六年的广式家具生意。虽然订单源源不断，但广式家具的利润非常有限。”潘福初回忆。

这时候，转型的想法在他的脑中萌生。“20世纪90年代，大部分红木家具生产企业还在仿制广式家具，很多企业都生产低档次产品。行业内竞争激烈，红木家具企业都面临行业洗牌。”潘福初坦言，他进军红木市场的决定，遭到了周围亲戚朋友和自己工厂员工的反对。

桐乡市汇才红木家俱有限责任公司一角

不过，在潘福初的心里有另外一本经营账：红木不仅有它的独特气质，而且红木家具市场前景广阔。“那时候，我走访调查了苏浙沪一带的家具市场和同行业厂家，并对中国家具历史演变，尤其是明清家具历史地位进行了学习和研究。我认为红木家具除了使用价值，更应发挥其观赏和收藏价值，于是我将生产重点放在了仿明清苏作红木家具的研制开发上。”潘福初在传统与创新之中发现了新的商机。

1995年，年近不惑的潘福初大刀阔斧，将企业正式更名为桐乡市汇才红木家俱有限责任公司，并逐渐将企业生产重心转移到仿明清苏作红木家具的开发研制上。“1997年，又下了决心，开始转型做明清家具，因为明清家具在我心目中具有永远不落的发展前景”。

事实证明，潘福初的决策是适时的。1997年，由他亲自设计、描图、制作的第一批仿明清苏作红木家具一上市就被一抢而空。

从这次成功转型，到十年后的杭州西溪国家湿地公园二期明式家具项目中标，再到连续五届世界互联网大会家具制作，直到2016年杭州G20峰会家具提供商，汇才红木一步一个脚印，取得了业界为之称道的骄人业绩。

除了过硬的产品质量外，在企业发展过程中，坚持传承与创新并重的理念，也是汇才持续焕发新活力的重要原因。取传统苏作红木的精髓，不断创新改良，赋予汇才家具以时代新特征，迎合现代人的审美，让红木家具永远充满生机的动力源，这也是必然的发展趋势。

“当然，我们公司的创新理念不仅体现在产品上，还包括运营模式和人才管理等方方面面。”潘福初确定，从改革开放的大浪中走来，未来依然会走在时代潮头。

传统制造业转型升级，正是要大力发扬工匠精神，生产出质量精良的产品，以市场为导向、以顾客需求为方向，勇于创新、不断开拓，推动产品、设计、营销等全面创新，对于汇才红木而言，他们的团队正努力将传统家具与现代工艺美术完美融合，着力打造家具业的百年品牌。

精雕细琢，浇筑“匠心”

“我自己很喜欢红木，特别是苏作红木家具。”在潘福初眼里，苏作红木家具犹如古时的江南文人，文雅端秀。“匠心精神也在苏作红木家具的制作工艺中得到了淋漓尽致的展现：在椅子、桌子和床等家具边框、边缘上，都有不同的线脚，包括阳线、凹线、文武线。这一刀一划，都是需要用心雕刻而来。”潘福初对雕刻技法中的“雕刻要气韵，层次要分明，光滑要和顺，棱角要出清”更是心领神会。

潘福初说，从拜师学艺那时起，绘画和雕刻像血液一样融入了他的生命之中。一次偶然契机，他参加了一场工艺美术展览，其设计参展的作品得到了桐乡市工艺美术协会的认可。无心插柳的获奖不仅给潘福初带来了惊喜，更重要的是给了他和他的红木家具莫大的鼓舞和肯定。

“不经过深思熟虑，绝不轻易动手。”潘福初介绍，苏作红木家具在用料方面以隽秀著称，在制作每一件家具前，要对每一块木料进行反复观察、打磨，尽可能把木质纹理中整洁美丽的部分用到位。

潘福初回想起办厂之初，由于工艺不完善，机械化操作不足，制作出来的家具出现了质量问题。为了交货，他与妻子两个连夜赶工到大年三十。自那时起，提高工艺水平，严把质量关这根弦始终在潘福初脑子里紧绷着。潘福初坚信，没有严字当头，就没有过硬的质量和良好的声誉，也就没有市场，没有前途。凭着一股狠劲儿，潘福初经过几年打拼，终于把自己的红木家具厂做成了浙北地区数一数二的家具厂。

“2007 年，我们接到杭州西溪国家湿地公园明式家具订单，48 天时间，1500 多件明式家具产品，400 多个品种，对我们汇才来说是一项大挑战。”

正是凭借着汇才人对至精至善、至善至美的不懈追求，终于保质保量地完成了任务。对于匠人而言，红木家具不是产品而是作品，工人们赋予了它生命，付诸木材有活的灵魂。

从设计、选材、配料到制作等各道工序，潘福初都要求做到精打细算、精心选配，用好每根料，用好每块板。汇才红木凭借几十年如一日对于传统文化和“精益求精”工匠精神的坚持，赢得了广泛赞誉，获得了举世瞩目的成绩。

文化传承，添彩“匠心”

潘福初凭借其对红木家具制作精髓的深刻领悟及制作水平，跨区赢得苏作传承殊荣，可谓实至名归。无论是风靡世界互联网大会·乌镇峰会的“长撸”，还是16米长迄今汇才历史上最长的会议桌，以及在G20杭州峰会上受到各国领导人称赞的“云龙纹沙发”，汇才红木精益求精的创造精神和苏作红木家具的高超技艺早已赢得了广泛好评。

“我们公司屡次走进国内外的重要展会和会议，向世人展示中国传统红木家具的魅力，彰显我们中国的工匠精神，我们感到非常荣幸和骄傲。”在G20峰会期间，他们仅用6个月时间，共200余名工匠，完成了300多件中国明清风格的古典红木家具，在这一连数字背后，凝结了潘福初及汇才红木全体员工的心血。这些风格鲜明的家具，不仅向世界元首们展示了中国的历史文脉，更体现了大国工匠的技艺。

潘福初在经营企业的同时，也在传承苏作红木家具的文化根脉。

走进位于梧桐街道环城东路2671号的汇才红木公司，人们一定会被这里的景致所吸引。简单的门匾上“汇才红木”几个大字傲然挺立。在这里，不仅可以看到遍植的香樟、银杏、桂花，更可以慢慢欣赏“沁檀园”

的小桥流水、亭台楼阁。所到之处，尽皆展露出浓郁的江南园林风情，让这里俨然成为一家名副其实的园林工厂。

再往里走，便发现整个企业的布局都十分讲究，从引人入胜的博物馆到苏式园林，移步易景，使其成为名副其实的“苏作红木文化博览园”。园中还布置有阁楼、凉亭、长廊以及景观石。阁楼的设置极为精巧，仿古的建筑风格，搭配红木家具的沉稳精致，不娇柔，不做作，充满了雅致的韵味。

潘福初表示：“园林取名为沁檀园，寓意红木馨香，沁人心脾。我想打造一个花园式工厂，让我们的员工有一个惬意、舒适的工作环境。拥有愉快的心情，才能做更好的产品。”

“这一切只是开始。”潘福初说：“文化是企业的灵魂，它助推企业发展，凝聚企业力量。红木家具背后所代表的中国文化博大精深，越深入行业，我就越喜爱。”重点抓文化建设，走文化兴业之路，他开始把自己对苏作红木家具的喜爱融入企业文化建设中。

汇才红木传承着红木文化精髓，成为全国苏作红木文化传承企业，形成了汇才精神与文化，得到了广泛赞誉。2013年，“汇才红木”还被评为“中国苏作红木传承企业”。

如今已是花甲之年的潘福初，为了更高的目标和更远大的梦想，踏进了中国美术学院的大门。要将国画的画工、技法及精髓融入日后的红木家具设计、雕刻和制作之中。设计创新的理念，继承了传统，又进行了创新，这不仅是匠心匠意，而是中华民族文化自信的缩影，是对五千年古老文明的不朽传承。

不忘初心做家具，浇筑匠心做家具，几十年如一日。一榫一卯，丝丝入扣，稳如山脉，坚若磐石。一斧劈下半边山，一锯剖开一线天，一刨荡平凹凸面，一凿榫卯乾坤安，一斧一凿一辈子……

40万亩亚麻籽田里的企业信念

卞继州

卞继州是出生在动荡年代、成长在时代转折点上的幸运者。

17 岁之前，卞继州最期待的是每月一次父亲回家的日子。因为只有那天，他们全家人才会吃上一顿较丰盛的白米饭。

卞继州的父亲是一名南下干部，在父亲的眼里，只有国家和工作。在父辈那一代人的心里，祖国的建设高于一切。他们经历过战争、见证过新中国的诞生，他们比任何人都更加珍惜那来之不易的和平。

然而，本是“根正苗红”，却因母亲“地主家的大小姐”出生在那个特定的年代被蒙上了一层阴影。日子过得很是清苦。那时候的卞继州心中只有一个信念，就是为父母争光。

“我不想因为自己的不争气，而让我的父母被别人奚落。”也正是当初这个小小的信念，支撑着卞继州一路披荆斩棘，创下一个又一个傲人的成绩。而如今，那个誓要为父母争光的年轻小伙早已蜕变，扛起了艰巨的社会责任，准备创造新的辉煌。

义无反顾，选择自己的路

17 岁那年，卞继州只读了一年高中就选择了辍学。辍学的原因很简单，仅仅是因为家里困难。“我想自己养活自己，不要靠家庭，也不想给家庭增加负担。”

父母不明白他的想法，对他极其不理解，母亲只觉得这孩子“不争气”，父亲甚至边打边骂，“小子不学好，读书都不读。”打也打了，骂也骂了，劝也劝了，卞继州像头“倔驴”似的不为所动，父母终究也拿他没什么办法。

最开始，他到工地做零散小工，后来又去做油漆工学徒。一次偶然的机会，卞继州成了杭州肿瘤医院的一名临时工，那时候一个月的工资可以拿到十几块钱，节省一点的话不仅够自己花，还能够给家里补贴，卞继州无比珍惜那份工作。

也正因为珍惜，他在各方面的表现都很优秀，得到了他的师傅以及很多人的认可。

得益于当时的政策以及自身的努力，卞继州很快迎来了自己的第一个机遇。

1980 年 11 月 26 日，《解放日报》登载上海广播事业局公开招聘编辑记者的招聘启事，上海人民广播电台、上海电视台同步播出。一石激起千层浪，公开招聘牵动人事制度的变革，引起社会轰动，掀起了社会大招工的热潮。

肿瘤医院后勤部看到卞继州一年以来的工作成绩，觉得这个小伙子很不错，就决定把这个“小鬼”留在院里算了。但是当时的卞继州有着更大的目标，电工出身的他想趁着这个利好的政策，去报考一下杭州电力局。

完全没有考虑到当时激烈的竞争压力，卞继州凭借着自己初生牛犊不怕虎的冲劲儿“逃离”了肿瘤医院，奔赴万人竞选几人的那座独木桥，并且不出意外地落选了。

卞继州的父亲推荐了杭州水泥制品二厂给他，这个也是后来天龙集团的前身。

这是成立于 1972 年，由 7350 部队干校转入杭州城乡建设委员会后专业生产砼制品及水泥管道的国企，刚好面向社会招 3 个学徒工。虽说是国企，但是很少有人愿意来。卞继州的父亲就问他，愿不愿意去，卞继州想都没想就答应了。

“我最开始是很高兴的，想着进厂了还是国企，总归不会差到哪里去。但来了以后一看，哇！这就是一片荒地啊！”

这个地方有多荒凉呢？

一条泥路，周边都是村落。水泥厂甚至连围墙都没有，到处都是坑坑洼洼。不下雨尘土飞扬，一下雨就没有路可走，车间里面湿漉漉的，外面下大雨里面下小雨。

卞继州的第一个念头就是：走！

在“荒地”中开出奋斗之花

厂长找到他，跟他谈心：“年轻人，怕什么吃苦呢？好好努力，一定会有一番大作为的。”也正是因为当时厂长的这一番说教，给卞继州树立了很大的信心。

当时进厂的三个人，文凭高一点的那个负责制图，卞继州和另外一个学徒被分配到了车间。另一方面，由于家庭情况的原因他也总是被人看不起。“我就觉得，我为什么会被人看不起？我一定要做出点成绩。”

卞继州不服输，白天上班，下班后就去市里上文化补习课。通过一年时间的学习，终于拿到了高中文凭。与此同时，他一边补习文化课一边补习电工专业技术，学习相关理论等。原本要做 3 年学徒，却在第二年下半年就变成了可以带徒弟的师傅。

而那一年，卞继州 21 岁，是当时厂里最年轻的师傅。

卞继州用自己所学，根据当时车间的情况提出了改造意见，经过改造

公司主打产品

以后不仅提高了工作效率还增强了车间的生产安全。

早上 8 点上班，7 点就能看到他对机器设备进行检查调试的身影；下午 4 点下班，他最早也要 5 点钟离开，检查所有的机器设备。

“不是做给谁看，就是一种自我强迫感。”“怎么说呢？也许是源于内心的认真吧。”

这样的工作态度赢得了厂里领导干部的赏识，从第一年开始连续 8 年的时间，卞继州都被评为厂里先进工作者。

1985 年，也就是卞继州进厂的第五年时间，厂里已经有了 100 多名员工。而他也是在那一年成了厂里的工会主席，同年成为一名共产党员。

说起这件事，卞继州至今仍然觉得有些不可思议。

那时候工会主席不能任命，要进行选举。当时有两个候选人，年轻的卞继州只把自己当作陪衬，结果海选时他竟然全票通过，毫无心理准备的卞继州就这么“莫名其妙”地当了工会主席。

这个年纪轻轻的“小鬼头”，信心更加足了。

离开了基层工作的卞继州，开始担任办公室主任，做宣传工作。那时候的宣传不像现在意义上的宣传。单位要打印出一个书面材料，就得有专人把专用的打印蜡纸铺在一块 30 厘米 ×10 厘米的钢板上，用铁笔刻上必要的文字，再把刻好的蜡纸贴在油印机的纱网上，用蘸着油墨的滚子一压一滚，一张一张印制出来。

用了一段时间以后，卞继州觉得这样不方便，于是便向上级请示买一台打印机。经过批准后便亲自跑到上海，买了一台飞鸽牌打印机，自己一个人坐绿皮火车把它背回来。

1988 年，得到培养的卞继州担任生产副厂长。在其带领下，每个月的生产业绩基本上都是超额完成。

就当一切似乎都顺风顺水的时候，一个艰难的选择很快便摆在了卞继州面前。

1989年，组织选拔有理想、有道德、有文化、有纪律的“四有”新人，卞继州偏偏卡在了文化水平这块，无法参与评选。领导找他谈话，是继续担任副厂长还是选择去读大学成了卞继州不得不面对的问题。

他纠结了很长时间，“读书，我就还有更大的上升空间。不能被眼前的名利所迷惑。”最终，卞继州选择去上海同济大学材料学院读大专。

1991年，学业有成的卞继州又回到了厂里，继续担任副厂长兼党支部书记。

临危受命，扛起挽救大局之重

1995年，厂里由于某员工工作失误出现了一起严重的工伤事故。当时的厂长也生病住进了医院。一时之间，群龙无首。卞继州在这种情况下临危受命，被任命为厂长兼党支部书记，全权负责整个事故的处理工作。

而这个职务，一直担任到2000年改制。

当厂长期间，卞继州严加管理企业的生产安全、生产质量、产品体系等，从国外引进先进的设备以及工艺，进行技术、设备改造等。

1996年，杭州水泥制品二厂已发展成为全国混凝土给排水管道产品的龙头企业；1997年，在全国质管行业排行第三，卞继州也因此成为全国质管行业混凝土排水管道的标准制定修订成员之一。产品不仅供应浙江省城市建设，还支持上海浦东陆家嘴、浦东机场建设，江苏苏州新加坡园区等重大工程的建设。

2000年是“三年实现两大目标”的最后一年，是实现国有企业改革三年两大目标的决战之年，也是党的十五届四中全会后的第一年。水泥制品二厂也面临着企业改革。

然而，当时的水泥制品行业盈利并不乐观，放弃改制把厂子停掉，调离到别的单位也不失为一种利己的选择，但是经过慎重思考以后，卞继州决定改制。并且，他还做了一个大胆的决定——除了那些自己找到好单位主动离职的，不以公司的角度辞退任何一名员工。

“想要负担轻很简单，裁员就好了。但是我不想选择这种方法去减轻负担，对我来说，厂里的这些老员工都是我的师傅。”

到目前为止，天龙集团还有水泥制品二厂 80 多个退休工人在一线从事管理和服务工作。

后来，企业亏损严重，面临两个选择：要么停业、要么转型。停业就等于给自己以及所有的员工判了“死刑”，但是转型还有一线生机。

2003 年，卞继州积极腾笼换鸟，将水泥制品产业迁至湖南长沙。

2004 年，成立天龙集团，做过纸张市场，后来也做过物流、基础工程等。但是兜兜转转了几年，卞继州发现自己似乎还是没有走出传统粗放型产业的范畴，感觉错了。他去参加清华大学总裁班、中央党校的短期班等。一方面是为了广泛听取国家政府的导向、发展的思路等，听取一些教授对行业对经济发展、管理等各方面的辅导经验等；另一方面就是为了多交一些朋友。

也正是在这个过程中，卞继州于 2009 年认识了军事医学科学院的教授王升启教授。自此，开始了天龙集团的完美转型蜕变。

打造百年企业，一路向前

卞继州怎么也不会想到，自己有一天会接触生物制药。

“当时我并不明白生物药类是什么东西，但是我觉得这个东西肯定好。”当时的王升启教授正在研制一种用于治疗肝癌的药物，为了研究，他整天泡在实验室里，研究了整整12年。卞继州听了他的故事以后感触颇深。一方面是感受到研究的艰辛、科学家的刻苦精神，另一方面是中国的科学家们为了国家研究事业鞠躬尽瘁的感动。

如果把这个药研究成功了，那是对中国民族产业一个强有力的提升以及造福人类。

卞继州当时就有了一种想法：合作！

在政府部门等的协助下，天龙集团与军事医学科学院达成了合作，开始实行公司产业转型。至今，已累计投资7000万元用于药物研究。天龙集团也成了与军事科学院合作并打造的四个国家级研发中心之一。

2012年底，天龙集团率先拿到了国家发展改革委授予的核酸药物国家地方联合工程研究中心。

2018年3月，中国第一粒核酸治疗肝癌一类药物CT102 获得国家药品监督管理局批件进入临床阶段。

由于药物研究时间长，天龙集团开始进行第二阶段的转型——健康领域产品的研发。

2012年，经朋友介绍认识了长期从事生命科学和营养学研究，尤其在功能食品研究领域有较高造诣的教授。当时教授刚好有一款做儿童益智的产品在申请专利，两人一拍即合开始合作，点燃了做亚麻籽油产品的决心。

“当时还没有做儿童益智的产品，我们决定做这个东西。”智力发育产品里面核心元素就是ω-3元素。ω-3元素深海鱼油里面有，某些植物里面也有，但是，深海鱼油里面又有重金属、海洋污染等，因此不能应用到婴儿、儿童智力发育上面去。

为了安全，卞继州和教授二人一直苦心寻找富含 ω-3 元素的安全植物。终于发现陆地上有几种植物是富含 ω-3 的，最后找到了甘肃会宁亚麻籽。它不仅是有机绿色种植，并且 ω-3 含量高，于是天龙集团在甘肃会宁签订了 40 万亩的合作基地。

经过三年的努力，天龙集团打造出一个完整的产业链，从亚麻籽种植到粗加工精加工、产品设计，到终端等，并在 2015 年 11 月正式拿到生产许可证。

目前，集团下设 4 个子公司、2 个研究院，拥有国家级工程中心 1 个。企业现主持参与国家重大专项及 863 项目 7 项，拥有发明专利授权 17 项，主要研发的高科技产品包括亚麻速溶粉系列、合智元系列、抗肿瘤一类新药（CT102、Cantide 等）、抗病毒一类新药（Flutide 等）等将陆续上市及临床。

目前，集团不仅与包括军事医学科学院、浙江大学、南开大学、美国哥伦比亚大学等国内外知名大院名校建立合作关系，并聘请了包括 3 位院士在内的技术委员会及 11 个各领域专家组成的企业战略发展研究中心，共同推进公司科研项目研发及产业化进程。

“企业是没有回头路的，你既然走上去了就得走下去。”卞继州表示，作为一种社会所需求的产品，不能以次充好以假乱真。做优质的产品，让更多老百姓受益于这个产品是天龙集团的使命。

卞继州的目标是打造百年企业，打造百亿产值，打造百岁人生理念。一路走来，卞继州用自己的品行与厚道为自己开拓了一条康庄大道。

华腾牧业：把养猪做到极致

沈建平

猪肉，寻常百姓家餐桌上最常见的菜品；猪圈，人们印象中最脏乱臭的地方。但同样是养猪，有人另辟蹊径，开创了一片生态养猪的新天地，还搭上互联网、大数据的快车。

位于洲泉镇的华腾牧业，正因生态养猪出了名。处理过后的猪粪固肥价格是市场价的3倍，用物联网技术实现24小时养猪，猪肉上了G20杭州峰会和世界互联网大会·乌镇峰会的餐桌，华腾模式还实现从桐乡洲泉到安吉乃至省外的牧场范围扩张……这些看似不可能完成的“任务”背后，是浙江华腾牧业有限公司总经理沈建平对猪肉品质的潜心追求，并把养猪做到了极致。

新型无抗饲料面市

在中国的养殖行业，沈建平算是风云人物。他另辟蹊径的养猪模式，在一众传统模式中显得鹤立鸡群。

或许很多人不知道，深耕养殖行业30多年的沈建平，最初是靠肉鸡养殖起步的。据他介绍，在肉鸡养殖后，他又转行经营饲料加工与饲料原料贸易。十多年积累，沈建平一手建立起来的华腾牧业是省内颇具规模的饲料生产企业，也是省级农业龙头企业。

在与养殖户的多年打交道中，他发现部分养殖户惯用一些含抗生素的饲料。吃了这样的饲料，猪能长得更快、免疫力更好。

“以前的农村养殖户只知道，猪要生长越快越好，肥肥大大能赚到更多的钱。但我开始思考，一句话叫欲速则不达，猪生长得太快是违背自然生长原理的。而且这样的猪肉，在追求食品安全的当下，显然不符合市场要求。”

要养就要养不一样的猪！2012年的一次欧洲考察让沈建平有了改变现状的决心。间间猪舍干净整洁、养猪高度自动化……先进的欧洲养猪场，给了沈建平极大的震撼：“一定要把国外的先进技术带回到国内。”这样的信念，在他心里慢慢发酵。

回国后，沈建平开始为新的理念四处奔走。他经过多方联系，结识了比利时原饲料协会主席马克·胡恩。这位与沈建平年纪相仿的外国专家所在家族有着数百年的养猪史，因此马克不仅对饲料加工、配方改进有独到的见解，也有着丰富的养猪经验。

年薪200万元、聘用期5年，沈建平向马克抛出了橄榄枝。这对于一家饲料企业来说，相当于近两年的利润，但沈建平觉得很是值得，这意味着在他内心深处那个生产出不含抗生素的饲料的愿望将成为现实。

在成为华腾牧业的技术顾问后，马克与沈建平一道走访了省内多家大大小小的养猪场，采集数据、深入研究，精心研制新的饲料配方。在饲料配方的研制过程中，沈建平还花80多万元，把收集到的原料送往国外权威机构进行检测，不合格则不采购；同时，又创造性地加入了国内现有饲料配方从未出现过的原料，“为了提高饲料的品质，我们还加入了糖蜜。”沈建平认为，既然要做最好的饲料配方，每一种原料都必须是好品质。

伴随这份新型无抗饲料面世，绿色牧场发展的大门也被正式开启了。

绿色牧场开启养猪新思路

车辆行驶在笔直的村道上，两旁新栽下的花草树木迎风招展，呼吸到的是农村里的新鲜空气。路的尽头，自动大门缓缓打开，两侧的喷淋装置立即启动，给进门的汽车全身冲了个冷水澡……

先进的生猪养殖理念，被沈建平完美实践到自己的嘉华牧场中。放眼望去，这里是曲折蜿蜒的小径、静静盛开的鲜花、缓缓流淌的小河，甚至可以看到在猪舍旁边的空地上还放着烧烤架和休闲桌椅，这里俨然是个环境宜人的绿色庄园。一草一木一世界，这个从未见过的养猪新天地折射的是他致力开创生态养猪的决心。

而嘉华牧场的特别之处，还藏在全封闭的猪舍内。在物联网技术运用下，养猪场的管理人员通过一个专业的管理系统即可实时监控各个猪舍内的情况。在这里“生活”的猪吃的是自家生产的无抗饲料、喝的是三重过滤纯净水、住的是带27摄氏度恒温地暖的“大床房”。

“我们还为小猪特制了玩具，它的形状、颜色、大小等都符合小猪的心理，是经过研究的，有利于小猪的健康生长，也减少小猪之间的打闹。”工作人员拿起一个圆形小球向记者介绍道。

而在让传统养猪场叫苦不迭的“排泄物处理”问题上，华腾牧业也实现了创新，所有排放的污水不仅经过了严格处理，还实现了内部全循环利用。固体排泄物经过特殊处理后成为有机肥，比一般有机肥的品质要高。难闻的臭味也被华腾自行研制的除臭剂消灭得“一干二净”。“猪排泄物深加工后的产品，2018 年的销售额达到 1000 多万元。”沈建平兴奋地说，零排放、无污染、高利用，能变废为宝，不光有经济效益，还保护了环境。

采用了这种彻彻底底颠覆传统的养猪模式，养猪场里再闻不到曾经的浓烈气味，也看不到传统猪圈的脏乱差。而如今像这样牧旅结合全产业链模式的牧场已经复制到了桐乡石门湾、杭州千岛湖、安吉天子湖等地，未来公司更是计划将这样的牧场复制到北京、上海、深圳等地。在沈建平看来，这样的养猪模式最终是为了从源头上控制猪肉的品质，让消费者吃得更放心、更安全、更健康。

2015 年，沈建平的养猪场登上了美国《科学》杂志，被称赞为这种养殖模式“减少了猪粪中抗生素抗性基因的数量，降低了污染土壤和附近水源的风险。”在这背后，沈建平常常是早上 5 点就来到养猪场，独自一人反复对排泄物进行试验，总结经验；不断上网查阅资料，向国内外的专家探讨请教，以提高对排泄物的循环利用水平。

当然，品质好得用科学数据来说话。在 PONY 谱尼测试集团的检测中，不管是华腾的猪肉，还是最容易蓄积重金属等有害物质的猪肝，多项重金属指标检测结果均是“未检出”。

沈建平不计成本的投入最终有了收获。华腾生产的猪肉出现在了首届世界互联网大会·乌镇峰会的餐桌上，2016 年又端上了 G20 杭州峰会 20 个国家元首的餐桌。而今，华腾牧业一年出栏生猪 25000 多头，尽管猪肉、猪肝等产品的最高价格要比市场价高出 3 倍，但仍然供不应求。

用大数据养“放心猪”

一头头猪排着队经过摄像头，只需在摄像头前一照，年龄、体长、体重、健康状况等数据就会精准无误地呈现出来。生长是否正常？健康达不达标？生长情况一目了然。

这可不是想象。在华腾牧业的智慧牧场里，这项技术已成功试点了一年多时间，未来也将大规模应用于生猪养殖。

“‘猪脸识别’不仅仅能了解猪的现状，还是打开每头猪背后数据库的钥匙，打开这扇门，将能看到这头猪全生长周期的情况。”沈建平说，智慧牧场里的每一头猪都有一个数据档案，档案的建立基于华腾牧业完善的大数据应用。

事实上在华腾牧业的智慧牧场，大数据应用随处可见，每头猪从出生到被做成美食送上餐桌，整个生命周期都在与大数据打交道。

猪舍里，1.5 万多头“二师兄”享受着洁净、恒温的舒适环境，呼吸着清新的空气，饮用着恒温洁净水和天然绿色饲料。舒适环境的营造离不开大数据分析。猪舍外的电子屏幕上，清晰地显示着猪舍内的二氧化碳浓度、氨氮浓度、温度、湿度等各项环境指标，通过这个大数据系

浙江华腾牧业有限公司外景

统，工作人员可以实时掌握猪舍内的环境，如有异常就会及时调整。

信息的搜集全靠分布在猪舍每个角落的传感器，它们能够敏锐感知周围环境的变化，猪舍内哪怕有一丁点“风吹草动”，都逃不过它们的“明察”。传感器将搜集到的信息传递出来，与大数据系统分析的最佳环境指标进行对比，工作人员通过对比结果实时调整猪舍内的环境。“我们将主要环境数据、猪的品种、不同生长期等要素相结合，制订出有效的养殖方案以保证猪的品质。我们生产出的每一块猪肉都是大数据精密计算的结果。”华腾牧业信息部负责人表示。

除了大环境调控，每一头猪的生长状况也都转化为数据。智慧牧场里，每头猪的耳标内都植入了芯片，这些芯片在小猪出生不久后就挂在耳朵上，伴随它们成长。

耳标是生猪的“体测仪”，能够准确检测并记录生猪的心跳、体温等指标。“每头猪在某一生长阶段的体征异常都会被记录下来，作为分析判断生猪身体状况的依据，毫不夸张地说，我们甚至可以看出这些猪活得是否快乐。”

大数据应用于智慧养殖，提高猪肉品质，在销售方面，华腾牧业同样厚植大数据技术，用大数据激活整条产业链。“通过收集销售数据，我们分析出哪些肉好卖，不同区域和年龄层次的偏好，并由此制订销售方案，进行有针对性的广告投放。”华腾牧业执行副总裁张汉民透露，这些高品质猪肉的价格是市面上普通猪肉的数倍，但常常都会供不应求。“我们的门店还没开门就会排起长队，畅销得很，这都是大数据带给我们的红利。”他说。

2018 年开始，华腾牧业开始努力将各个板块相互独立的大数据集成在一起，形成能够贯穿生猪养殖全产业链的大数据中心。“中心能将原料、养殖、屠宰、零售 4 个方面的大数据信息一网打尽，实现对完整的生猪全生命周期信息的正向跟踪，为产品溯源奠定基础，提供有力的食品安全保障。”沈建平介绍，事实上“猪脸识别”只是数据库的一个入口，华腾牧业的最终目标，是让消费者能够吃上“放心猪”。

绿色生态带来更大市场

回顾沈建平为华腾牧业倾注的心血，或许有人会说他傻，明明都是猪肉，为何要在生猪的吃喝住上花那么多心思和成本。但他却觉得自豪，“我们的初衷，只是希望能为消费者提供没有激素、没有抗生素、没有重金属的健康猪肉，现在我们做成了。而且华腾的猪肉比一般市场上的猪肉贵，还是卖得很好，这说明，市场真的认可了我们。”

2018 年 3 月 15 日，第九批浙江省院士专家工作站认定名单出炉，浙江华腾牧业有限公司院士专家工作站被认定为“浙江省院士专家工作站”，成为嘉兴市农业领域首家省级院士专家工作站。至此，华腾牧业努力了两年的院士站建立工作，并实现“引来一个院士，开发一批项目，带动一个团队”的目标。

“有了院士专家工作站，产学研的融合更有深度、有内容。”张汉民表示，“建立院士专家工作站后，企业才有了真正意义上的自主创新发展。未来也会为企业注入更强劲的发展动力。”

眼下，华腾牧业已初步形成“粮食采购—粮食物流—饲料生产—生猪养殖—终端营销”的产业链，正精耕细作产业链各个环节，大步迈向全产业链布局。而他用心打造的嘉华牧场，也于两年前建成了以猪为主题的“猪舍里庄园”。一边是流水潺潺、环境优美的休闲庄园，另一边是展示华腾牧业全产业链发展的科技展馆。每到周末节假日，大批市民就会带着全家老少去庄园一探究竟。小猪赛跑场、儿童乐园区、生态种植园……这里已然变成了可供市民赏、游、玩、吃的休闲度假点，成为华腾生态绿色养猪全产业链模式的又一个延伸。

行行出状元，在养猪这条路上，沈建平坚守初心，靠着互联网创新与小猪仔的奇妙融合，打造出零排放的绿色“五星级猪圈”，并积极引领生猪养殖行业的变革，谱写了属于华腾的奇迹。

谈及华腾今日的成就，沈建平却显得低调朴实。他说自己作为一个在基层工作几十年的农业工作者，付出的种种都是为了让绿色生态理念深入人心。“我觉得在养殖这条路上，企业必须要有环保意识。同时我也希望政府加大对畜禽养殖废弃物处理的扶持力度，把整个畜禽排泄物处理好、利用好，使我们生活的环境更加美好。”

“浙商是最勇敢最坚强最风流的弄潮儿。新中国成立70年，改革开放40年，浙商群体正以闻鸡起舞的精神，在浙江这片生机勃勃的大地上作出贡献、立起丰碑……”在浙商总会新农业专业委员会的成立会议上，沈建平表示希望更多的浙江新农人走出一条新发展的科技创新之路。创业路上，世人对浙商们的评价，也深深印在了沈建平的心上。他说，科学养猪路上，华腾牧业不过是迈出了小小的一步，他希望能在今后不断做精做深产业链为消费者提供更多、更好的健康食品，更希望能在华腾牧业的探索实践下，带动养殖产业转型，让养殖业活出另一片精彩。

让发达国家用上『中国制造』耐火材料

长兴县委副书记、县长石一婷调研公司零土地技改项目，公司董事长刘丛平（左二）、总经理刘伦（左一）陪同调研

70年来，浙江湖州长兴县耐火产业经历了由少到多、由小到大的发展历程，是长兴县重点的传统产业之一。从一个负债几百万的乡办小厂，到发展成为耐材行业集设计、施工整体承包、售后服务为一体的综合性耐火材料生产企业，董事长刘丛平带着浙江宏丰炉料有限公司（以下简称宏丰炉料）走出了一条别样发展路。

“保持清醒头脑，要时时刻刻对标国内外先进同行”

在宏丰炉料生产车间及仓库，高品质的镁碳砖码放地整整齐齐。从宏丰炉料出发，一场华丽的世界之旅即将启幕。

1998年之前，这还是一家负债几百万的乡办小厂。长兴县夹浦镇长平村的刘从平利用跑运输积累的资本及掌握的市场信息，勇担责任，将该厂进行资产重组，成立了长兴县宏丰炉料有限公司（2004年变更为浙江宏丰炉料有限公司）。

“不少企业都曾在市场大潮中独领风骚，有的青春常在，但有的却昙花一现，原因何在？”刘从平认为，经营者不仅要有高度的责任感，更要有强烈的危机感。不管企业取得多大成绩，一定要保持清醒头脑，要时时刻刻对标国内外先进同行。“只要世界上有一个企业排在你的前面，你就是落后的，就必须毫不松懈地追赶对方。”

正是在强烈危机感督促下，公司在班子建设、人才培养、新产品开发等方面做了许多超前性工作。比如形成独特人才战略理念，多年来，该公司用人不疑，合理授权；人尽其才，不求全责备；用理想吸引人，用文化留住人。

消除文化隔阂，刘从平注重员工培养，每年都组织团队开展培训项目，提升员工职业道德培养，并通过实行制定人才梯队培养计划等多项措施留住优秀人才，逐步解决企业人才紧缺的瓶颈。也正是在人才团队支撑下，面对激烈的市场竞争，公司建立并落实定期对客户回访制度，350多人的售后服务队伍及时了解产品需求、建议和服务，为企业社会推进创新发展提供动力。

他还组建由冶炼工程师、无机非金属材料工程师、施工管理工程师组成的专业团队，以整体承包的商业模式对产品质量、品种和设计、施工、维护的配套能力等为各钢厂提供技术支撑，包括炼钢指导、耐材使用及维护在全国电炉用耐火材料整体承包市场占有率位居前列。

“始终坚定不移地贯彻可持续发展战略，经济发展与节能环保并重”

可持续发展是刘丛平坚持了20年的发展理念。刘丛平认为，公司要始终坚定不移地贯彻国家可持续发展战略，创建资源节约型和环境友好型企业，坚持经济发展与节能环保并重，从管理节能和技术节能两个方面入手，突出重点、强化措施，狠抓落实，提升节能环保管理水平。

在刘丛平引领之下，这些年来，公司全面贯彻落实工信部《关于促进耐火材料产业健康可持续发展的若干意见》，严格遵守各项环境保护法律法规，制定并执行《环境保护管理规定》《污染物控制管理规定》，在加强环境污染末端治理基础上，从源头上减少污染物的产生，企业在除尘、脱

宏丰炉火化验室一角

硫、脱硝工艺选择上方式实现多样化，通过先行先试并进行跟踪调研，积累了重要的技术参数和经验。

为了从源头上减少污染物的产生，公司充分利用在耐火材料领域已有的知识产权、关键技术与工艺、科研平台、研发生产设备、专业人才、中试生产基地等优势资源，围绕新型耐火材料开发、耐火材料制备新技术、耐火材料自动化和智能化制造技术、耐火材料工程应用技术等行业前沿技术和关键共性技术，进行深度研发和技术集成，以研发供给建设一个具有辐射作用的耐火材料产业先进示范基地，打造跨界协同的创新生态系统。

“耐火材料行业从20世纪90年代初以来就一直处无序竞争的状态。我国耐材生产企业众多，高度分散，是造成行业无序竞争的主要因素。目前市场在向逐步规范化的方向转化，是宏丰炉料进一步整合和规范耐材市场发展的极好机遇。”市场、资金及环保整治等因素致使一部分中小企业停产或出局，而耐材市场商业模式的转变，导致市场向大型优势企业转移。

目前，宏丰炉料整体承包的商业模式让企业规模迅速扩大，为产业集中度的提升做出积极贡献。通过总承包的商业模式，目前，公司又在耐火材企业间开始形成“战略合作”的商业模式，同样有助于企业在产业集中度、市场秩序的规范和市场话语权的提升。

“宏丰炉料期望能在市场趋于集中的情况下，通过企业间的协商合作，合理整合现有市场，以提高企业和行业整体经营质量为前提，达到互惠共赢的良好效果。”刘丛平说。

“在产业发展中走创新驱动数字转型道路”

随着全国钢铁行业的转型，电炉、转炉在钢铁冶炼中的使用逐渐增多，而它们都少不了镁碳砖这种耐火产品。为满足现代化钢厂冶炼高纯净钢种的需求，公司创新驱动，全面实施节能减排，推进绿色耐材战略，研创生产出新产品高强度镁碳质钢包包底砖，该产品以纯度高、杂质低、耐火度高的电熔镁砂和高纯鳞片状石墨为主要原料，并严格控制基质组成，优化粒度级配，成型后经干燥煅烧而成。

"可以说高强度镁碳质钢包包底砖是我们专门针对长时间接触高温钢液的钢包包底而开发的。"

因为选用了杂质含量低的高纯原料和较高的热导率大鳞片石墨，提高了制品的强度、耐剥落性和高温稳定性，产品使用寿命大大延长。通过科技创新生产工艺科学合理的布局，新产品上市后获广大钢铁制造企业的青睐。

生产车间一角

宏丰炉料创新驱动的事例远不止如此。淘汰落后的设备，实施以“先进、高效、节能”为目标，机械化、自动化、一体化为方向的“机器换人”现代化技改，形成完整的自动化密闭化生产线，以现代化制造模式替代粗放的传统制造模式。

目前，宏丰炉料已拥有18条新型节能镁碳砖生产流水线，还有一条耐火浇注料等辅助材料生产线，一条脱氧剂自动生产线。配置了国内先进的压力、破碎、环保设备及自动化配料系统。年生产不定型耐火材料及炉料规模约10万吨，“长宏”牌镁碳砖以优良的性能指标及稳固的产品质量，深受国内外各钢铁生产单位的青睐，呈现不断向好的发展趋势。

“浙江‘亩均论英雄’改革等创新机制释放了企业发展的活力。公司在长兴县亩均产值一直位居前列。”据介绍，宏丰炉料工厂智能化程度高，在保证产量的同时能做到全方位质量把控，以绿色生产、清洁生产、生产安全为目标，实现生产制造换法，达到“生产清洁化、工艺一体化、设备自动化、安全标准化、管理现代化”的要求，并走出创新驱动数字转型的道路。

“以打造‘国际名牌’为目标，扩大品牌在全球的影响力”

“随着市场新需求的不断增加，公司目前生产场所已远远不能满足产品供应产能的需求，未来充满机遇。在纷繁复杂的全球市场上同台竞技，在行业分化的过程中，面对日趋向优的结构，正不断增强公司炉料抵御经济下行压力的内功。”

为此，宏丰炉料追加投资12000万元，专门用于新增年产不定型耐火材料50000吨技改项目生产场所。作为国家高新技术企业，公司以研发设计、生产、砌筑、维护、拆除“一条龙”承包服务模式，在行业中形成显著的发展优势和竞争优势，耐材承包服务已覆盖全国二十省区市近40多家大中型钢铁企业。

由于深受市场和政府部门认可，公司先后被授予“国家级高新技术企业”“浙江省科技型企业”“浙江省创新型示范中小企业”“浙江省‘守合同重信用’AA单位”“湖州市重点骨干企业”等荣誉称号。

“走出国门，在实现销售额大幅增长的同时，也让发达国家用上中国制造的高端耐火材料。”目前，公司正全面推进全球化布局，产品面向全球众多国家和地区出口，已建或正在建的海外工厂，通过这些生产基地的市场辐射能力，将实现全面覆盖亚、欧、非、南美和北美五大洲的市场。

“立足行业服务转变创新发展模式，在人才、产品、市场上做大做强，在品牌建设上以打造‘国际名牌’为目标，扩大品牌在全球的影响力。”刘从平表示，在习近平新时代中国特色社会主义思想指引下，公司将不忘初心，牢记使命，克难攻坚、砥砺奋进。立足全国耐火产业转型升级示范区建设，公司将尽己所能推动浙江省长兴县耐火产业由小到大、由散到聚、由弱到强的转变，不断打响“中国耐火之乡”的区域品牌，努力开创新时代我国耐火材料工业的新局面、新发展。

一个超级浙商集团的发展秘诀

杭州廖氏控股集团旗下的中泰商贸城

说起杭州廖氏控股集团，知道的人可能不多，但说起江南茶叶市场、中泰商贸城、江南时代购物中心、高扬国际大酒店、金沙滩浴场……普通消费者也耳熟能详。这些在余杭乃至浙江省内都非常知名的市场主体，背后都是同一家控股公司——杭州廖氏控股集团，是董事长廖长友的多元化发展思路和实践给了它们全新的生命力。

从茶叶市场启航

廖长友的事业起步于江南茶叶市场。

20世纪90年代初，杭州市余杭区闲林镇就是杭州茶叶的集散地，也是余杭区重点产茶区之一。全镇拥有300多万平方米茶园，茶农2500余户，年产龙井、旗枪等茶叶300余吨，300余户茶叶营销队伍走南闯北，将茶叶销往上海、山东、北京等全国15个省市。

1995年，廖长友收购江南茶叶市场，在一系列政策刺激和市场管理下，市场发展迅猛，成交额快速提升。2000年，市场茶叶销售量已达1800吨，销售额1.3亿元，原有的市场容量已跟不上现代市场发展步伐。

为进一步优化茶叶品种，培育茶叶品牌，拓宽茶叶销售渠道，2004年8月，廖长友在杭州市天目山西路228号筹建杭州江南茶叶市场，于2006年正式开工。

该市场紧临杭徽高速（天目山西路），东临西湖龙井产地梅家坞，西临浙江十大名茶径山茶产地。作为余杭区重点建设项目，廖长友立足打造杭州地区最大的茶叶集散市场——投资1.8亿元，建筑面积5万平方米，共有商铺580间。

市场一期于2010年10月29日隆重开业，摊位设计装修以三星级以上为标准，总投入300多万元，除了本地商户趋之若鹜，市场还吸引到来自全国各地的商户，占总数30%左右。

市场突出了茶的主题氛围，高起点、高规划、高品格、高效益，不仅规模宏大，而且环境整洁、茶叶品种齐全。集茶叶精品贸易、茶文化展示、农副产品超市、电子商务办公、休闲娱乐等多功能为一体，实现了茶产业、茶文化“一站式”服务与功能优化。

当年，市场内茶叶年交易量即达到3800吨左右，年交易额3亿元。2014年，市场被评为省四星级文明规范市场，并已连续三届被评为杭州市农业龙头企业。

廖氏控股集团旗下的中泰商贸城农贸市场

向更广阔的领域迈进

“随着人们生活水平的提高，对市场服务的要求也越来越高，市场的创办者就要与时俱进，开办更多符合百姓生活需要的市场。”江南茶叶市场的成功创办，让廖长友在专业市场经营领域形成了独特的见解和经验，此后其市场创建之路越走越宽。

2008 年，廖氏收购杭州嘉润余杭镇供销社有限公司分布于余杭、闲林、仓前、何母桥、中泰、长乐桥、吴山等城西板块的所有资产，借助供销社原有的良好基础，廖长友在农贸市场和综合市场领域开始大展拳脚。

2010年，缸窑桥农贸市场开业。市场位于杭州市余杭区闲林埠闲林东路7号，占地面积 9000多平方米。市场区域划分为农贸市场交易区、小商品交易区、餐饮区；同时市场配套二楼2600多平方米的大型超市和近3000平方米的综合大楼蓝源宾馆。目前，市场有150多户经营户进驻交易。

2010年，廖氏在中泰街道商业中心投资9.5亿余元建设面积2.6万余平方米的中泰商贸城，一楼为农贸市场，二楼为大型超市，三楼为量贩式KTV，四楼为足浴休闲中心，五到七楼为汉庭酒店。中泰商贸城是当时中泰唯一的综合性大型商贸服务中心。

2011年9月，廖氏成功竞拍老余杭中心商业地块，开发建设江南时代购物中心，建筑面积8万平方米，投资超3.5亿元，是余杭第一家大型商贸综合体。

2013年，改造仓前农贸市场。提升了仓前老街农贸市场的规模和场容场貌，大大改善了市场环境。

2015年12月，筹建杭州高扬国际大酒店，投资9000万元，建设面积1.3万多平方米。酒店毗邻江南茶叶市场，东面就是西溪湿地和阿里巴巴淘宝城。这是一家商务型酒店，主楼拥有豪华套房、高级豪华房及双人房150余间，配备豪华会议室、商务会议室、小型会议室及酒水超市，既适合商务活动又适合私人会客、大型庆典宴请等。

2016年8月，廖氏又投资5000万元在余杭区天目山西路筹建 1万多平方米的金沙滩浴场。金沙滩温泉馆是集沐浴汤泉、室内温泉、儿童嬉皮园、3D影院、健身瑜伽、豪华客房等20多种业态为一体的大型综合休闲温泉馆，适合亲子游玩，也适合商务会谈。

2016年11月，杭州廖氏控股集团有限公司正式成立。目前，集团旗下拥有杭州余杭江南茶叶市场有限公司、杭州瑞麒市场开发有限公司、杭州钱江高扬置业有限公司、杭州高扬国际贸易有限公司等子公司，涉足包括专业市场、农贸市场、房地产开发建设、物业管理等不同行业。

驶向未来的廖氏巨轮

杭州人爱喝茶，“茶为国饮，杭为茶都”，西湖龙井、径山茶蜚声海内外，江南茶叶市场正是在这样的文化历史背景下发展起来。廖长友认为，自己从茶叶专业市场启航，到商贸市场和农贸市场，再扩展到商业地产、酒店、休闲娱乐产业，深耕市场领域20多年，集团发展主线就是随着人民对美好生活的不断追求而同步发展。可以说，集团的发展是杭州、浙江乃至中国飞速发展的一个缩影。

目前，随着集团所涉产业的多元化，公司的发展方向也越来越明确：首先，要在市场开办和经营领域精益求精，尤其要抓住“杭为茶都”契机，逐步实现线上线下融合，将实体市场的优势和大数据云计算结合起来，将江南茶叶市场培育打造为上档次、上规模、高规格、高品质并融采、购、游、吃、住、行等功能为一体的具有国际领先水准的综合性茶文化特色市场。建设以茶文化为精髓，以茶叶商贸为核心，复合商业功能、商务功能、文化展示功能、交流培训功能、质量检测功能、休闲养生功能、旅游功能的综合性的茶叶商贸中心，将专业市场特色发挥到极致，全面融入杭城茶都的建设和形象提升工程中去。

同时，要在酒店和休闲娱乐业持续发力，乘着未来科技城板块迅猛发展的东风，不断提升运营水平和整体形象，做精做强，力争使高扬大酒店和金沙滩温泉馆整体更上层楼。

“公司产业的多元化对廖氏是挑战也是机遇。多元化的发展需要更广阔的市场视野和思路，更多元的人才聚集和培养，以及更雄厚的资金支持和更强大的融资能力。”廖长友认为，多元化的发展也将让廖氏这艘巨轮驶向更广阔的海洋，获得更大的发展空间。

值得一提的是，在创业道路上摸爬滚打多年的廖长友热心社会公益事业。为贫困地区捐钱捐物，帮助贫困农民和学生，都少不了他的身影。他还是余杭区政协委员、工商联副主席、总商会副会长、径山茶协会会长、省市场协会常务副会长、区农贸市场协会副会长……一长串的职务中，没有一个是拿工资的。他表示，企业财富和资源来自社会，更要用于社会，这是他作为企业家义不容辞应当承担的社会责任。

知识产权界的奇女子

余丹丹

自 1978 年起，改革开放的春风吹遍神州大地。安徽凤阳小岗村率先进行家庭联产承包责任制的尝试大获成功，十一届三中全会后这一制度开始在全国普及。32 年前江西景德镇的一个的村庄，青山环绕却闭塞落后，浙江麦知网络科技有限公司董事长余丹丹就出生在这里。

怀揣梦想，走出深山开启寻梦之旅

春风吹拂，余丹丹的父亲是受改革开放影响，村庄里最早“吃螃蟹”的创业能手。他雇用帮手，承包了几十亩田地，蓄养了猪牛等家禽，同时还发展养蚕事业，积累了不少的财富。在富裕家庭中长大的余丹丹，在经商的环境中耳濡目染，培养出光彩照人的自信和优越感。稍微懂事些的时候，她喜欢把自己幻想成为身价百万的富豪，梦想着有一天能够成为一名成功的企业家，牢牢掌握住自己的命运。

在余丹丹 11 岁的时候，父亲投资了一笔钱，在路边开起了一家属于丹丹自己的小卖部。从批发进货到定价销售，机灵的她一手操办，生意做得风生水起，红红火火。

心中有丘壑，意欲探知外面的世界。年少的余丹丹没有读完高中，16 岁就早早地走上了外出闯荡的道路。因为家里有远房亲戚在福建石狮市打拼，余丹丹把自己走向社会的第一站定在了福建。步行两公里山路，再坐五公里三轮车，辗转一个多小时的大巴车，她坐上了前往厦门的火车，为了省钱，买的还是站票。

尽管过去十多年了，余丹丹依旧清晰地记着在火车上遇到的一个女孩子。21 世纪初的中国，开放程度已经很高，人们的服装早已不只有单调的颜色和款式，时髦的服装成为女孩们的心头好。火车上的那个女孩子坐在车窗边，穿着漂亮洋气的衣服，桌上摆着甜点零食。这对刚刚走出深山的余丹丹来说是新奇又震撼的，她坐在脏兮兮的过道上，时不时要躲避过往的乘客，感到有些自卑，但随即她在心中给自己加油鼓劲：“一定要相信自己，终有一天会成为比那个女孩还要优秀的人！”

怀揣梦想，这个年轻的山村小姑娘来到大城市，开启了自己的寻梦之旅。

屡受挫折，不言放弃筑建创业之基

都说人生如戏，生活中哪有这么多的一帆风顺，初来乍到的小姑娘人生地不熟，对闽南话一窍不通，可以说是吃尽了苦头。在远房亲戚的带领下，她进入了知识产权行业。揣着名片，她开始沿街一家一家商铺推销，劝说他们注册商标。为了方便与商店老板保持联系，丹丹从爸爸给的 200 块钱中省出 70 块钱买了一个传呼机。2002 年的中国，在“让部分城市先富起来，然后让先富带动后富”的政策支持下，沿海城市经济发展迅速，人们通信工具也随之发展，不再满足于小小的传呼机，手机更加受到人们的青睐。为此，她受到了不少的轻视和嘲讽。

做推销的姑娘，难免受到不善的攻击，余丹丹也不例外。因为店铺数量众多，工作量巨大，她一天要往返一条街道数次，有一天，当她第三次经过某家店铺时，老板用不耐烦的语气轻蔑地说她是红灯区的站台小姐，到处乱晃招揽生意。尽管受到了极大的委屈，她依然红着眼眶挺直脊背，义正词严地告诉对方自己清清白白做事赚钱，他没有资格侮辱自己。人前保持着微笑与体面，转过身后，她只身一人躲在弄堂里，泪水就不受控地往外流。

打拼之初，个中冷暖艰辛，言语不足以表达其中十分之一。但在余丹丹的字典里，从来都没有“放弃”二字。哪怕是受尽恶言，她依然擦干眼泪。后来，狠下心向老板娘借了900元钱买了一部手机，重新振作招揽生意，坚持孜孜不倦向商家说明注册商标的重要性。功夫不负有心人，她终于在第三个月接到了第一笔订单。接受这项工作的第五个月，她完全摸透了这项工作的方法诀窍。

从小耳濡目染，加上父亲对丹丹商业头脑的培养，她决定辞掉这份替人打工的工作，自己创业。她找到了石狮市实力最强劲的商标公司合作，对方提供商业平台，自己联络客户。即使受到好朋友的质疑“放弃原来相对稳定的工作是否值得”，她也从来没有后悔过，因为她始终坚信，只要肯下功夫，世上没有什么事情是完成不了的。

与人合伙不利于客户资源的聚拢和事业版图的扩大，在积累了一段时间经验和财富以后，她自立门户，勤奋耕耘，三五年内，公司迅速发展起来，并占据了当地市场。

21 世纪初，中国成功加入世界贸易组织，参与到全球经济发展中去。尽管如此，在初入世的中国，商家心里的知识产权意识和商标意识非常薄弱。在如此艰难的环境下，余丹丹凭借着一己之力向老板们科普注册知识产权和商标的重要性。

令她印象深刻的是，有一个客户与公司签订了注册商标的合约，因为有了自己的商标和品牌，这位老板赚得盆满钵满。为此，他专门写信向余丹丹表达感激之情。这封信让她信心倍增，感受到了身在知识

余丹丹

产权行业的自豪与骄傲，坚定了走下去的步伐。

抓住机遇，嗅觉敏锐紧跟时代步伐

2005 年，为了寻求更大的市场和发展机遇，余丹丹从福建来到浙江，第一站落脚点选在了平湖。但很快，她就发现平湖市场存在公司数量较少、市场活跃度不够高的缺陷，并不适合创业的后续发展。

经过考察，她辗转来到桐乡濮院——一个商标市场非常活跃的地方。在这里，她遇到了现在的合作伙伴。一个人主攻商标注册的技术难题，另一人则负责商标买卖业务的拓展。两人一拍即合，在三个月内迅速占领了濮院的商标市场，生意做得顺风顺水。

2009 年，我国电子商务逐渐进入可持续性发展的稳定期，并被提升到了国家战略层面。余丹丹敏锐地察觉到这其中的商机，建立了自己的网站“浙江名品商标转让网”。网站在电商潮流的推动下，迅速在全国行业内占领重要地位。随着事业版图和影响力的不断扩大，余丹丹团队的办公场地从原来的 12 平方米扩大到 150 平方米，团队人数也从原来的 3 个人不断扩充。濮院渐渐不再适合团队的继续发展，余丹丹遂将公司迁移到了嘉兴。

互联网经济是信息网络化时代产生的一种崭新的经济现象。在互联网经济时代，经济主体的生产、交换、分配、消费等经济活动，以及金融机构和政府职能部门等主体的经济行为，都越来越多地依赖信息网络，很多交易直接在网络上进行。

2015 年，互联网经济风口正盛，余丹丹二次创业，注册了麦知网——一个以知识产权交易为核心，包含知识产权服务、知识产权保护等多方面的综合性网络平台。麦知网整合商标资源，盘活闲置商标。在这个平台上，人人都可以做商标买卖的生意，人人都可以参与到盘活闲置商标的事业当中去。据了解，仅仅一年的运营，麦知网已整合闲置商标资源逾60万件，交易量突破数千件，线上交易额达数千万。现如今，麦知网平台已经积累商标交易经纪人逾两万人。

在麦知网创建之前，商标买家和卖家之间的信息是不对称不透明的，可能一个价值1万元的商标会被卖家标价5万元出售，对卖家来说是极大的损失。也有很多商家由于种种原因急需使用商标，又没有时间和精力来承担直接注册商标的周期和带来的风险，与此同时市场上有很多闲置的商标无人使用，也没有渠道出售。这样就造成了商标资源的闲置和浪费，麦知网正是看准这点，对症下药，有效解决了市场信息不对称的问题。

2017年3月初，在桐乡广电力荐下，余丹丹带着麦知网登上了央视《创业英雄会》的大舞台。

可以说，余丹丹的事业发展离不开她敏感的商业头脑，对时代机遇的敏锐嗅觉让她和她的事业始终走在前端。

坚守信念，启航扬帆助力行业发展

余丹丹在知识产权行业深耕16年，始终坚持自己人生中要遵循“坚持”、“自律”、“学习”和“感恩”八个字。

“如果没有当初的坚持，就不会有人生中接到的第一笔订单，就不会有接下来16年的风雨兼程了。”笑着说话的余丹丹眼里却含着点泪花看向远方，仿佛穿过时空看见了当年那个被羞辱到号啕大哭，却也没有产生过放弃念头的自己。

16岁走出深山开始闯荡社会，在商场上身经百战的余丹丹心里始终存在着一个遗憾——没有上过大学。为弥补这个遗憾，她不断地通过阅读来武装自己的头脑，通过听课来丰富自己的学识。现在的余丹丹，还有一个身份就是同济大学浙江学院的创业导师。

“当事业遇到瓶颈，会觉得焦虑悲哀痛苦，怀揣一颗感恩的心，会让心情得到平复。”为了表达感恩之心，她还主持了“商标富农千县万村计划”和“商标助企百城计划”，免费赠送给东北农民和部分小微企业商标，助力他们把产品打开销量，走向全世界。

如今，余丹丹心里有一个宏伟的目标：做知识产权交易行业的阿里巴巴。“我知道这个梦想很难实现，但是我会先定小目标，一步一步往前走。”她说，“改革开放40周年，我们国家经济飞速发展，但是还有很多资源被闲置，如何转换利用，我们正在一点点进步！相信未来会更加美好！”

让天下人睡出健康来

和也健康科技有限公司

在中国著名生态竹乡、联合国最佳人居城市浙江安吉，有一家专门研究睡眠健康的公司——和也健康科技有限公司。公司的创始人、董事长，叫方志财，他有一句常挂在嘴上的话是：人的一生，三分之一在睡眠，三分之二靠睡眠。

为让人们都能睡个好觉，方志财以及他引领的和也健康科技公司，在磁健康寝具领域，已经探索了十几年了。

让天下人睡出健康来

20个世纪90年代，从事职业教育工作的方志财，原本端着“铁饭碗”、吃着“香饽饽”，突然有一天却在身边人的质疑和不解中离职下海。因为，一个偶然的机会，他接触到了一张“不一样”的床垫，也就是不光能睡觉，而且还对健康有帮助的床垫，这张床垫来自日本。当时，方志财就开始思索，“睡眠中也获得健康，这样的好东西我们国家为何没有呢？我们中国一定能研发出更好的床垫！”

“能够从睡眠中获得健康，这一定是件了不起的事。”经过不断调研和切身体验，方志财坚定了健康寝具用品是人们获取健康较为便捷、有效、易行手段的信心，同时也认准了行业的巨大发展前景与社会民生效益，他决定投身到这个当时在国内方兴未艾的行业。

就是这样的一个决定，使得他在之后20余年的岁月里，都一往无前不曾回头。有远见的方志财比谁都明白，健康是每个人都追求的，而获得健康的方法，尽管有千种万种，肯定没有一种比通过睡眠就获得健康来得简单、方便、易行、容易坚持。

如今多年过去，和也的今天证明了，这并非当年的一时脑热。矗立在安吉健康医药产业园的这座风景优美、车间喧闹的和也健康科技园区，令人赞叹也引人遐想：这么些年来，这家立志“让天下人睡出健康来”的企业，有着什么样的发展轨迹？

健康身心和谐社会

和也创立之初，就倡导“和”“孝”“善”文化，秉承中国传统文化的精髓，将自身的责任与国民的健康、社会的和谐、民族的振兴紧密联系在一起。和也人认为，健康是最公平、公正的，在健康面前人人平等。所以和也希望自己的产品能够使每一个人可以享受健康、舒适、安全的睡眠，进而带来健康的身心，从而促进和谐社会的营造。

这是和也对“和文化”的一种具体演绎。

而随着大健康时代的到来，传统寝具已经无法满足人们对健康的追求。睡觉这件事，早已从最初为了生命安全的“睡安全”时代，进化到有了社交后考虑私密性的“睡私密”时代，再逐渐发展成追求舒服的“睡舒适”阶段，再到如今和也提出的“睡健康”时代。

早在2000多年前的《史记·扁鹊仓公列传》、我国中药专著《神农本草经》古代医学名著中，就有关于磁石保健治疗作用的记载。但是磁疗真正运用到寝具中，却还是近二三十年的事情。

为研发出更符合人体使用的睡眠寝具，帮助人们获得更好的睡眠，和也不断加大研发，经多次试验，成功实现稀土磁性材料和功能纤维纺织材料等高新技术的民用化。目前，和也不止实现技术突破，还成为"中国保健功能纺织品磁剂量标准"及"中国保健功能纺织品负离子标准"的主导修订单位。

如今，和也已经将磁、远红外、负离子、抗菌、生物质纳米材料等先进技术和材料，经先进工艺，定性、定量地加载到传统的寝具和家纺中，从而有效增强睡眠时的内在调理和养生作用。

除了倪萍老师代言的磁健康床垫，和也还研发出了从头到脚的一系列磁性护身产品，如磁健康坐具、生物纳米纤维纺织品等几百余种产品，给老百姓的起居出行带来全方位呵护。

得消费者心方可得市场

如今的和也厂区内，风景优美、流水潺潺、假山绿植相映、"积善余庆"的石刻字、长寿始祖彭祖的塑像……给人浓厚的"和""孝"文化氛围。行政、会议、生产、仓储、宿舍、食堂，还有一个占地1800平方米左右的睡眠文化博物馆。这样独特的环境与人文魅力，使得这里每天都人流如织，全国各地慕名前来参观、视察、采访的各色人群络绎不绝。

可有谁知道，这个占地达30余亩的厂区从建成使用到今天，还不到五年时间，却早已无法满足和也蓬勃发展的需求。不远的孝丰镇，新建的占地近300亩的和也健康产业园区内，不仅实验室、研究院、新品研发室、生产中心一应俱全，还建有博物馆群、智能仓储物流中心、教育培训中心、专家公寓、大型会议中心……

预计 2019 年底，整个和也公司将迁入这个新的健康产业园。而在最初的十年，和也工厂仅租用了 5 亩地、员工只有数人。短短十年多，和也的变化可谓翻天覆地。

“把产品真正做到又好又便宜，就是得人心。”为了造出这样的产品，方志财还说，“科技创新是第一生产力。”

和也在研发、科技创新上的投入在业内是出了名的“大手笔”。如今的和也拥有海内外科研博士十余名，成功引进国家“千人计划”特聘专家、科技部“科技创新创业人才”，拥有省级院士专家工作站、博士后工作站、工业设计中心、企业研究院、高新技术企业研发中心、企业技术中心六大创新平台，并成立健康产业研究院与浙江大学、纳米技术及应用国家工程研究中心等知名高等院校、科研院所合作。近几年，和也更是频繁地在磁生物学和磁医学研讨的路上不断投入、不断钻研。

繁忙的生产车间

2016年至2018年，已连续数次独家承办磁生物学与磁医学研究进展的高规格学术活动，并相继与中科院合肥物质研究院举行了联合培养博士后签约活动，与西北工业大学深圳研究院空间生物实验模拟技术国防重点学科实验室正式签约战略合作，同时主办、承办各种研修班、学术年会。所有的投入，都指向最终的目标：为老百姓制造出又好又便宜的产品。

品牌之路任重道远

如今，和也已在全国范围内拥有连锁专卖店4000余家。更为难得的是，和也的用户们都将和也的店长们视为亲人。只有被健康困扰过，才会懂得健康的珍贵。和也坚信，好东西不仅能赢得国内市场，也一定能走出国门，走向世界。

方志财说，磁健康科普之路任重道远，和也的品牌之路更要行稳致远。“我们希望和也能够打响一个不仅属于中国的民族企业品牌，我们更希望它也能成为世界品牌，为天下人健康作出贡献。”

截至2019年7月19日，和也已获授权专利335项，其中授权发明专利86项、实用新型专利179项、外观专利60项、国际专利10项，荣获“国家知识产权优势企业”称号。公司产品技术先后被天津市科委、浙江省科技厅认定为“科学技术成果”，被浙江省政府评为科技进步二等奖。2018年，和也的发明专利“一种含有电气石的皮芯型复合纤维”荣获浙江省专利金奖，还是2018年度湖州市政府质量奖获得单位。

这是和也的荣耀，亦是大健康行业的荣耀。

初心不改，永铸放心钢瓶

500 吨码头

从柴火灶到煤气灶，新中国成立 70 周年，千家万户开启的这场“厨房革命”中，煤气和钢瓶扮演着举足轻重的角色。而在新时代的工业生产中，钢瓶和清洁能源也开始发挥不可替代的重要作用。从集体企业演化而来，杭州余杭獐山钢瓶有限公司（以下简称獐山钢瓶）26 年坚守一只钢瓶的故事分外引人瞩目。

安全第一

“公司所在的余杭区仁和街道是由以前的云会乡、獐山镇、东塘镇合并而来，顾名思义，‘獐山钢瓶’发源于老底子的余杭獐山镇，身上镌刻着深刻的时代和地方印记。”公司老总陈红卫说。1993 年，獐山钢瓶建厂，最初的企业性质为集体企业。顺应时代发展，经多次变革改制，1996 年最终成为民营企业，从此步入市场经济发展新时期。

“钢瓶属于传统制造产业，安全是钢瓶产品的底线和生命线。”陈红卫说，一直以来，獐山钢瓶致力于做好每一只钢瓶，建企之初就树立了“质量第一、客户至上、追求卓越”的质量理念，并不断对质保部门进行创新改造，完善组织架构，提高工作效率。

在该公司，质保部下设管理中心、检验科、探伤中心和实验中心四个部门，质量中心是公司质量体系监督管理运行的管理中心，检验科主要负责公司产品制造全过程的质量控制和产品质量检测工作，探伤中心主要负责产品无损检测工作（射线检验），实验中心主要负责公司计量管理和理化检测工作。

钢瓶生产中，质量管理、品质管控是整个生产经营中的基础与核心。该公司先后引入先进的质量管理体系、品质检测体系和先进的检验检测设备。早在 2001 年，公司就在省内率先使用实时成像无损检测系统，大大提高气瓶的检测效率，降低了检测成本。

近年来，公司以打造“一流的清洁能源管理专家”为目标，从建设节能高效的数字化工厂出发，引进国际先进技术设备，实现绿色、智能、安全、便捷、高效、低能的可持续发展目标，采购和使用最先进的无损检测系统、全自动实时记录水压试验系统、环焊高速自动焊接流水线、拉伸实验装置等先进仪器，目前已拥有全国一流的钢瓶流水生产线 6 条，各类生产设备 300 余套，其中自动焊设备全部进口。

在购置先进设备的同时，公司不断加强对“焊接”“退火”等技术的研发，多项技术在国内同行业中遥遥领先。公司还先后通过 ISO9001 国际质量体系认证及 SACAP、SNI、CE 等国家地区认证。

从原材料落料、拉伸、自动环缝焊接、消除应力退火、喷塑包装到产品最终检测，整个钢瓶生产环节实施严格的品质控制机制，9 项主检，17

项分检，保证每个钢瓶都经过严格检测，确保每个环节质量安全。

钢瓶出海

因为产品质量的稳定和可信赖，獐山钢瓶发展迅猛。2004年，该公司在仁和工业园区建设新厂，新建3条国内生产线、3条出口生产线，年生产能力达到200万只。

为解决原材料采购困难的问题，公司于2007年建造自用码头，使原材料通过运河水运直接进入公司，同时建设圆片落料生产线，不仅可供自身原料需求，还成为辽宁鞍钢集团的直供户。

为解决产品单一化问题，公司投资建设50KG和5KG规格生产线，丰富产品品类，拓展销售市场。

钢瓶生产制造劳动强度大，劳动环境不佳，公司投资3000余万元进行设备的自动化升级改造，提高了生产效率，降低了劳动力成本。

2012年，原有的生产线已无法满足日益增长的市场需求，公司全面启动升级改造生产线，建成全自动跟踪的焊接系统，设备先进程度为全国领先，年生产能力达到400万只，成为全国最大的LPG液化石油气钢瓶厂家之一。

“无内不稳，无外不强，以外促内，形式灵活”。“强大起来”的獐山钢瓶开始积极实施“走出去”战略，随着海外市场的不断扩大，獐山钢瓶专门新建出口生产线，按照海外客户的需求，定制符合海外消费者使用习惯的钢瓶，钢瓶品类更加丰富，色彩更鲜丽，容量大小不等，涵盖了2KG、2.7KG、3KG、5KG、6KG、10KG、11KG、12.5KG、15KG、20KG、50KG等多种规格的产品，并逐步成为道达尔、喜威燃气的合格供应商。

目前，公司市场已遍及国内各省份及东南亚、非洲、南美、欧洲和中美洲。

集成服务提供商

“时代在发展，客户的要求也在变化，今天，我们不能只局限于做一个钢瓶的制造厂家，我们要围绕钢瓶生产，将前端、中端、后端都做好。”

陈红卫所说的前端，就是售前服务，通俗地说，就是将服务提前，提供专业的技术咨询，按照客户要求进行定制设计、试验、工艺整合与生产，以客户为中心，提供个性化专业化问题解决方案供客户参考。而中端，也就是生产环节，邀请客户参与生产监督过程，提供配套服务。后端就是售后服务，提供使用、保养及常规故障排除的技术支持，及时协助客户处理重大故障问题等。

理念一变天地宽。近些年来，从一个传统的钢瓶生产销售企业，獐山钢瓶逐渐转型升级，成为提供设计、生产、技术支撑等“一条龙服务”清洁能源储存管理的生产服务商，为客户提供从技术咨询到定制生产到后期维护管理的一站式服务。

对此，陈红卫感慨，“科技是第一生产力”是亘古不变的道理。在企业转型过程中，獐山钢瓶深深明白只有产品和服务不断进化，才能适应日新月异的市场，只有不断投入科技研发，才能确保公司始终引领潮流。

在各级政府大力支持和相关部门的专业扶持下，近年来，獐山钢瓶与省内外多家著名高校和科研院所积极合作，还成立了国家级科研中心，引进了不少专业化人才，各种高科技成果开始源源不断走出实验室，出现于国内外市场。

“钢瓶对很多人来说是个老行当，但科技的发展让这个传统行业焕发出新的活力。”陈红卫信心十足地认为，随着科技研发的不断突破，未来的钢瓶生产和销售将更具想象力。

26年，专注钢瓶产业，从打造“最安全、最便携、最耐用”的钢瓶到高科技钢瓶集成服务提供商，坚守主业，深耕科技和市场，向中国制造2025的愿景和目标迈进！獐山钢瓶这家传统制造企业的转型升级路径给外界带来的启示是入木三分的。

大麻镇：破茧蝶变，小镇也有个梦想

大麻镇街景

一张机，织梭光景去如飞。

很多人说，大麻镇是古运河畔一颗璀璨的明珠，这不仅因其承担着江南“衣被天下”的美誉，还在于大麻镇在新常态经济之下的转型之路上豁然开朗，跨越传统与创新间的一“布”之遥，和不断为纺织业带来惊喜的发展态势。

专注家纺 打造区域特色小镇

大麻的家纺产业是桐乡市优势特色产业之一，也是桐乡市支柱产业，在浙江纺织产业链的带动下，大麻镇的家纺布艺产业不断升级，已成为“中国沙发布生产基地”，也是推动大麻经济发展的发动机。

大麻镇家纺业起始于 1974 年，那时，工人们用全镇仅有的两台布机生产被面，这也是乡镇工业化的启蒙。1983 年，当地四户人家开始联合办厂，以家庭作坊为代表的民营经济将大麻家纺业带进了工业化大门。此后，大麻镇沙发布产业链逐步完善，在“布艺金三角”里面，与桐乡现有的化纤企业、印染企业、后处理企业以及深加工企业形成了一条齐全、完整的产业链。

过去20多年来，尤其是过去5年来，这个沙发面料产量占全国三分之一的小镇，发生了巨大的变化。改革发展的红利，由全民共享。这些变化反映在大麻人民日渐饱满的钱袋子里、反映在大麻人民越来越丰富的精神文化生活里、反映在大麻镇持续上扬的经济数据里……这一切，都展现在大麻人民脸上的笑容里。

“政府部门从政策上支持大麻家纺产业发展，再加上大麻人的勤劳务实，才让我们的家纺产业走在了前列。”在大麻工作了20多年的梁国林，见证了家纺产业在大麻的壮大历程。

一块布富了全镇人。大麻镇家纺底子雄厚，历史起源悠久，块状经济明显，家纺布艺是大麻镇的一块金字招牌，也是全镇的富民产业。据不完全统计，大麻共有家纺类大小企业300多家，家庭作坊则有3000多家。

大麻镇党委书记穆海英说，大麻镇依托家纺产业集群，不同层次、不同规模的家纺企业都有各自的发展空间。大麻家纺科技创业园将散落在农村的中小家纺企业集聚起来，如今已经有21家企业入驻并正式投产；大麻亿元工业区则主要引进实力雄厚、发展潜力好的家纺企业，目前共有浙江省金亿润纺织有限公司、浙江飞帆纺织有限公司等4家企业的新项目进入施工阶段，预计2019年下半年，还将有两个大项目落户亿元工业区。未来，这些大项目将成为带动大麻家纺产业转型升级的引擎。

“大麻虽然是一个小乡镇，经济实力确实和其他镇（街道）存在差距。在各界力量的支持下，小乡镇也有大作为，大麻人民的幸福指数越来越高，生活水平越来越高。”穆海英表示，“十三五”期间，大麻将朝着“中国家纺名镇、湿地旅游重镇、临杭特色小镇”的目标阔步前行，持续提升大麻镇的综合实力和居民的获得感。

产业集群 为企业搭建桥梁

大麻镇正不断深化家纺产业转型升级，巩固沙发布龙头地位，重点发展湿地旅游业，打造临杭特色休闲小镇，深化临杭产业集聚区的发展。

在此背景下，为促进大麻家纺布艺产业集群的进一步发展，桐乡市大麻家纺协会于2007年正式成立。“大麻家纺协会自成立以来，始终坚持自律兴会，诚信经营，其中抱团参加国内外展会已成为区域特色、产业推广的一大亮点，也改变了企业以往‘单枪匹马’寻市场的传统发展模式，对大麻镇家纺产业集群的发展和壮大起到了较大的促进作用。”桐乡市大麻家纺协会会长张忠华说道。

可以说，大麻家纺协会是在全镇众多家纺企业响应下成立的，前协会会员企业已有百余家。

随着大麻镇家纺产业前进的步伐，大麻家纺协会不断扩大服务渠道、完善服务措施，每年开展形式多样的服务内容，在参展服务、政策传递、信息传播、品牌培育、人才引进、培训工程、考察学习等诸多方面做出积极努力，为大麻家纺企业营造了一个具有凝聚力的“会员之家”。

对于大麻家纺协会的工作部署，张忠华有着清晰的部署。他说，大麻家纺协会的主要职能就是引导家纺企业良性发展，做好政府和企业间的沟通工作，起到政府和企业的桥梁作用。“我们还组织企业与东华大学等高校建立联系以及合作关系，打造校企合作平台，为会员企业寻找人才，引进新的技术与理念，帮助企业提升与发展，同时为院校提供实践基地。”

此外，大麻镇家纺协会还与其他城市经销商队伍联合建立分会，将各省市最新、最前沿的情况与企业分享，建立起产供销的纽带，以便于今后大麻经销商与产业链上游企业的沟通互动。“现已经在广东成立分会，今后还将在成都、北京等地成立分会，更多地了解其他城市的信息，建立互动。”

服务于企业，更服务于产业。大麻镇家纺协会不仅发挥了在政府与企业间的上下协调、左右沟通的桥梁作用，而且承担起了引导、扶持家纺企业发展经济的职责，不断为全镇经济社会的和谐发展作出新的贡献。

在家纺协会的努力下，大麻镇先后摘得“中国家纺布艺名镇”“中国沙发布生产基地”“嘉兴市家纺布艺专业商标品牌基地”等称号，这无疑标志着“大麻家纺”在打响区域品牌上又迈上一个新台阶。值得一提的是，2015 年，“大麻家纺布艺”这个集体商标成功申报嘉兴市著名商标，大麻的家纺企业可以在授权下使用集体商标。

欣欣向荣的大麻镇

协会是政府与企业间的桥梁，而企业则是“千军万马”，在变革、突破的道路上跃跃欲试。“大麻家纺协会作为一个行业组织，它将在维护会员单位合法权益，积极推动大麻家纺产业作出应有的努力，同时进一步加强与各兄弟协会的联系和交流，携手共进，共创辉煌！”张忠华如是说。

有效供给 一块布也有大文章

大麻镇紧邻杭州余杭区，全镇分布着大大小小的家纺企业、家庭作坊共3000多家。

过去十多年来，大量家纺企业习惯了模仿或者代工的生产路子，而受经济下行压力的挤压，家纺行业发展遭遇难题。生意难做，不是供给过剩，而是有效供给不足。

但在坐拥“中国家纺布艺名镇”的大麻镇，不少家纺企业通过供给侧结构性改革，增加了有效供给，使供给结构更好地适应需求结构，一大批企业得以走出寒冬，悄然迈向春天。

高端时尚的家纺产品，拥有更大的市场潜力。“同样是一米布，模仿别人的产品只能卖20元，自主设计研发的却能卖到30多元。”大麻镇党委书记穆海英说，较为低端的产品确实是供给远远大于需求，而中高端产品却远远不能满足需求。大麻镇家纺选择了自主研发的道路，重金引进杭州乃至美国、意大利的设计师，在大麻家纺企业的厂房里，见到洋设计师早已不是新鲜事，更时尚、更高端的大麻家纺逐渐走俏市场。

为提高市场的有效供给，大麻家纺企业在逐步提升时尚化设计能力的同时，也在努力探索个性化的定制。

桐乡市尚阁纺织品有限公司在淘宝、天猫等电商平台上开设了“布蝶轩”窗帘店，公司从2015年开始在电商平台上率先探索私人定制的销售新模式。“我们与第三方服务商合作，推出私人定制服务。消费者无论生活在哪个城市，只要在‘布蝶轩’网上销售平台购买窗帘，公司就会联系当地的第三方服务商，由第三方服务商联系好专门的工作人员为消费者提供测量尺寸和上门安装服务。”

在天猫电商平台，嘉兴市古尔曼家纺有限公司经营的“伊姿彩”欧式沙发垫产品平均单价超过 1000 元，为同类产品的 2 倍多。“我们主要做个性化定制产品，针对高端客户群体。客户需要什么，我们就做什么，因此价格自然卖得上去，也受市场欢迎。”

在供给侧结构性改革的大背景下，中高端的产品在市场上越来越走俏。张忠华坦言，制约大麻家纺产业进一步发展的难题就在于产业的低端化，因此推动家纺产业“去低端化”，成为大麻镇的重要目标。提升产业层次，需要落实好创新驱动的战略，提升大麻家纺布艺产业的时尚水平和科技水平。

“一块布照样可以做大文章，大麻镇的主导产业是家纺布艺，我们要努力推动家纺布艺产品‘去低端化’。”张忠华说，未来大麻镇将坚定不移走创新之路，引进人才，加强创意研发设计，应用先进技术，引进先进设备，创新管理和营销模式，加快转型升级的步伐，最终实现“布满全球”的目标。

多管齐下　转型升级提速发展

“用创新驱动引领产业提升，这已经成为广大企业家的共识。”穆海英说，这两年，他们组织了镇里的龙头企业到北京、广州、山东等地的先进制造企业学习考察，每个企业家都深受触动，并明确要引进更多新设备，加大技术改造的力度。

大麻镇布艺展示

针对行业中存在的中小作坊式企业发展出路和缺乏龙头企业引领带动两大问题，大麻镇一方面集凤筑巢，建设家纺科技创业园，全力打造中小企业的创业创新中心；另一方面，筑巢引凤，建设亿元工业区，目标是打造成为家纺企业做大做强的示范区。

穆海英说："家纺布艺块状集群转型升级的根本在于行业的健康发展和规范提升，关键在于政府通过强有力的'有形之手'进行科学引导和宏观调控。"全镇上下找准了今后努力的方向，就是要深入实施创新驱动发展战略，加强品牌基地建设，全力打响"家纺布艺"区域品牌。

近几年，大麻镇在交通上与杭州实现无缝对接，充分利用和放大毗连杭州的区位优势，强化与余杭经济技术开发区承接。同时，也正不断完善运河北工业区块的基础设施建设，提升园区基本功能和承载力，提高运河北工业区块的综合竞争力。

“我们一直在不遗余力地推进大麻家纺产业发展，培育龙头、努力打造规模经济，以运河北生态产业园区建设为依托，以家纺产业链为纽带，以设计创意、产品升级和品牌建设为抓手，推动产业集群发展。”

块状集群的可持续发展不仅在于行业内企业的不断壮大，也在于整个产业的投资发展环境，这是衡量一个区域综合实力的重要标志。

为此，在管理上，大麻镇下一步将着手成立运河北区块管委会，全面实行服务代理制度，做好项目前期准备、开工、建设等各个环节跟踪服务。在政策上，结合市经济转型升级若干政策的基础上，同时制定切合大麻实际的财政优惠、企业融资、人才引进等扶持政策，努力营造企业发展“绿色通道”。

此外，大麻镇依托杭州湾轻纺城电子商务集聚区，大力培育电子商务，实现了行业线上线下的同步发展。“目前已有近百家电商企业入驻，这些企业也是以从事沙发或床上用品等家纺终端产品为主。”穆海英介绍说。

“今后我们将继续牢牢抓住融杭接沪及杭州湾大湾区建设发展机遇，切实改善和提升各类基础设施，利用大都市区的辐射，实现人才、技术和信息共享，重点发展创意设计、仓储物流、质量检测、产品展示等生产性服务业，全面优化产业发展环境。”大麻镇将继续砥砺前行。

13年，只为那只蟹

王志强

提到王氏水产，几乎所有人都会想起那句响当当的口号——“只为那只蟹”。

成立于2007年的杭州王氏水产有限公司，长期秉承“精心尽心，永续经营”的精神，通过高水准的品质把控、将心比心的商业情怀和精益求精的经营特色，在当下争奇斗艳的节庆消费市场中，硬是把老百姓的味觉连同念想锁定在了一只阳澄湖大闸蟹身上。

这一“锁”，就是13年。

自主创业 天道酬勤

相比往年，2019年的中秋节提早了近两周的阳历时间。不少人为早在一年前就囤起的蟹券而发了愁：根据去年的券面时间，得等到10月份才能提蟹。就在此时，王氏登报发布了一则公告：承诺给所有持旧券的客户无差价更换新券，提早提蟹。如此一来，王氏“蟹粉”们不但能在中秋节前提到价值超额的阳澄湖大闸蟹，还很可能成为当年“第一批吃螃蟹”的人，此举引来如潮好评。

如此照顾“蟹粉”的感受，并获得广大回应与好评，不难看出王氏对客户的一片“良苦用心”。诚如王氏水产创始人王志强所说：“一只蟹，是一位顾客，更是一份心意，不能辜负！”

王志强生于甘肃省镇原县一个普通农村家庭，家中有五个兄妹，他排行老四。贫寒的家境使他养成了坚韧不拔的个性，以及脚踏实地的行事风格。在同龄人对未来抱有种种虚幻憧憬时，他的梦想却很实在：“家里兄弟多，经常填不饱肚子。我就只有一个愿望——吃得饱穿得暖。”

带着这个朴素的愿望，他用功学习，于1993年考入洛阳工学院，研修旅游酒店管理专业。毕业之后，他毅然放弃了分配工作的机会，只身一人来到杭州打拼。在他看来，美丽的西子湖畔纵然使人陶醉，但浙江省如火如荼的创业大潮更让人怦然心动——他相信自己能在钱江之都闯出一番事业。他顺利进入萧山二建宾馆，从一名普通职员开始做起。

王志强深信“天道酬勤”“人道酬诚”的道理。每天清晨7点，他准时出现在酒店大堂，一直忙到晚上10点，等别人走得差不多了才离开，待岗时间长达15小时以上。如此往复，日复一日，勤恳努力的他很快得到上级领导肯定，从职员干到主管，从主管升任餐饮部经理，后来又担任公司副总。1998年企业改制，他又成为一家连锁门店的总经理，在此工作期间，他积累下丰富的连锁门店经营经验，为日后创办“王氏水产”奠定了基础。

2003年，王志强辞去总经理职务，正式开始自主创业。依托长期从事餐饮行业工作的经历，他渐渐接触到螃蟹供应商的项目。由于他为人诚实可靠，越来越多的人放心他供应的螃蟹，时间一久，他成了杭州大闸蟹的“活招牌”。

2007年，王志强在凤起路75号正式开张自己的第一家门店，一时引起轰动。这一年的中秋节前，慕名前来买螃蟹的人竟然在门口排起了十几米长的队伍。这种场面，连他本人也始料未及。

用心经营 人道酬诚

在谈及王氏为何会专注于螃蟹时，王志强说过这么一段话：

“在我涉足阳澄湖大闸蟹行业之前，对酒店餐饮这一块比较熟悉，我发现‘大闸蟹’这道中国传统名肴看似乡土，实则高雅。现在的人，能吃、会吃的不少，但会吃蟹的委实不多，大蟹文化不如从前繁盛……明明是高雅生活的代表物，为什么没能真正树立起高端形象呢？这就激起了我对大闸蟹的好奇心。”

王志强说得没错。早在魏晋时期，吃蟹就被视为一种闲情逸致的文化享受。《世说新语·任诞》中记载：“右手持酒杯，左手持蟹螯，拍浮酒船中，便足了一生矣。”而历史上著名的螃蟹宴，又非人们耳熟能详的《红楼梦》，其中那热闹场景与繁复精致的“蟹八件”，无疑是古人精致生活的象征。王志强直言“王氏水产”品牌充分借鉴了蟹文化的底蕴，在成立之初就明确用一颗赤诚的“匠心”，将正宗的阳澄湖大闸蟹送到消费者手上。

阳澄湖大闸蟹被称作“蟹中之王”，这与阳澄湖的特殊生态条件密不可分，也是其他产地无法复制的根本原因。由于中秋节吃大闸蟹这一消费习惯的走红，2011年前后水产行业突飞猛进，杭州几乎一夜之间就出现了600多家水产专卖店，市场竞争突然进入白热化阶段。尽管如此，王志强没有急着去和别人争规模，他反而收起“心气”，一门心思地抓品质，愣是在激烈的市场氛围中杀出重围，不仅很好地生存下来，生意还越做越大。之后几年，王氏门店开遍全国各地，截至2019年，王氏已有72家门店，人们已然将繁华都市转角的那一抹红色，连同“只为那只蟹”这句话深深地印入脑海。

究其背后原因，不外乎王志强对品质的苛刻要求。在行业里，王氏水产对阳澄湖大闸蟹的产品质量要求是出了名的严格——王氏实行“双70”的筛选标准，即捕捞上来的大闸蟹当中，一般经销商会在100只里面挑出70只（70%的筛选标准是大闸蟹行业约定俗成的标准）；而王氏水产高薪聘请的十多位验蟹师长期驻扎在阳澄湖，要在选出来的70只的基础上，再执行70%的筛选标准，挑出其中的“佼佼者”，从源头上严格把控质量。

2019年新券发售现场

到了2019年，按照王氏水产的最新标准，这100只螃蟹当中可能只有一二十只选入王氏水产门店。王志强之所以如此吹毛求疵，是因为他给公司定下了一个“小目标”——百万客户“零投诉”。

“当处我建立王氏的初心，就是要给广大消费者品尝到天下美味的大闸蟹，这也是这么多年来我一直在做的事情。”

对每一只蟹负责到底

那么，王志强心中的“那只蟹”，到底是怎样的呢？

在一次采访中，王志强透露道:“王氏这么多年来蓬勃发展，其实靠的就是一个词——‘用心’。”他认为，做产品也好，做企业也罢，本质上其实就是做人。“一件事，一辈子。我觉得把产品、服务做到极致，是我一辈子的事业。”

店长李青峰对此深有感触。自2010年以来，他在王志强的邀请下担任王氏总店店长，负责整体销售走向，这一干就是10年。

“只为那只蟹，绝不只是一句广告词那么简单。我们大家都在这一只蟹上倾注了很多心血……我觉得再怎么解释王氏，都离不开这句话。”

李青峰清楚地记得2011年的中秋节，那年的中秋同样来得早了些——中秋将至，螃蟹还未上市。一只螃蟹，要经历多次脱壳才可成熟上市。可那时候，王氏精心打下的基础让不少老客户都已经盼着王氏蟹，提前捕捞不仅是对蟹品质的折损，更是对顾客的不负责任。李青峰左右为难，和团队思虑再三，决定以尝鲜的形式给顾客少量上货，待正式开捕之后，再大批量捕捞销售。消息发布后，得到了顾客的理解和认同。

上市当天，李青峰清晨5点就起床准备，但还是赶不及顾客取货。8点钟，李青峰看到门口排起了长长的队伍，他什么也顾不上，但凡有人都被喊来一起绑蟹打包。所有人一直忙到晚上 8 点闭店，连口饭都顾不上吃。王氏团队的较真，换来的是消费者的信任。

“消费者的信任，是王氏走到今天的动力源泉。”

他曾遇到过一位客人，拿着红透的熟螃蟹在门店讨说法。客人说：“我已经煮了，也吃了，但这个蟹，我觉得小。”这种情况若在其他商家上演，恐怕只会被冷脸相待。而李青峰二话不说，第一时间给客户拿了另外一只规格更大的新鲜螃蟹。

“对我们来说，品质比天大，有人提出来，我们要第一时间去改正、弥补、反思。”

构筑品牌生态版图：只为不远的将来

凭借一份初心，王氏水产的营业额屡创新高：500 万元、1000 万元、5000 万元、1.2 亿元……王氏水产不仅被阳澄湖大闸蟹行业协会破例授予“常务理事单位”，还成为品质水产全网连锁领导者，赢得了消费者无数的口碑。

大闸蟹在中秋礼品行业获得成功后，王志强把眼光放在了春节福利礼品上。于是，“旺大年”诞生了。旺大年舟山海鲜礼包，汇集着舟山带鱼、舟山大黄鱼、舟山梭子蟹等中国地理标志产品，按照王氏的要求，必须以出口级标准打造。2012 年春节前夕，旺大年舟山海鲜热销全国，全国范围引发舟山海鲜热潮。

除了售前工作，王志强充分重视售后服务，将服务视作品牌增值的一个重要环节。他介绍：“2012 年被王氏水产定为品牌服务年，这一年，我们的服务网络覆盖了杭州、上海、北京、重庆、成都、西安、广州、深圳、宁波、舟山、湖州、绍兴、金华、台州、嘉兴、天津等 17 座城市，开设了 42 家专卖店，为的就是方便消费者提货。”

同年底，在公认的低迷市场环境下，旺大年海鲜依旧热销，引起业内震惊。

2015 年，身在杭州的他又产生了一个想法——做正统西湖龙井茶。王志强创立了“龙牌”茶叶，在原产地龙坞建立 3000 平方米的加工厂，聘用制茶大师手工炒制，专属茶园专属包装，每一盒都可透明追溯。此后，他又新创立“三条鱼”食品，优选舟山渔场生鲜，以更高的选材标准、鲜度要求以及超低温保鲜技术，打造老舟山人都叫好的高品质海鲜食材。

从王氏到旺大年，从龙牌到三条鱼，王志强都在以“较真”的态度做品牌。随着四个品牌在各自领域内积累下不俗的影响力与口碑，王志强甩出了“王牌”：决定将四个品牌整合到一起，形成全新的生态服务平台——王氏有礼。

他要建立一个生态链。在这个生态链里，旗下的所有品牌互融共生，能够真正为中国百姓打造正宗高品质生活而发力。

“我已经看到了雏形，相信不久的将来就可以实现”。

张月龙：且歌且行，36年五金之路

大楼立面北沙路口

新世纪五金机电市场的前身是临平丘山五金机械商店，1993 年，与区统战部海外联谊会联手成立海联五金机电经营公司。1997 年，海联机电与海外联谊会脱钩，变更为余杭市海联机电设备有限公司。1999 年 9 月，海联机电成立杭州新世纪五金机电市场。2005 年 5 月，市场搬迁至临平商贸城。2010 年 8 月，成立海联集团。2014 年，打造总投资 3 亿元的“海联 · 云客里”项目……

从一个小小的五金机械商店到拥有 1000 间商铺的五金机电市场，再到华东地区最大的五金机电销售平台，海联集团 · 新世纪五金机电市场每隔几年就迎来一次跨越式发展，这与其创始人张月龙骨子里不断突破自我的创新精神息息相关。

一个和改革开放同频共振的创业故事

张月龙出生于余杭超山一个山清水秀、风景宜人的美丽乡村，从学校毕业回乡务农到当村里的生产队队长开始，张月龙的勤奋好学就是出了名的。队长干了不久，就被提升为村团支部书记，后来又被调到乡政府当宣传员。直到 1984 年，张月龙被分配到余杭县供销社贸易中心，从事五金家电机电经营工作，从此张月龙和五金机电这个行业就再也没有分开过。

多年之后，张月龙回忆起 30 多年前和五金机电的结缘，笑着说，这大概就是命中注定的缘分吧。

在那个选择很少，基本上干一行就得爱一行的年代，张月龙勤奋踏实的性格和敏锐的市场感受力，使他在五金机电这一行业里越干越顺，越干越好。

1991 年，张月龙辞掉铁饭碗，决定自己创业。

在 20 世纪 90 年代初创业，是需要勇气和魄力的一件事。

张月龙的性格是想好就干，认准的事情一条道走到底，没有什么困难能够阻挡他前进的步伐。没有钱，张月龙便东奔西走，以很高的利息借来一万元，从店面选址到店内装修陈设，张月龙全部一手搞定。

虽然只是一间五金店铺，但张月龙倾注了全部的心血，起早摸黑，选择好货，价格公道，店里的生意一天比一天好，不但还清了欠款，还有了不少积蓄。

不过，小富即安不是张月龙的个性。他认为：一家商店，无法实现长远的人生目标，他还要继续探索更高的平台，创造更大的价值。

机会都是留给有准备的人。1993年，张月龙与区统战部海外联谊会联手，成立海联五金机电经营公司。在工业化和都市化的推动下，临平城区及周边地区对五金机电产品的需求旺盛，海联机电生意做不完。1997年海联机电与海外联谊会脱钩，成立余杭市海联机电设备有限公司，以销售五金机电为主，在杭嘉湖地区有了一定的知名度。

此时的张月龙又有了新的想法——随着改革开放的深入，市场经济越来越活跃，机电产品的种类越来越多，客户的需求也越来越多样化，

张月龙

一个人一个公司的力量有限，如果可以集众人之力，形成一个专业市场，就能满足更多的客户需求，占据更大的市场。

一场与信誉共生的商海传奇

1999年9月，张月龙在临平长途车站附近租赁了6000多平方米的土地，创办了新世纪五金机电市场。随着市场的不断壮大，空间掣肘也越发明显，为进一步扩大市场规模，借着临平商贸城项目上马的东风，张月龙积极争取政府支持，2005年5月，搬迁到临平商贸城的新世纪五金机电城顺利开业，新建的市场总投资2个亿，总面积达10万平方米，拥有1万平方米的仓储区，可入驻商户1000多户。

迁建后，新世纪五金机电市场迎来了发展的春天。朝着专业化、规模化、品牌化、国际化的方向前进，商户的集聚度、产品的集聚度大大提高。连续几年，市场成交额如同芝麻开花节节高，年均增长30%，2010年达到近10个亿，比三年前翻一番。在杭嘉湖地区，无论规模还是品质，新世纪五金机电城都是引领潮流的。

乘着改革的东风，张月龙的事业越做越大。2008年，杭州海联科技集团有限公司成立，2010年变更为海联控股集团有限公司，由一家母公司和七家控股子公司组建而成。海联集团在业内的名声越来越响，并相继当选为全国工商联五金机电商会理事单位、中国五交化商业协会理事单位、浙江省工商联五金机电商会会长单位。“三星级文明规范市场”等荣誉也纷至沓来。

说起企业的成功创办，张月龙总结说：“企业的成功在于信誉，专业市场的信誉源自每个商户出售的商品和提供服务是否优质，商品质量好，商户服务好，这样的市场才有生命力。”基于这点，市场在挑选商户上从来都是严把准入关。质量不过硬的产品，绝不准许进入市场。服务不过关的商户，不准进入市场。

一种不断突破的创业创新精神

从20世纪90年代初投身商海，风风雨雨20年，张月龙已然成为一名成功创业者，他付出了努力，也收获了事业。但是居安思危，不断突破是张月龙做企业也是他做人的准则。在新世纪五金机电市场红红火火的时候，张月龙就在思考今后的发展问题。

“在这个巨变的时代，市场风云变化，唯有拥抱变化才能应对变化。”21世纪的第二个十年，互联网迅猛发展，传统五金机电产业受到了不小的冲击。

集团外观照片

“互联网对专业市场而言，既是挑战也是机遇。如果能将实体市场与虚拟市场相互融合，打造线上线下双轮驱动新的市场平台，对新世纪五金机电市场来说可能是发展的又一次机遇。”张月龙带领海联团队进行了深入的思考和调研。

“作为产品销售平台的专业市场必须符合新商业发展趋势，与时俱进。”思路多，脑子活的张月龙又有了新想法——主动拥抱信息化。

2010年11月份，经过充分调研论证，张月龙一手打造的“中国机电城网”诞生了。以新世纪五金机电市场内入驻企业为主体，“中国机电城网”利用互联网技术，面向全国乃至全球范围内的关联企业，为其提供数字化增值服务。2012年6月网站改版升级，为商家和客户提供线上一站式服务。新世纪五金机电的线上线下双轮驱动战略顺利实施，市场发展迈入新阶段。

2014年，张月龙拥抱信息化的又一个市场提升项目“海联·云客里”应运而生，标志着海联的线上线下融合战略再次提升。

一位以造福社会为基本价值的浙商企业家

“云客里”项目总投资3亿元，除商业内街、商品交易区外，仓储物流、停车场、餐饮酒店、Loft公寓等配套设施齐全，建成后将成为集五金电器、电子数码、机电汽配、灯具卫浴、智能装饰、智能机器人等线上线下O2O模式的大型生产性服务业的集聚地。

“取名云客里，这三个字意味深长，云是互联网用语；客，是邀请客人前来；里，是这里。简单来说，就是搭建O2O商业模式，欢迎有客自远方来。”2015年10月，“海联·云客里”与致力于搭建机器人产业和工业企业桥梁的平台“机器人365”正式签约，这是张月龙助力“中国制造 2025”的一大尝试，同时也为浙江制造业“机器换人”搭建服务、购销平台。

好的设备是五金制品行业发展的重要前提，机器人在五金行业的应用是大势所趋。张月龙说：“五金制品行业是一个非常传统的行业，经过多年发展，我们的五金制造在世界上已具有一定的影响力，但在高端制造设备方面还是非常欠缺的。随着消费者对高端产品的需求越来越多，对产品品质的要求越来越高，五金产品亟须提高品质，机器换人是提高五金产品精准度和品质的重要方式之一。”

下一步，云客里将借助自身的平台优势、商场的经营环境和配套服务，增进企业和用户之间的交流，让新的技术装备能快速、切实地落地。

如今，张月龙已不仅仅是海联控股集团有限公司董事长，他还在行业内担任浙江省工商联五金机电商会会长、浙江省五金工具行业协会会长、杭州市余杭区市场协会会长等职，也是全国工商联五金机电商会常务理事、中国五交化商业协会副理事长，同时还身兼区工商联副主席、九三学社党派社员等多重使命。

“企业家要通过自己的努力创造服务于社会的平台，创造社会价值，承担更多的责任，造福于民。”这是张月龙长期以来的做人理念，“财富如水，一杯水，你可以独享；一桶水，你可以放在家中；但如果是一条河，你就要学习与他人分享。诚信做人，谨慎做事，乐于创业，最终才能走向成功。”

濮院镇：『中国时尚第一镇』炼成记

濮院创新园

问鼎“中国特色小镇五十强”榜单第一、成功取得2020年第89届国际毛纺大会举办权……杭嘉湖平原上，一个叫濮院的地方，正吸引着全世界的目光。

浙江嘉兴桐乡市濮院镇曾以“日出万匹绸”而闻名，是明清时期江南五大名镇之一，有着890多年的悠久历史。新中国成立尤其是改革开放以来，因毛针织产业发展壮大，濮院毛衫逐渐驰名中外。每年有7亿件毛衫从这里流向世界各地，年交易额超千亿元，占全国产销量的60%以上。眼下，濮院时尚服装产品开始从“单一类”毛衫向“全品类”服饰转变，从单季产品向四季产品转变。“中国羊毛衫名镇”“中国市场名镇”“中国毛衫第一市”“中国羊毛羊绒服装第一镇”“中国服装品牌孵化基地”等荣誉纷至沓来。

在新中国成立70周年之际，探寻濮院发展奥义，揭示浙江经验其中引人瞩目的闪光点，意义非比寻常。

因势利导，成就中国毛衫之都

改革开放以前，濮院经济主要以水稻种植和蚕桑养殖为主。1976年，濮院镇弹花生产合作社开始摇织羊毛衫，生产出了濮院第一件羊毛衫，从此，不产一根羊毛的濮院便与毛衫产业结下不解之缘。

20世纪80年代初，随着改革开放的深入，在政策引导下，濮院市场羊毛衫的乡镇企业和个体加工厂如雨后春笋般涌现，形成从毛纺、针织到印染的羊毛衫产业链。1987年，全镇羊毛衫产量93万件，产值2629.3万元。

到1988年，濮院地区羊毛衫市场经营已经有相当规模，拥有羊毛衫企业373家，个体企业259家，产值近亿元。羊毛衫产品远销国内大中城市，初步形成以濮院为中心的羊毛衫产业块状经济，“羊毛衫之乡”声名远播，全国各地客商慕名而来。于是，濮院镇的农贸市场、街道边、公路旁成了营销中心，羊毛衫交易开始活跃。

1988年10月，第一代濮院羊毛衫市场正式投入使用，拉开了开发建设濮院羊毛衫市场的序幕。

不仅如此，从简陋的棚户市场到现在拥有时尚中心、国际时装城、国贸名品港、轻纺城、中央商城、国际毛衫品牌中心、世贸大厦等20个品牌交易市场13000余间商铺，这背后都有着濮院镇政府这双有形之手的托举和推动。

时尚中心

借力特色小镇，实现二次腾飞

若不是2008年那场席卷全球的金融危机，濮院镇对于转型、提升、发展的认识可能还不会那么深刻而坚定。在全球化的危机中，纺织业整体利润下降，增长势头缓慢，而濮院镇以羊毛衫为单一产业的发展模式，产业过于集中，风险度过大。扬弃之间，发展理念悄然转变。

2015年，浙江省提出聚焦信息、环保、健康、时尚等七大产业打造一批特色小镇。濮院以时尚智造为切入点，依托“时尚+”思维，在产业升级、创意设计、配套服务等领域不断提升市场掌控能力与高附加值，推动毛衫产业朝着专业化、时尚化、国际化方向发展，实现传统毛衫产业的成功转型。同年6月，桐乡濮院毛衫时尚小镇入选首批37个省级特色小镇创建名单，2016 年 10 月又成功入选第一批中国特色小镇名单，2018 年 9 月，濮院成功创建为浙江省特色小镇。

据濮院镇镇长沈其芳介绍，以产业升级、创新拓展为核，筑牢“核心层”；以产业集聚、服务提升为基，丰富“扩展层”；以产业配套、多元发展为要，提升“延伸层”，濮院的“时尚”根基已深入人心。

全镇致力于毛衫产业转型升级，通过创新驱动、市场提升、品牌引领和创意设计，推动毛衫产业的品质化、品牌化和时尚化。在立足毛衫生产及专业市场销售坚实的基础上，形成了商业集聚和产业集群良性互动的格局，大力发展创意设计、电子商务、现代物流等现代服务业。

除去市场上的引导，产业是镇域经济的基础。近年来，濮院内修品质、外接国际，在国家级创意设计平台“320 创意广场”、濮院毛衫创新园等平台的加持下，众多毛衫品牌企业开始狠抓产业微笑曲线两端，退出生产领域，注重研发与销售。

而在不断强化自身的同时，濮院还将目光投向对外招商引资，通过招商选商，引进喜歌、伊芙丽等全品类服装企业。同时，通过旧市场重新布局、新市场精准招商，濮院还承接北京、广州、杭州等地时尚产业转移，集结了一批时尚产业优质企业，谋求共同发展。

在此基础之上，濮院从时尚流行服饰趋势发布、服务企业招商引资、提高项目审批效率，到组织时尚小镇企业抱团亮相上海、香港等国际服装博览会，一场场活动都秉承了濮院“政府引导、企业主体”的原则，也是政府精准服务企业需求，努力实现“最多跑一次”的职能转变之旅。

此外，近年来濮院通过连续举办“濮院杯”PH VALUE 中国针织设计师大赛、与东华大学等高校加强合作，引进人才、培养人才。由于广阔的羊毛衫市场、优惠的政策条件以及完善的服务设施，越来越多的毛针织人才汇聚于此。据统计，三年来，濮院共引进各类时尚人才近 500 人，吸引海外留学人才50多人创业，引进意大利、韩国、日本等国际时尚设计师服务小镇，提升毛衫产业专精水平。

值得一提的是，濮院还将“互联网+”融入毛衫的工艺设计、生产、管理、销售等各个环节，进一步提升了毛衫产业的附加值。“中国濮院指数体系”的发布，“濮院”这一地域名转变为针织服装的代名词。

“中国时尚第一镇”，未来更精彩

与周边市场相比，濮院目前集结包括毛衫、服装服饰及相关配套企业6630多家，拥有纺纱、编织、印染、后整理、辅料生产、机械制造和物流仓储等完整产业链。但不可回避的是，工艺水平低、设计不够靓等曾是濮院毛衫产业做大做强的掣肘。

围绕时尚产业定位，濮院镇也依托现有的优势板块，以上下游产业链为重点，补强梭织类服装、男装等方面的短板，积极引进知名企业、知名品牌入驻，加速向“全品类”服装基地推进。同时，以设计、营销为核心，加强与国内外院校、知名时尚创意机构、知名服装设计师合作，加快人才集聚，共同促进高质量项目和高层次人才落户濮院，深度融入韩国、意大利等国际化元素。

高质量打造“中国时尚第一镇”，濮院还注重城镇品质提升，让小镇吸引人、留得住人、造福人。借力小城镇环境综合整治，小镇展露高“颜值”：总投资4.5亿元的66个整治项目依次展开，并聘请驻镇规划师指导整治。镇里投入5000万元整治王母桥港后，在岸边建起了6公里长的生态漫步道栈道，成为居民休闲好去处。承载“老濮院”记忆的幽湖公园已整修，精心设计的永越大道入城口景观宽敞大气，渠化改造后的工贸大道更加畅通……

如今的濮院，既保持江南文化的底色，又处处让人感受到智能化带来的便捷。智能化停车场、智慧安防等智慧化服务随处可遇，走在镇里，有免费的Wi-Fi，扫扫二维码就能骑自行车满镇跑，乘着公交直达市区。

走进镇区幽湖公园的公共厕所，外表配色清爽，内部环境简洁明亮，也闻不到异味。2018年，濮院投入380多万元对13座新改建公厕进行了“大升级”。里头有供婴儿更换尿布的护理台及无障碍坐便器，是濮院按照3A级标准打造的旅游厕所。安居才能乐业。目前，小镇区域内人才公寓、酒店、餐饮、购物等生活设施齐全，学校、医院、社区等服务优质高效。

为全面提升城镇品质，濮院高起点编制新一轮城镇总体规划（2020—2035），并制定了城镇品质提升三年行动计划。对标时尚化要求、国际化标准，濮院将重点实施“8112工程”：通过实施八项行动，扎实推进100个项目，以10个亿以上政府投资，拉动200亿元民间投资，从而切实改善濮院生活环境，增强群众的幸福指数和获得感。

以规划为引领，2019年，濮院集中整合资源，优先打造一批见效快、高品质的城市亮点。320国道、凯旋路、桐星大道、中兴路等一系列主要道路的风貌提升；按照“西静、中宜、东耀”的设计理念，镇区核心区、中兴路、濮院大道等主要区域、道路的亮化；大幅提升绿化品质，完成濮院大道城市生态绿廊、中兴路口口袋公园、天悦龙庭街心绿地等工程。

昔日吴越争霸古战场，而今逐梦时尚新天地。濮院镇党委书记苏伟明说，濮院镇将继续牢牢把握“专业化、数字化、时尚化、国际化”的发展路径，全力实施精准招商攻坚、重大项目攻坚、退散进集攻坚、文明市创建攻坚，以及城市品质提升、三治融合提升、干部执行力提升“七大行动”，高起点谋划时尚智造产业区、时尚创意总部区、市场核心区、古镇旅游度假区，扎实推进数字濮院、时尚濮院、美丽濮院、风雅濮院、平安濮院建设，高质量打造“中国时尚第一镇”和建设“世界级针织时尚产业集群”，以优异成绩向新中国成立70周年献礼。

开启现代消防业的『新纪元』

寿乐均

伴随新中国石油化工业的快速发展，易燃性化工原料环氧丙烷储存量成倍增加，然而，无论是气体灭火产品还是泡沫灭火产品，都不能扑灭甚至不能有效控制环氧丙烷燃烧的火焰。面对这样一个世界性难题，杭州新纪元消防科技有限公司（以下简称新纪元）不断试验，选用洁净气体七氟丙烷代替空气，与泡沫灭火系统混合发泡，最终解决低沸点可燃液体火灾扑灭的国际性消防难题，填补了世界范围内一项科技空白，获得公安部消防局颁发的科技进步一等奖，在美国及国内获得多项发明专利。

这是新纪元满怀使命责任、勇攀科研高峰的一个典型事例。

满怀使命责任，勇攀科研高峰

“靠自主研发开启国产消防产品新纪元。”15 岁就考上大学，22 岁在上海华东理工大学研究生毕业，1995 年，创始人李深梁以“新纪元”为名成立企业，并第一时间确立明确的企业发展目标。

用技术说话，走科技研发的道路。在企业创立之初，李深梁以防火阻燃剂为主打产品。1997 年，新纪元开始第一个气体灭火系统产品的研制与开发，走出了专业化生产的第一步。

“自主研发、不断突破是新纪元的基因，克服困难、勇攀高峰是新纪元的习惯。”总经理寿乐均至今难忘 20 世纪 90 年代末，公司经历最艰难的那段时间。市场不规范，同行之间无序竞争，相互压价造成消防产品整体质量下降，但新纪元始终坚持质量第一，并积极寻求创新之路。

进入 21 世纪，国内市场日益开放，面对国外消防市场的角逐，新纪元始终如一将技术研发和质量保证作为最大的品牌，在市场洗礼中越来越强大。特别是 2008 年选用洁净气体七氟丙烷代替空气，与泡沫灭火系统混合发泡，形成专门用于低沸点可燃液体的消防系统，成功解决低沸点可燃液体火灾扑灭的国际性消防难题，填补了世界范围内一项科技空白，得到了外界的全面认可。

做消防的系统服务提供商

从防火到灭火，新纪元提供的不仅是消防产品，更是消防领域的系统服务。早在十多年前，新纪元就意识到消防企业的核心竞争力在于提

杭州新纪元消防科技有限公司一角

供符合用户需求特点的消防系统综合服务。

“企业转型升级的关键在于，一是技术突破；二是集成服务能力。”在技术上突破，树立消防系统服务理念，并以这种理念引领企业发展，是新纪元近十年狠下功夫做的事情。目前，新纪元已建立比较完备的消防产品制造、设计、安装和服务体系，并以此为基础为用户提供消防服务系统产品。

“仅从工厂产品的角度讲，气体灭火系统的技术含量并不算高，算不上什么科技产品，一般的机械制造企业都能生产。其真正的科技含量体现在应用技术上。”

气体灭火系统是一种个性化很强的产品，现实中的每一套气体灭火系统在类型、结构、配置、规模、使用环境等方面都是各不相同的。如何将工厂里按照统一标准批量生产的气体灭火系统中的各种产品，建造成满足不同用户需求、贴近现场实际条件、符合国家规范标准要求，安全可靠、科学合理，经济适用的系统产品，这才是气体灭火系统真正的技术核心所在，也是一个消防企业综合素质和核心竞争力所在。

从小型的消防产品生产厂家到消防系统的集成服务提供商，新纪元经过20余年的艰苦奋斗，终于完成了质的飞跃，成为集消防工程设计、安装、产品研发、消防工程EPC总包、工程售后服务为一体的具有自主知识产权和核心竞争力的行业龙头企业，也是综合型现代化消防企业，被消防专业媒体《慧聪网》评选为中国消防行业十大民族企业，在全国30多个省份设有分支机构或子公司。2016年9月，公司被评为“浙江省AAA级守合同重信用企业”。

作为中国最大的消防设备生产企业之一，新纪元具有消防工程设计甲级、消防工程专业承包一级资质，消防维保检测一级资质，消防安全评估二级资质、机电设备安装二级资质，建筑智能化二级资质，消防安全防评估二级资质。拥有四大类五十多个消防产品的生产资质，数十项自主知识产权，公司的气体灭火系统设计、基础理论研究和应用技术水平达到国际一流。灭火系统产品在实战中灭火成功率100%，是中石化、中石油、中海油、中航油、中国移动、中国电信、中国联通、中核集团等公司的合格供应商及消防设施维护保养入围单位。

目前，新纪元的研发人员占比高达20%，已获得自主知识产权40余项，公司还是国家及地方消防规范和标准的参编单位，参与编写制定的气体和泡沫系统标准达十余项；参建的项目有四十多个荣获国家工程质量最高奖“鲁班奖”，五十多个项目荣获浙江省工程质量最高奖“钱江杯”；公司被授予国家高新技术企业荣誉称号，连续13年授予全国信用施工示范单位。

独特的企业文化

江浙一带许多民营企业，员工流动普遍，但在新纪元却很少出现这样的情况。是什么将新纪元人拧成一股绳亲如一家？寿乐均说起自己加入新纪元的故事，感慨颇深。

1997 年，从西安建筑科技大学毕业后，勤奋优秀的寿乐均来到刚创业两年的新纪元求职，深得李深梁赏识。然而，按当时规定，该校毕业生如进入冶金系统工作，属于“跨行”，需要缴纳“跨行”费。这让家境并不宽裕的寿乐均很为难，一方面他想进新纪元干一番事业，另一方面又无法承受经济压力。“没问题，只要你愿意来新纪元。”当时李深梁说的一句话让寿乐均至今难忘。

加入新纪元后，寿乐均几乎干遍厂里的每一个岗位，全面熟悉了消防器材生产和服务的每一个环节。从最基层做起，参与多项关键技术的攻关，2005 年就成为江干区首批 136 优秀中青年人才，带领团队负责多个重大项目。经过十多年历练，如今，寿乐均已是新纪元法人代表，公司也基本完成了代际传承，李深梁渐渐淡出公司具体事务管理，但他的现代企业思想却已深深地影响了寿乐均和每一位新纪元的员工。

“真正的现代化企业，不仅指现代化的厂房和设备，更是指现代化的体制和现代化的思维和文化。新纪元对企业文化的塑造向来都很重视，以特有的文化影响和凝聚员工，是新纪元不断发展的秘诀所在。”

2015 年，新纪元创设周三论坛，李深梁创造性地将佛教经典与企业文化相结合，诠释新纪元“家和万事兴”企业文化内涵。其“和”文化包括“见和”“戒和”“身和”“口和”“意和”“利和”六个方面内容，简称“六和”。

见和同解即目标明晰、沟通有效、技能互补、见解互容；戒和同修即制度至上、简而不杂、平等遵守、修订适时；身和同住即人机物料、各安本位、人物两境、和谐顺畅；口和无诤即少说多干、少责多赞、勤传善法、仅言善语；意和同悦即相互关心、共同精进、心得开明、随缘自在；利和同均即恒佑社会、回报渐丰、公平公正、共享发展。

作为企业文化的核心和灵魂，新纪元以“六和”为核心，全面建立和落实以全员责任为根本、过程高效为目标、系统优化为整体的现代企业新的管理模式，不断提升现代企业建设水平。通过“六和”文化，新纪元凝聚旗下30余家分支机构，做好企业群内部资源整合，起到互补、互促、互进的作用，持续推进新纪元可持续快发展。

“消防生产服务是良心工程，也是功德工程，每一个做消防工作的人都需要有强烈的责任感和使命感，具有慈悲和善的胸怀。”在寿乐均带领下，在“六和”文化的引领下，新纪元将继续践行“不怨人天，多改己过，精进求实，广结善缘”的理念，朝着打造消防领域百年企业目标迈进。

浙江杭州湾建材装饰城里的一片深情

邱宗桥

时光回到2006年，时值“十一五”规划开局之年，临平商贸城刚起步，临平山北大部分地区还是村庄和农田。为积极响应省委、省政府提出的“返乡投资”“反哺浙江”的号召，上海浙商商会副会长、浙江中德房地产开发有限公司董事长邱宗桥毅然投资十多亿元，开发建设浙江杭州湾建材装饰城。

市场崛起，离不开一颗初创的心

在“十一五”规划的时代大背景下，当年的杭州余杭正秉承“开明开放、美丽之洲、品质之城、产城融合”的发展理念，如火如荼地发展交通、民生、环境和产业工程。各项建设突飞猛进，各项事业飞跃发展。大规模的区域改造和大规模的开发建设，为建材装饰行业带来了巨大商机。先知先觉的邱宗桥看准了这一时机，毅然决定兴建浙江杭州湾建材装饰城。

2006年6月12日，作为余杭区百大重点工程之一的浙江杭州湾建材装饰城在临平商贸城举行隆重的奠基仪式。省、市、区各级领导，行业协会、商会代表及来自全国各地和海外的嘉宾共2000余人应邀参加，一起见证了这一辉煌时刻。

时隔三年，一座高大雄伟的建筑楼宇拔地而起，整个项目按照一次规划、分期建设的方针开发部署，浙江杭州湾建材装饰城全面竣工。其占地面积17.8万平方米，毗邻320国道和09省道交汇处，是临平副城规模最大的专业建材装饰城市场。整座楼宇由22层大酒店和28层商务综合楼（即长三角国际商贸中心）、各大精品卖场等19栋建筑组建而成，总建筑面积达31万平方米。

2009年12月6日，浙江杭州湾建材装饰城盛大开业。广场上锣鼓喧天，人潮如云，一条条恭贺的红幅挂满了整个市场外墙，来自建材装饰行业的各大品牌和1000多家商户、厂家纷纷抢滩入驻。

浙江杭州湾建材装饰城的崛起，正好满足了大批商品房小区兴建、农居房拆迁改造、家居品质提升的需求，辐射范围包括临平副城、杭州市区和周边嘉兴、湖州、绍兴地区，也为杭州市区专业市场的整体外迁奠定了基础。

邱宗桥内心昂扬，激情澎湃："浙江杭州湾建材装饰城的顺利开发与建成，将改变以往余杭建材装饰市场规模小、分布散乱、布局不合理的现状，对提升余杭区商贸服务业整体水平、提高全区及周边地区人民群众生活质量，起到强有力的规范、引领和促进作用。"

市场蓬勃发展，为商户搭建梦想创业平台

杭州湾建材装饰城经营交易品种涵盖各类新型的家居建材装饰材料，有灯具馆、家具馆，陶瓷卫浴洁具、家电、地板、五金油漆、电线电缆、

管材、水暖、钢材、板材、窗帘布艺软装、木业、门窗玻璃，扣板楼梯及其他各类家居装饰材料等，是名副其实的一站式建材装饰交易市场。“美家美户，应有尽有”的良好口碑，也迅速传遍杭城内外。

“市场开业后，在各级政府部门的引领下，我们坚持两手抓。”邱宗桥慷慨陈词，“一方面，我们加强各项管理，不断完善市场各项软、硬件设施，改善购物环境，努力学习先进经验，对标星级市场，为广大消费者提供质优放心服务。另一方面，也积极引导商户开展文明诚信经商，不断优胜劣汰，引进知名品牌，为广大经营者搭建一流的创业交易平台。

“消费者称心满意，经营者安居乐业，装饰城稳步发展是我们矢志不渝的追求。”邱宗桥言简意赅地道出了市场经营“三步曲”。

从开业到现在，十几年过去了，一些知名品牌商户早已深耕在此，安营扎寨，享受创业的成功与复利；一些当年初创的小年轻白手起家，也

浙江杭州湾建材装饰城俯瞰

早已成长成型。浙江杭州湾建材装饰城的组建，是他们实现梦想的创业平台。

在做好市场日常经营管理的同时，杭州湾建材装饰城管理团队不断与时俱进，积极开拓进取转型，优化调整区域，开辟588电商园和科创园区，开展“互联网+”业务，引进淘宝客户，为年轻创业者提供优质帮扶，力保市场健康发展。

公益路上，变身他人的暖阳

如今，浙江杭州湾建材装饰城已拥有2000余间商铺和营业房，700余家经营户，共解决就业人口2000余人，成为杭州东部地区较有影响力的专业建材装饰市场之一。而这一切，与其开发商——邱宗桥密不可分。

邱宗桥，浙江温州人。20世纪90年代，毅然辞去家乡的公务员身份和企业领导职务，只身前往上海谋求发展。身处社会大环境下，邱宗桥以温州人特有的经商魄力和领导魅力，吸引了一大批有志之士加盟发展。在他的带领下，先后成立了上海中德实业开发公司、上海中德房地产开发有限公司、扬州中德投资开发有限公司等项目。

期间，邱宗桥历任浙商全国理事会主席、上海市浙江商会副会长、上海市公共关系协会常务理事、上海市松江区商业联合会副会长、上海市松江区工业品专业市场主任等职务。

事业的成功，与邱宗桥推崇诚信有很大的关系，他反复强调，“诚信”是浙商创业的金字招牌。在浙江杭州湾建材装饰城，他只要一有空闲，就会到市场上转一圈，与商户、消费者沟通，掌握第一手信息，研究制定各项切实可行的管理制度和措施，切实解决商户存在的实际问题。他经常说，商户、消费者就是我们的上帝，消费者满意、商户赚钱了，市场就成功了。

回报桑梓是浙商创业的动力本能。像很多浙商一样，邱宗桥在创业取得一番成就时，不忘回报家乡和社会。十余年来，无论身处何方，邱宗桥一直惦念家乡，心系故乡，力所能及，慷慨解囊，致力于慈善和公益事业。先后累计向余杭区、汶川、温州、上海等地区捐款近千万元，用于助学、扶贫、慈善、救灾、修路、助老和政府公益项目。“能为他人、为社会做点小事情，是我内心最大的期待，也是最大的满足！”面对大家的赞许，他谦虚地道出了自己的心声。

在企业蒸蒸日上的同时，邱宗桥积极参政议政。如今的临平山北，与当年已不可同日而语。望梅高架像一道亮丽的风景线环绕着杭州湾建材装饰城。2014 年，邱宗桥就以政协委员的身份，向余杭区政协大会递交提案建议建设高架，如今提案得以实现。事实证明，企业家的远见是事业成功的必要因素，同时也成为推动地方社会和经济发展的重要助力。

荣星村：『中国最美村镇』的创富密码

繁华的荣星村

位于杭嘉湖平原腹地——嘉兴桐乡市屠甸镇的荣星村，最早发端于5000多年前。多年前，村级固定收入仅6万元，是典型的贫困村。2017年，该村实现农业生产总产值2.8亿元，农民人均收入32118元，村级集体经济经常性固定收入达239万元，并先后被评为中国最美村镇、浙江省文明村、浙江省省级中心村、浙江省卫生村、浙江省民主法治村、浙江省绿化示范村、浙江省休闲旅游示范村、浙江省老年旅游养生示范基地等。

同一块土地，迥异的面貌，荣星村的创富奥秘在哪里？

改革是通向幸福的唯一途径

荣星村地势低平，河浜密布。作为浙江省内历史最悠久的村落之一，数千年前就有祖先在这一带生息劳作。良渚时期一度孕育形成文化中心，在村内留下“小六旺”“姚家山”“金家浜”等三个良渚文化遗址。历经悠悠历史长河，从新中国成立至改革开放后很长一段时间，荣星村辉煌不再。

“21 岁，刚到村里工作时，低矮的泥土房，几乎没有一条像样的马路。”“当时唯一的想法是，怎样才能改变村里的落后面貌。”金福良已在荣星村任职长达 35 年，2005 年 4 月开始担任村党总支书记。穷则变，变则通，通则久。上任伊始，积聚了全村期盼的金福良即决定实施改革。

可是，改革怎么改？作为浙江的工业强镇，近十几年间，屠甸镇内工业园区拔地而起，以羊毛衫加工为主导的产业体系不断形成，在推动城镇不断发展的同时，也给村庄带来欣喜和困扰。一方面，城镇道路、卫生、教育等基础设施和公共服务日益完善，给周边村庄带来辐射效应；另一方面，乡村农业基础薄弱，基础设施陈旧，农民增收乏力，城乡发展越来越不平衡。

眼看屠甸镇工业的发展吸纳村里的劳动力，农民对土地的依赖减弱，年轻人都往镇上跑，大量土地被闲置。充满忧虑的金福良首先带领村两委班子一同对村里的存量资产进行盘活，保证集体资金保值增值。又通过完善集体固定资产出租制度，对村集体危房、旧房、厂房进行全面改造提升，实现了村收入的增加。

荣星村风光

与此同时，金福良积极争取项目、政策和资金的支持，以项目来带动村内基础设施条件的改善。仅仅过了三年时间，荣星村筹集资金已达到1400多万元，借助新农村建设的机遇，通过宅基地整理、土地流转等，带动了集体经济收入的增加。

向政策和资源红利要效益

在大力实施改革的基础上，荣星村迎来村庄命运的转折——成为屠甸镇整村集聚试点村，这意味着荣星村的村民迎来了向小城镇集聚的机会，荣星村的活力开始得到释放。

2008年起，荣星村利用政策，规划建设荣星新村点。然而，当时村里的集体经济还是相对薄弱，为了凑齐征地款，金福良咬牙以个人名义向银行贷款60万元，终于启动了工程。

2017年，新村集聚点三期工程已基本完工，又有100户村民搬进宽敞、明亮的新房。目前，新村集聚点已有近300户村民入住，形成了和谐的农村新社区。在新村集聚工作中，荣星村因地制宜，将人数较少的村民自然小组集聚到新村集聚点，而规模较大自然小组则就地进行提升改造。在积极推进新村集聚点建设的同时，荣星村还配套建设了占地8800平方米的标准化荣星农贸市场，规划建造了荣星商贸一条街，大大增加了村集体经济收入。

在金福良引领之下，荣星村坚持以点带面，整村提升，积极发展效益农业、观光农业。2016年，积极打造"美丽乡村"升级版，重点打造了火炉浜、王才斗两小组特色自然村落改造提升，总投资约600万元建设火炉浜公园和恒钜足球公园。之后又引进"荣湖庄园"项目，占地面积258亩，总投资 1.3亿元，集观光、垂钓、采摘、休闲、养生于一体，是目前屠甸占地面积最大，休闲项目最丰富的生态旅游基地。

大项目的落地，最直接的受益者就是村民。庄园还没开业，就已经通过自己的电商平台，帮助农民销售了粉皮2万斤，还有葡萄、土鸡蛋、玉米、茶叶等其他农产品。开业后，该项目吸引了全国各地的游客前来，为村民提供了数百个就业机会。

同年，荣星大道贯通，打通了村庄向外延伸的主通道。从村庄出发，到乌镇大道只需要3分钟，到桐乡高铁站和沪杭高速仅需10分钟，城、镇、村的生活，随着四通八达的交通网络逐渐融合。也由此，荣星的生态优势正逐渐转变为旅游优势，游客纷至沓来。

"接下来，村里还打算把荣湖庄园、荣湖公园、火炉浜公园、火炉浜自然村落、足球场等景点串点成线，以满足游客不同需求。"在金福良马不停蹄的创新改革之下，荣星村终于彻底摘下了头上"落后的帽子"。

地还是那块地，村民还是那些村民，但是，村里的面貌已经发生了翻天覆地的变化，在金福良和村两委班子的共同努力之下，经济效益呈几何级增长，荣星村面前独具特色的兴村富民之路熠熠生辉。

美丽乡村，村民幸福第一位

金福良总是说，当书记就要记得为村民谋福利。在他的带领下，荣星村这些年来一直开展各项惠民服务。最让村民津津乐道的要数村里的配套设施和合作医疗补助、对老人发放补助，以及向学生发放崇学奖等保障福利了。

自 2012 年开始，荣星村对于合作医疗自我缴费部分，村里补助每人 100 元。

为了激励本村的学生勤学向上，鼓励有志青年勇攀学业高峰，荣星村对凡本村户籍，参与高考且考取一本、二本的学生均给予奖励。考取一本的每人奖励 2000 元，考取二本的每人奖励 1600 元。

凡是本村村民，60 周岁以上的老人，每年都会领到不同数额的老龄补贴，60 岁至 79 岁老人，每人发放 300 元；80 岁以上老人每人发放 500 元；90 周岁以上的每人另外再补贴 1000 元。

“农村老人的生活习惯和消费观念与城里老人不同，他们需要更多关怀和个性化服务。”村里占地 120 多亩的荣湖公园内，2016 年，荣星村投资 60 余万元，建成占地 600 平方米的五 A 级村级居家养老服务照料中心，为老人们提供专业的养老服务。每年，村里还会开展各类老年人培训班，定期举办适合老年人的文体活动，更有专门的工作人员走村入户，把测血压、送药买药、身体护理等服务免费送上家门。

加快推进基本公共服务均等化，像城里人一样，荣星村居民正向着党的十九大报告中提出的目标前进。就在新村集聚点附近，集合了一站式服务大厅、文化礼堂、小学、幼儿园、超市等，从办证服务、日常消费到休闲娱乐，村民可以足不出村。村里建造的总投资超过600万元、占地面积160亩的荣湖公园，还配套建设了中心广场、文化戏台、灯光篮球场等，饭后休闲十分方便。

而相比城镇社区完备的医疗设施和服务，荣星村的医疗条件也不逊色。村里有个医务室，常驻两名专职的全科医生、一名专职护士，医疗设备齐全。此外，这里到镇区卫生院不到3公里，看病就医十分方便。

“始终牢记村干部的职责与使命，始终坚持把发展村级经济、改善村容村貌、强化为民服务、提升公益事业、提高群众生产生活水平作为一切工作的出发点。”金福良团结带领村两委一班人，务实创新，村级各项工程蓬勃发展。荣星村先后被评为浙江省文明村、浙江省省级中心村、浙江省卫生村、浙江省民主法治村、浙江省绿化示范村、浙江省休闲旅游示范村、浙江省老年旅游养生示范基地、嘉兴市廉政建设示范村、桐乡市“五好党支部”等。

美丽乡村，何为美丽？在普通老百姓眼里，美丽就是村容整洁、生态优美；美丽就是设施完善、生活便利；美丽就是经济发展、生活富裕。浙江省桐乡市屠甸镇荣星村将“美丽”一词诠释得恰到好处。

『为诚人家』成就百姓身边的好药店

“为诚人家”门店

人吃五谷杂粮，难免有个头疼脑热，大街小巷药店药房的重要性，往往超出人们预想。遍布杭城大街小巷，有一家集药品、中药饮片、医疗器械、保健食品、化妆品、中医询诊、健康理疗、社区卫生服务中心于一体的药店连锁品牌，十多年来开出了近100家连锁门店，经营药品累计达1万余种，500多名专业人员给老百姓带来放心便捷的好体验。这家深具特色的药店就是杭州为诚人家医药连锁有限公司（以下简称为诚人家）。

加盟店直营化管理

为覆盖更广的市场范围，提升药店的市场占有率，业内一般都会采用加盟的方式增加网点，快速扩张市场。然而，加盟店和直营店不一样，因为加盟者的素质参差不齐，一旦发生管理疏漏，就会出现药品质量或者服务质量问题，老百姓往往成为直接受害者。

品牌信誉是第一生命力，为确保加盟店经营管理规范化，为诚人家从加盟条件设置到开店再到对加盟店的直营化管理，对加盟店实施全过程进行品质管控，确保加盟店整体经营水准。

“连锁药店的经营管理和一般连锁店还是有区别的。这区别主要源于药品的特殊性。”为诚人家总经理刘少将表示，为诚人家医药连锁目前主要采取直营、加盟两种经营模式，虽然是两种模式，但是管理要求是一致的。对加盟店管理尤其严格，绝不允许任何不符合药品经营管理规范的事情发生。为诚人家员工都有一个共识，那就是要像爱护自己的眼睛一样爱护品牌信誉。

刘少将表示，为诚人家药店加盟的第一个条件是认同为诚人家品牌，认同为诚人家的企业文化和价值观，遵守为诚人家的管理制度。第二个条件是“统一从总部仓储中心购进商品，接受总部的统一管理”。

“统一采购，这对药品连锁店来说非常重要，只有做到真正的统一采购，才能保证药品的安全可靠。”据悉，总部会有检验检测环节，这是加

热心服务患者

盟店没有能力完成的工作，必须由总部统一实施，以此保证药品安全。

“为诚人家的统一管理是实实在在的统一品牌、统一采购配送、统一信息系统、统一质量管理、统一培训、统一营运管理、统一营销服务。”为确保所有挂着“为诚人家”牌子的店都实行上述七个“统一”，为诚人家开创了“加盟店直营化”管理模式。

“简单说，就是加盟店要和直营店实行同样的管理要求，确保所有门店管理的统一性。”为诚人家的加盟店直营化管理目的，就在于全面提升加盟店的管理水平，通过提升加盟店的服务水平提高为诚人家品牌整体美誉度，更好地打响“为诚人家”药店品牌，让消费者更加信赖为诚人家。

贴心的帮扶政策

为诚人家对加盟者提出了高要求，但是反馈给加盟者的也是高福利。开店前实行“一站式服务”，药店经营所需要的名称核准、营业执照、药品经营许可证、食品经营许可证、二类医疗器械备案证、药师认证/注册证等所有经营性证照由公司专人全程代办。

开店装修进行“一站式服务”：全套成型VI，包括门头、分区、分类、促销、特色标识均有标准模板，可直接授权使用，为药店经营者省时、省事又省力。

开店过程进行全方位的专业培训：对加盟店的经营管理给予全面指导，总部提供包括人力资源管理、药品质量管理、门店基本营销规划、门店商品规划、库存管理及财务辅导等。

在加盟店开店经营后，公司总部还会提供多层次多渠道的支持和保障。比如，将各加盟店划分为不同区域，采取严格的区域保护措施；总部不定期指导各加盟店并安排专业人员对加盟店所在区域进行市场调研，帮助加盟商进行准确的市场定位；派专业人员对各加盟店工作人员进行产品知识和服务流程培训；提供专业的运营管理支持，包括管理、表格手册、相关工作流程，提供远程经营管理维护、咨询及督导；不定期对各加盟店进行巡查、督导、帮助加盟店解决经营管理中出现的各种问题等。

药品安全重于泰山

“药品是一种特殊商品，经营药品，安全是底线，是红线，是高压线。”据悉，为诚人家对药品安全的管理已到严苛的程度——和每个店签订《药品质量安全责任状》。从药品采购、药品入库、药品销售、药品管理等环节层层把关，确保销售出去的每一粒药品都安全可靠。

在药品采购环节，公司严格筛选资质优秀的药厂、商业公司，采购大品牌的商品，从源头上杜绝劣质商品的进入。

门店内景

在药品入库环节，检测人员严把质量关，提高验收入库标准。

在药品储存环节，严格执行分区分类标准，按质量要求标准存储；对接近有效期商品和销后退回商品进行专人管理。

在药品销售环节，详细问询顾客症状，合理搭配用药，特殊顾客进行回访。

药师管理不规范，挂证、离岗的现象是药店零售行业的沉疴痼疾，除了对药品安全的管理非常严格外，为诚人家在药师管理长效机制的建设上下足功夫。一方面提升加盟门槛，具有执业资质的在岗药师是加盟店的必备条件之一。另一方面，激励加盟店店主和员工采取提升学历、加强培训的方式，考取执业药师或初级药师。对获得相应资质的员工给予奖励。同时，邀请相关部门和专家对于“新特药”和新政策进行不定期培训，提高执业药师的能力素质。开展形式多样的药品知识竞赛，组织全体加盟和直营店药师进行药品知识大 PK，获得名次的进行重奖，提升员工积极性和参与性。

自 2007 年成立以来，为诚人家始终贯彻“质量就是生命”方针，把质量放在经营第一位，不断创新，建设长效管理机制，强化内部管理、强化员工素质、强化服务水平，实现管理规范化、服务标准化、质量可控化、操作统一化。以“为人类的健康而全力奋斗”为使命，秉承“让药品更实惠”的经营理念，坚持“客户利益高于一切、全力以赴为您服务”的服务理念，为合作伙伴和顾客提供更优质的服务和商品。

“下一步，我们还会有新的举措。”刘少将表示，“为诚人家医药连锁为了提升整体品牌形象，还会进行品牌拓展和升级，到时会更新为‘老乡大药房’。”

一只环保袋的绿色情怀

怡佳车间

购物需要购物袋、快递需要快递袋、垃圾分类需要垃圾袋……各种各样的塑料袋、包装袋和百姓生活密不可分。这些品类繁多、用途各异的包装袋是怎么生产出来的？它们是绿色环保的吗？它们的生产工艺符合要求吗？生产这些塑料袋的厂家又是怎样的？

浙江怡佳环保科技有限公司就是一家以生产垃圾袋、购物袋等为主要产品的厂家。公司成立于 2011 年，主要生产可降解环保城市垃圾分类袋、可降解环保商贸集市购物袋、可阻燃工业塑料包装薄膜（袋），可降解母料等，能满足各行业功能性塑料薄膜（袋）的需求，是一家集研发、生产、销售于一体的综合性企业。

发展迅猛的怡佳科技

塑料袋是现代社会的一大发明，一只薄薄的袋子为人们的生活带来极大便利。

然而，早年的塑料袋多为不可降解，给老百姓的生活带来方便的同时，也带来灾难——不可降解塑料袋埋在地下要经过大约一百年才能腐烂，并且严重污染土壤；如果采取焚烧处理方式，则会产生有害烟尘和有毒气体，长期污染环境。

因此，很多国家实行“限塑令”。有些地方甚至提倡回到过去，用竹篮、布袋等来代替塑料袋。不过，塑料袋的便捷又是竹篮等无法替代的，所以，后来，通过不断的技术研发，塑料袋的可降解技术取得突破，制造成本大大降低，绿色环保的可降解塑料袋一推向市场就受到了消费者的普遍欢迎。

“2010年前后，绿色环保塑料产品发展获得良好的市场机遇，无论是政策层面还是整个社会的公众意识都非常支持。”说起塑料包装行业，赵晓华兴味盎然，“我们的发展离不开这样的大背景，这也是为什么我们一开始就以生物可降解产品为主打，我们的产品一定要绿色环保，既要给消费者提供便捷，也要保护好我们的地球，做到双赢。”

走在正确的道路上，公司成立时间虽然不长，但发展迅猛，仅仅成立2年时间后的2013年，公司就从乔司街道搬迁至运河街道，厂房、生产设备等硬件和人员、制度等软件都得到极大更新，产能也大大提高。用创始人赵晓华的话说，“搬迁新址就是鸟枪换炮，准备大干一场了”。

一只环保塑料袋的出品

确实，2013年至今，公司年产环保袋增加到3000吨，拥有先进的凹版彩印机、大型吹塑机、高速电脑制袋机等生产设备和多条自动化塑料线等先进设备，形成了集研发、设计、出膜、印刷、复合、制袋、检测一条龙生产流程，从一个小型的塑料包装袋作坊发展成为现代化规模化企业。

公司产品品类不断增加，目前的产品广泛适用于城市社区、超市商城、农贸集市、医院、服装包装、食品包装、工业电器包装等行业。产品质量不断提升，围绕生物可降解这一技术核心，开发出可降解环保购物袋、可降解垃圾分类袋、小区垃圾袋投放设备平台等。其塑料袋产品燃烧率99.97%，生物碳含量33%，承重性能好，无异味，深受客户青睐。

“优质的产品不是凭空产生的，是全体怡佳环保人共同努力的成果。”赵晓华说，公司创立之初就秉承“质量是企业生存之根本”的管理理念，导入ISO9001质量管理体系，规范每个生产环节，提升质量管控能力。同时在员工中大力开展质量培训，将质量管控渗透到每一个环节，确保怡佳环保出厂的每一个塑料袋都是优质的，是符合客户需求的。

比如该公司主打产品——生物降解塑料袋（膜）是指一类由自然界存在的微生物如细菌、霉菌（真菌）和藻类的作用而引起降解的塑料。理想的生物降解塑料是一种具有优良的使用性能、废弃后可被环境微生物完全分解、最终被无机化而成为自然界中碳素循环的一个组成部分的高分子材料。

可降解性就是可降解塑料袋的一个重要标准，为了提高产品的可降解性，怡佳环保科技在采购原料上选择业内的大品牌商，采购优质的母料。同时加大自主研发投入，采用自行研制的可控降解淀粉基热塑性降解母料（助剂），与通用薄膜聚乙烯树脂（PE）等混合，经先进工艺控制，通过吹膜成形而制成，降解时间可控，降解品质可控，降解范围可控。

同时，为了突破可降解塑料袋拉伸和承重性能低于普通塑料袋的技术难点，该公司降解母料基材采用聚乙烯材质，生产出的可降解塑料袋类产品拥有着与普通塑料制品相近的密度，同时机械拉伸力、承重能力、透明度方面均大幅提高。

为环保事业奉献自己的一份力量

正是这种以质量为根本的理念，使得公司在短短几年内以卓越的产品品质赢得了市场，也获得了政府部门和社会各界的广泛认可。

“看似薄薄的一只塑料袋，其实里面也藏着大学问，尤其在基材的研发上，还有很多需要突破的难点和可提升的空间。”比如，目前，可降解塑料袋在可降解性和承重拉伸等使用性能上还存在一定的矛盾，要达到理想的降解状态，还需要对原材料做进一步的研究和实验。后续的干燥、混合、成形、印刷、检验检测等工艺流程也有改进提升的空间。

为了保证降解性能稳定，生产过程中必须使用性能同样稳定的聚乙烯全新料进行生产，并且严禁添加回料（众所周知，回收料来源繁杂，且多不纯净，同时由于是使用过后回收再利用，在各项性能方面难以控制）。

正是做到了从采购原料到生产过程的每一个细节把控，再到产品检测，每一个环节质量品质的管控，该公司生产的塑料袋的可降解、可拉伸和承重等技术指标才符合客户要求，赢得了越来越大的市场。

近年来，该公司在阻燃材料研制上也取得了较大进展，推出工业包装袋、阻燃膜、工业包装膜等新型防火阻燃产品，广泛应用于保温材料、绝缘材料、环保材料的包装运用。

人类从自然中来，人类的一切活动都应该尊重自然，保护自然，大到探索宇宙时不要留下太空垃圾，小到生产一只小小的购物袋，今天所做的一切如果损害了自然、损害了环境，明天将会付出十倍百倍千倍的代价。保护环境，建设生态文明，这已经是今天人类的共识。

赵晓华说，正因深刻意识到环境的重要性，公司塑造了“致力于环保事业，服务绿色生活”的使命愿景和价值观。在这样的使命愿景引领下，公司踏实奋进，凭借出色的产品质量和良好的企业信誉，成为杭州市和周边地区政府采购城市环保垃圾分类袋重点入围单位。近些年来，公司先后获得中国国家环境标志认证、环境管理体系认证证书、职业健康安全管理体系认证证书等荣誉和资质认证，在业内声名鹊起。

立足环保事业，未来，公司将以浙江杭州为中心，向更广的长三角地区辐射，并将继续以市场需求为导向，研发一流原料，发展多种应用，致力于成为环保事业的先行者，引导消费需求，不断拓展环保原料应用领域，持续推进产品与服务创新，奉献高品质环保产品，让人类的工作和生活环境更加洁净。

以专业测绘谱写新时代好故事

杭州同济测绘公司一角

说起测绘，大部分人比较陌生，老百姓惯常理解中的测绘大概就是在马路边、建筑工地上头戴安全帽、手持测绘仪器的人员。实际上，测绘是一个专业性非常强的行业，字面理解为测量和绘图，是以计算机技术、光电技术、网络通信技术、空间科学、信息科学为基础，以全球导航卫星定位系统（GNSS）、遥感（RS）、地理信息系统（GIS）为技术核心，选取地面已有的特征点和界线并通过测量手段获得反映地面现状的图形和位置信息，供工程建设、规划设计和行政管理之用。

测绘离老百姓生活并不遥远，小到旅游地图、手机导航，大到国家气象卫星遥感影像都涉及测绘。在地铁、高速、水利设施等交通基建建设中，在土地勘测、房地产开发建设中，测绘都是不可或缺的先行军和检验者。

新中国成立尤其是改革开放以来，杭州的城市建设进入高速发展期，无论是交通、水利、通信等城市基础设施建设，还是土地开发、房产建设，全都进入高速井喷期，人们对测绘服务的需求也越来越大。杭州同济测绘有限公司（以下简称同济测绘）恰逢其时，赶上了好时代。

从亚运场馆到杭州地铁
15年完成上万个测绘项目

抓住测绘市场逐渐放开的机遇，2004年，同济测绘在杭州市余杭区沿山路179号挂牌成立。2006年，同济测绘调整战略，打破传统测绘的旧观念，立足新型测绘企业，进行全方面软硬件升级，是当时余杭第一家试行新型测绘模式的测绘单位。2011年，同济测绘升为丙级资质，为企业深化发展打下了基础。2012年，同济测绘老余杭办事处开张。2014年，同济测绘从沿山路搬迁到南苑街道金鑫大厦19楼，标志着公司发展进入新阶段。2017年，同济测绘成功升为乙级资质，同时大江东分公司和萧山分公司的成立，为总公司扩大业务发展奠定了扎实基础。2019年，同济测绘紧随数字化和信息化时代发展步伐，实现从传统测绘向地理信息服务型企业转型。

15年来，同济测绘参与实施了亚运场馆改建、杭州地铁、宣杭铁路、京杭运河二通道、阿里达摩院、之江实验室、320快速路、东湖高架、东西向快速路、良渚遗址综合保护工程，以及余杭区种粮大户地理信息管理平台建设等项目，累计完成项目上万余项。

与此同时，同济测绘也为杭州地铁集团、余杭区交通集团、余杭区交通运输局、临平新城、未来科技城、余杭经济技术开发区、良渚新城及其他职能管理部门提供优质服务，并携手绿城、万科、国网电力、中国移动、中石化等集团，共同探索实践新型测绘服务模式，均赢得了市场高度认可。

赶上好时代
用专业叩响市场大门

说起公司近年来的飞速发展，总经理李军认为："首先要感恩这个时代，中国的城市化进程发展迅猛，杭州这些年的发展令人瞩目。同济测绘抓住时代机遇，迅速成长起来。"

企业的发展离不开大时代下社会发展的背景，更离不开企业管理团队和员工的努力奋斗。同济测绘整个团队的辛劳和汗水，印刻在一块又一块的奖牌、一座又一座的奖杯中。"荣誉从来属于埋头苦干、勤奋勇敢的人；奖杯从来属于不怕艰辛、开拓事业的人。"

数字制图中心

据李军介绍，如今的同济测绘是专业从事测绘航空摄影、摄影测量与遥感、工程测量、不动产测绘、地理信息系统工程等为一体的乙级资质测绘单位，业务涵盖广，技术应用于城建、地质、交通、房地产、水利电力、能源等多个领域，长期活跃于城市建设的第一线。

同济测绘内设数据采集中心、数字制图中心、空间信息中心、前期事业部、创新事业部五大生产部门，建立了一套完整的从报批报建、数据采集、数据加工、数据库建库到系统开发及应用于一体的现代测绘生产技术体系。在 3S 技术与 4D 产品应用等方面积累了丰富经验，并在地理信息系统建设、地籍测绘、房产测绘等方面形成特色，具有承担大型测绘地理信息工程的能力。

同济测绘的核心竞争力

人才制胜是硬道理。同济测绘汇集了各类高、中、初级专业技术人员近百人。通过公司人才培养计划，打造了一支技术精湛、敬业负责、诚实守信、服务规范的专业测绘团队，致力于为客户提供优质技术服务。

核心技术是第一生产力。同济测绘以技术进步作为参与市场竞争的支撑点，实现基础装备的实时跟进。公司配备高精度全站仪、水准仪、GPS-RTK、管线探测仪、地质探地雷达、三维激光扫描仪、无人机、无人船等一大批精良的测绘生产装备及国内外主流测绘与地理信息软件，拥有多项专利、软件著作权。

“专业的人才队伍和核心技术水平正是同济测绘这些年不断发展壮大的秘诀。我们不忘初心，牢记使命，始终肩负社会责任，参与义务献血、爱心捐款等多种社会公益活动，助力推广测绘法宣传，倡导文明新风，弘扬中华传统美德，大力推动精神文明建设，彰显新时代测绘青年的新风范。”李军侃侃而谈，“2019年，同济测绘成立了工会，旨在关爱员工生活，积极组织员工参加各类运动会及户外素质拓展，并安排定期体检、举办节假日团体活动和员工旅游，以营造良好和谐的工作氛围。”

“感恩我们生活在这个伟大的时代，感恩我们生活在这个伟大的国家。”李军表示，祖国的繁荣昌盛使得有梦想、有追求的奋斗者获得了实现梦想的机会，各行各业的人都能在这个时代找到属于自己的机遇，迎接各种各样的挑战，取得各自领域里的成功。同济测绘就是这个大时代里的幸运儿，也是这个大时代里的弄潮儿。同济测绘将继续奋勇搏击，开创更加美好的未来！

公司配备的无人机测绘装备

汪木英：奋战于一线的78岁老中医

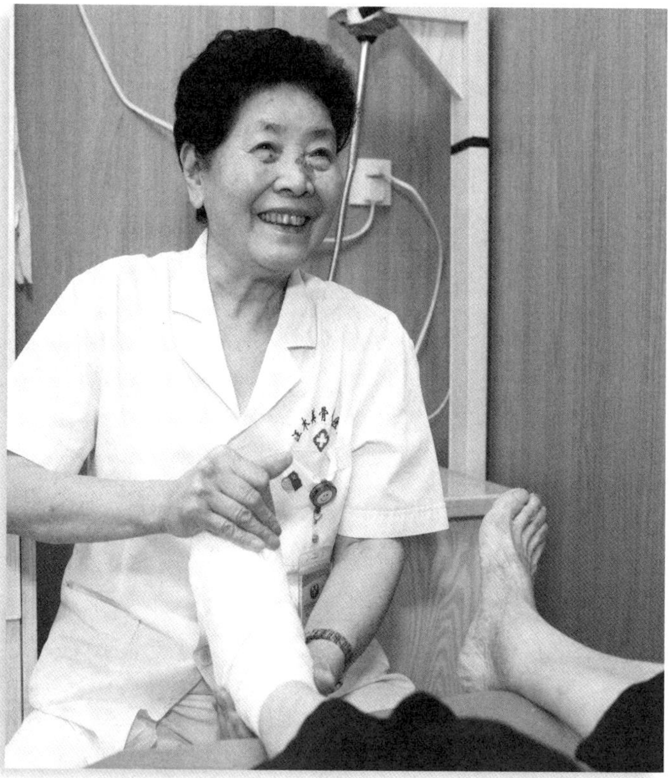

汪木英贴心服务患者

作为中华文明最集中体现的中医堪称中国之国医，而中医特色诊疗，往往有其神奇的魅力。杭州富阳汪木英中医骨伤医院是一家以传统中医为主，集医疗、康复为一体的非营利性的综合性医院，是省市医保农保定点单位。随着医学发展，医院设施设备与时俱进，先进医疗仪器设备、高精尖人才扎堆。尽管如此，这家医院用一张杉树皮、一贴百草膏和一碗汤药替病人接骨疗伤的传奇故事仍历久弥新。而至今行医60周年，救助病人不计其数，先后获全国“五一”奖章、全国优秀卫生工作者、浙江省劳动模范、浙江省万名好党员的汪木英也留下了数不尽的动人故事。

医者先锋，仁心为民

汪木英是富阳东图上图山人，17 岁开始师从著名中医骨伤科医师张绍富，刻苦学医多年。此后，在中医骨伤医师岗位上一干就是60 年，如今已 78 岁高龄的她依然坚守在医疗一线，每周接诊数百位患者。

她说："当医生就是一辈子的事业，热爱这个职业就要全身心地投入，一心一意为患者服务。"她还表示："我不会退休，看病看到终老为止。"

几十年来，汪木英下功夫花心思钻研中医骨伤科，积累了丰富的临床经验，让中医中药特色诊疗的独特效果充分发挥。注重气血的汪木英认为，人体是由脏腑、经络、皮肉、筋骨、气血、津液等共同组成，从而在实践中形成了"整体辩证、手法整复、杉树皮固定、内外兼治、骨筋并重、动静结合、功能锻炼"的中医骨伤诊疗特色，她研制的百草膏外敷治疗法，每年应用于数以万计的骨伤患者，临床疗效显著。

弟子陈晓群医师说："汪木英是我的良师，更是益友。我从学校毕业，就非常荣幸地跟随她学习中医骨伤治疗，至今已有 30 年。"在汪木英身边抄方，她教弟子们中药按八纲、卫气营血、阴阳、虚实辩证去配伍，平时要看些什么书，怎么思考疾病的变化，每个环节，她都严格要求弟子们认真处理。

比如，患者叫痛，一定要找出原因来。一次，弟子们给胫骨下段骨折的病人给予手法正骨并杉树皮夹板固定后，病人仍感疼痛，弟子们始终找不出疼痛的原因。于是请教汪木英，她轻轻拆开夹板，调整骨突处保护垫及松紧度，病人疼痛仍未缓解。汪木英再一次重新体格检查，考虑腰椎骨折。结果不出所料，病人腰椎轻度骨折，如汪木英所言，“仔细询问病情非常重要”。

汪木英的手法复位技术相当高超，很多疑难骨折都能在汪木英手中完美复位，如小儿骨折可达到百分之百对位，避免手术的二次伤害，而且还减轻了经济负担。

院长示范，院风大爱

她对待病人亲如家人，问诊仔细，并亲手为每个患者做体格检查，为每个病人悉心把脉，在把脉的同时嘘寒问暖，做到把中医的望、闻、问、切与人文关怀相统一。因患者较多，汪木英早上五六点钟就在门诊看病。午休时间，她经常嘴里还嚼着饭又在看病了，为的就是让外地患者能早点看好回家。汪木英60年如一日扎根基层，用过硬的医术全心全意为人民服务。在她心目中，病人的健康始终高于一切。

汪木英的骨折手法整复杉树皮固定保守医疗技术，很好地传承了我国中医骨伤精髓，在杭州、金华等省内甚至省外多个地区产生巨大影响力，每年数以千计外地病人慕名而来。60年来，汪木英诊疗病人近90万人次，在医师这个平凡的岗位上，发扬着认真敬业、兢兢业业、专注专一的可贵精神。

2019年医师节，富阳人民广播电台专门开设讲述栏目——《我心目中的汪木英》以表彰汪木英的医者情怀，但汪木英却说：“我是一名普普通通的医生，做好医生是我的本职。作为一名共产党员更应该严格要求自己，病人找我来看病这是他们对我的信任，应该尽最大的努力帮助病人解决病痛。我一直都记得入党时候的初心，我还要继续把我所学到的技术传承和发扬下去。”

榜样的力量是无穷的。在汪木英高尚医德、高明医术的引领下，全院

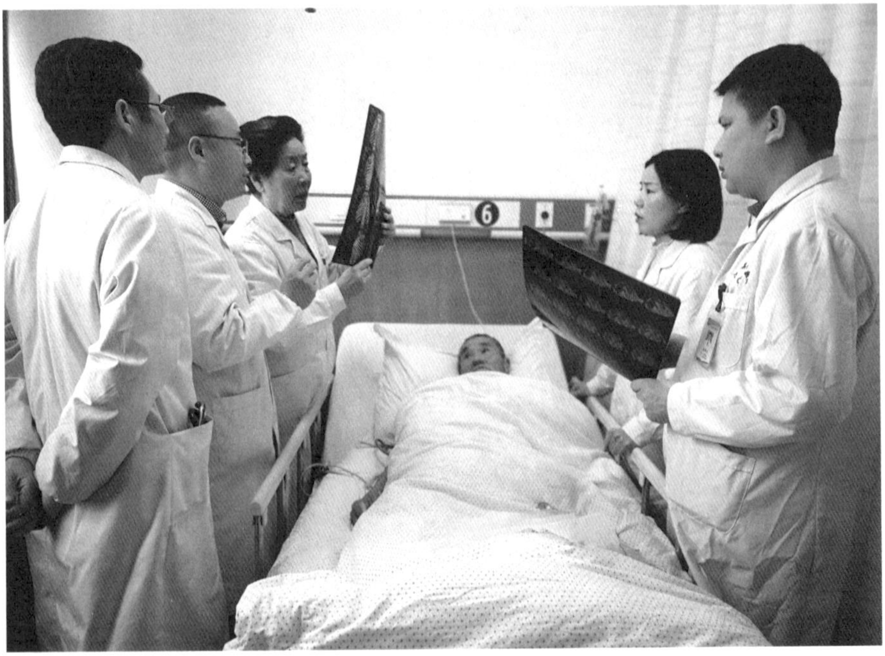

救护江西病者

“您的健康，我的心愿”服务宗旨得到发扬光大。

2019年2月13日，家住江西南丰县的曾老伯，因电动三轮车侧翻，导致肩胛骨粉碎性骨折，24根肋骨断了15根，其中3根肋骨多处骨折，压迫左肺，导致胸腔积液，住进了当地医院的ICU病房。

曾老伯的女婿是富阳万市镇人，信任家乡医院的续骨疗伤技术。于是，打电话给杭州富阳汪木英中医骨伤医院业务院长胡海军，希望医院派车将曾老伯接过来治疗。

从富阳新登镇到江西南丰县，有600多公里路程。起初，医生团队有些许犹豫与担心：“这么长距离的转院，医院还没有过先例，而且风险系数很高。”但胡海军始终有一个信念，“患者与家属都这么相信我们，我们没有理由拒绝，更不能让他们失望！”

待曾老伯病情相对稳定后，汪木英中医骨伤医院外科主任金锋平主动挑起重任，不顾自己有伤痛，将曾老伯安全转院。在汪木英的组织下，医院的内外科专家团队精心会诊，克服血气胸带来的手术难度，顺利为其施行内固定手术。

曾老伯虽然73岁了，但还是家里的顶梁柱——儿子和儿媳在外地打工，孙女在读大学，曾老伯还要照顾中风的老伴和上小学的孙子，平时靠种橘子与养鱼赚点钱。得知他家的实际困难后，医院领导决定对医疗费用进行部分减免，患者和家属十分感激。

红色引领，绿色医疗

为提倡全民健康，弘扬社会志愿服务精神，提升中医药文化建设和服务水平，汪木英中医骨伤医院创建了一支“最强支部”的“党员义诊队”，以“病患至上，严谨求精”的口号激励团队。

医院党支部书记汪利平说，党员义诊队的建立，做到了党员干部下基层，健康医疗惠民生；党员讲师团的建立，做到了党员干部下基层，健康教育惠民生；志愿者团队的建立，实实在在为患者带来了便利；先锋党员的培养，形成了凝心聚力为病患党员带头做模范的良好氛围。

该医院“党员义诊队”不定期深入村镇、企业、敬老院开展义诊活动，每次活动由内科、外科、中医科、骨伤科、针灸推拿科等专家团队组成，他们在义诊现场开展小针刀治疗、针灸推拿、“把脉”开具中药处方及发放健康知识宣传折页等活动。“绿色医疗”受到了患者及大众的欢迎。

汪木英与弟子们

亲民的汪木英中医骨伤医院党员义诊队还发动青年医护人员来到美丽的上山村，开展送医送健康义诊活动。村民们将义诊队医护人员围得水泄不通，土生土长的上山人马顺洪医师，凭着他过硬的针灸推拿技术征服了一方百姓的心，村民们左一个阿洪右一个阿洪，令他忙得不可开交！

又一次，当他们组织义诊队来到曜阳国际老年公寓义诊，当老人们得知汪木英医师亲自带队义诊激动不已。活动原定于9点钟正式开始，老人们早早地就在等候了。“汪木英中医师我们早就认识了，我颈椎痛了很多天了，刚好让汪院长诊治一下。”原定的专家号早早地预订一空，为了不让老人们失望，汪木英现场增加号子，直到看完所有病患。

汪木英中医骨伤医院党员义诊队，弘扬传承中医文化，倡导“绿色医疗”下基层，奉献社会。医护人员在义诊全程中真心、真情服务，在细微之处体现关心，在点滴之间凝聚爱心，他们用真心、贴心、耐心、细心温暖了广大患者，以实际行动践行了初心、使命和以“人民健康为中心”的理念。

吴江达的『百穗』餐饮服务梦

吴江达

“农产品种植和餐饮是民生行业，是良心行业，既然选择了这个行业，我就要风雨无阻地走下去！”出身农民子弟，全国第八届农村青年致富带头人，杭州百穗农副产品销售有限公司（以下简称杭州百穗）董事长吴江达有一个了不起的餐饮服务梦。

聚焦发展

杭州百穗是杭州市级农业龙头企业。目前，旗下拥有杭州百穗农产品种养殖场、百穗农副产品销售有限公司、百穗食品有限公司、百穗餐饮有限公司、千盅速餐饮有限公司等多家现代化企业，并已逐步形成集种养殖、食品加工配送、中央厨房餐饮服务、社区食堂、学校食堂托管等为一体的从田头到餐桌的全链条服务模式。

农场是吴江达事业的起点，也是百穗版图重要的一块。

20世纪90年代初，吴江达只身闯荡杭城，租地种植绿色蔬菜。勤劳加上智慧，农场规模越来越大，被评为浙江省无公害农产品（蔬菜）生产基地、杭州市首批安全食用农产品追溯示范基地，公司成为杭州市第十四批农业产业化龙头企业。“百穗蔬菜”被浙江省农业厅认定为无公害农产品，并连续获省农展会金奖。

“农产品销售不同于一般产品，它有特殊的保鲜要求，自有物流将大大提高产品的配送能力。”吴江达成立杭州百穗农副产品销售有限公司，拥有农产品物流专用车辆、冷库冷藏设施、食品安全检测实验室等，百穗的自有物流跑出了新鲜加速度，为蔬菜良好口碑插上腾飞翅膀。

有了高品质好食材，为什么不延伸加工产业链？于是，杭州百穗食品有限公司注册成立。公司主要从事食品研发、生产加工，取材于百穗自己的生态农业食材，采用先进的工艺生产加工。目前，百穗食品主要加工肉米金圆、家乡肉圆、加州大排等，品类不多，但食材好，深受消费者青睐。

杭州百穗餐饮有限公司是吴江达涉足餐饮业后注册成立的又一家公司。公司主要以食堂托管服务为主，目前已有10年以上食堂经营资质，拥有专业管理服务团队，服务杭城多家企事业单位。

2014年对吴江达而言是非同寻常的一年。这年年底，杭州千盅速餐饮有限公司注册成立，标志着百穗中央厨房项目正式落地，中央厨房生产面积近4000平方米，从封装到配送在两个小时之内完成。2016年，公司经过层层筛选，成为G20杭州峰会供餐企业之一。

这一年，吴江达社区老年食堂发展也迈出关键一步。为老人解决吃饭问题，吴江达推出了以“爱心、善心、孝心”为出发点的“百穗·堂”无油烟老年健康食堂，目前，百穗社区老年食堂在杭州已有 12 家门店。

百穗餐饮还承揽了另一项利润微薄但要求高、资本不太青睐的民生项目——学生营养午餐。目前，百穗每天提供 8000 份学生配餐，为 30 多所学校解决后顾之忧，其中百穗餐饮托管的某中学被评为全国学生营养与健康示范学校……

浅谈初心

“不忘初心，牢记使命”。之所以选择农产品种养殖作为创业的起点，吴江达直言，是因为发现自己虽然离开了农村，但对农业和农村的深情一直没变，自己的根一直在农村。

从 1995 年选择种养殖开始创业，吴江达就没有离开过农产品种植加工这个行业。当吴江达在种养殖和农产品销售方面累积起一定的经验，吴江达就和老家的农民专业合作社合作，给他们提供种子、技术，签订长期购销合同。

“家乡的农产品品质上佳，但销售渠道稀缺，很多时候农民丰产不丰收，瓜果蔬菜烂在地里卖不出去，让人看在眼里痛在心里。”也正是因为在带领农村农民致富路上做出的成绩，吴江达被团中央和农业部授予“第八届全国农村青年致富带头人”的荣誉称号。

2001 年，吴江达注册“百穗”蔬菜商标。说起“百穗”的由来，吴江达笑言，“百”意为多种多样，“穗”则代表着农业农产品。“创业之初，我就已在考虑农产品多样化种植和加工销售。”从田间地头的种植源头开始，收购、运输、配送，除了销售初级农产品外，还可以将自有农产品经过加工烹饪做健康熟食，或者提供给托管食堂，进行农产品的一站式服务。

“一直朝这个目标努力，为老年食堂取名‘百穗堂’，与‘百岁’谐音，对老人寄予美好希望。”和吴江达接触过的人都有一个感知，就是老吴不像商人，他身上有一种强烈的社会责任意识。近年来，吴江达主要从事的社区老年食堂和学生餐饮业务，都是食品安全要求高、利润却微薄的行业，但是吴江达却一头扎进去，而且一做就是好多年。

谈起做老年食堂的初衷，吴江达说，缘于2014年的一次政协调研。他注意到，很多社区里小卖部、棋牌室等设施齐全，但总感觉少了点什么，后来一想，是缺老年食堂，就想借助公司资源，把老年食堂开起来。

吴江达参加政协会议

次年，吴江达开始行动。望江街道、南星街道、小河街道……一路探索一路前行。

社区要求无油烟经营食堂，吴江达就打造“中央厨房+社区配送”的餐饮服务模式，在公司中央厨房先进行初加工，再配送至社区里进行烹煮；老年人生活节俭，吴江达就把菜价定在6元一荤两素，但是质高量多，老年人吃得实惠，社区也很支持，社会效益很好。

目前，吴江达在杭州开出的十多家老年食堂，专业化服务周边30多个社区的老人和社区工作者。后来，他又将户口不在杭州但临时来杭照顾孩子的老人一并列入食堂的服务范围。“解决社区老人的吃饭问题，也是为社会和谐稳定发挥作用，这不是用钱可以衡量的。”

吴江达充分发挥政协委员带头作用，连续两年在杭州市政协全会上就“加快社区老年食堂发展”提交提案，建议政府合理补贴、精准扶持，帮助餐饮企业坚守老年社区食堂这份事业，以唤起更多人对老年人用餐的关注。

确保食品安全

食品安全重于泰山，吴江达亦极重视食品安全。

“百穗的老年社区食堂和学生午餐配送服务的是老人和孩子，一老一小食品安全问题必须确保万无一失。”

从田头到灶头，吴江达筑起安全链。从绿色种植养殖到生产加工，建立全程追溯系统，确保食材安全可靠；在生产车间，建立全流程监管机制，从人员到产品，从生产到包装，实行360度监管无死角；在物流运输上，统一着装、统一定制、统一配送、统一管理，从车辆设施到驾驶员意识均严格执行食品安全制度规范；在食品成品环节，则实行全部留样、全程检验。

“总结起来就是：百穗旗下公司间互相协作，自有基地生产、采购，自有物流配送，中央厨房统一生产加工，直供终端餐饮项目服务店，最大限度发挥百穗食品加工的时间和成本优势，打造从农田到餐桌的全程可追溯、可监控的食品餐饮供应链。”

“食品加工配送是良心行业，我们对食品安全的要求严格到鸡蛋里挑骨头，如果检查出问题，哪怕只是品相不好，我们都一律返工，一定要保证送出去的饭菜，又好吃又好看，又卫生又健康。”

这是吴江达作为食品企业家，对社会的承诺，对行业的引领：保证每一种原料的可靠监测，每一道工序的规范操作，每一个岗位的有效监督，每一个产品的优质可靠。百穗如今的食品加工和餐饮服务事业蒸蒸日上，可吴江达说，“‘为老服务送餐企业’和‘示范学校食堂’这两块铭牌，我看得最重，我们做企业，不仅是赚钱，也是为社会的发展做贡献，我要尽我所能，不留遗憾。”“既然选择了远方，便只有风雨兼程。”

周巾纭和他的『展恒人生』

周斌

只要在清晨八时走进浙江展恒控股集团有限公司（简称展恒集团）会议中心，你就会被一阵阵热情洋溢所吸引，期间还夹杂着欢呼、喝彩与鼓掌。你或许以为那是一场期许已久的庆功会，但那不过是展恒人每天必修的分享早会。

时刻保持高昂、愉快的工作激情，既是周巾纭的自我要求，也是对全体同事的一致要求。在人生最宝贵的岁月奋力拼搏、一展宏图，并以“做一辈子事业”的心态持之以恒，正是周巾纭创建展恒集团的根本初心。

“没准备”中开启事业之路

和周巾纭交谈很有意思，你会发现，他总是习惯将事件发生的日期，用某种不容置疑的精准度来提起。一方面或许是受职业素养影响，另一方面，那些事情对他来说也相当重要。

父辈从温州老家一路拼搏，最终在上海创下殷实家底，并寄望子承父业，但周巾纭却“没领情”——他满心想的是外出打拼另一片天地。这种本见于武侠小说中的桥段，不想发生在自家身上，为此周父极其反对。在一番沟通无果之后，周巾纭带着两千元盘缠走出了家门。

“2009年2月9日，一个人从上海闯到杭州，20岁。”兜兜转转一个月，周巾纭没有随遇而安，他始终认为：年轻人不能享受安逸的生活，否则就会扼杀斗志。为此，他最终在一家专业从事代理记账的企业落脚，与众不同的是，他选择的是无底薪销售岗位。一方面，这份破釜沉舟式的决定让他无退路；另一方面，公司里年轻积极的企业文化也让他倍受激励。

但当他开始着手销售工作时，才发现自己根本是“门外汉”。三个月里，他没有做出一笔单子，收入成了问题，生活的压力直接摆在眼前。最困难的时候，周巾纭每天只能靠干吃馒头度日，饥一顿饱一顿，甚至睡过网吧、在桥洞下过夜，落魄至极……周巾纭说，那段日子里最怕的就是和父母通电话，他不停地隐瞒、强调自己过得很好，但挂电话后，心里却五味杂陈，痛楚难当。

“在一家职工流动性如此大的公司里，知难而退不是件稀奇事。但我不想那样，我想：如果我走了，那日后遇到困难时是否还得离开？别人能做到的为什么我做不到？我对自己说，有了困难，一定要敢于面对，才能解决一切问题。”

周巾纭仔细分析失败的原因，首先是自己不够专业。由于“半路出家”，即便面临同等的培训机会，自己能学到的还远远不够。为此，他想出一个“土办法”——每天严格要求自己找领导问三个问题，每个问题势必打破砂锅问到底。这些问题看似简单，但在周巾纭的追问下，往往延伸到财会、行政、管理、法律等多个深层领域。

如此坚持了3个月，他开始频繁地签单子。其中一位老客户对他不吝赞词："你知道吗？在你们公司，你可能比80%的人都专业。"

给事业一个"一生允诺"

如果从周巾纭身上总结两个特点，熟悉的人会给出"不服输"和"看得见别人优点"两个答案。要强的性格让他不避困难，而会找差距则让他善于"拿自己开刀"。周巾纭身边曾有一位行为扭捏的男同事，当别人戴上有色眼镜看时，周巾纭却发现他常常在分享会上勇敢地上台，这让周巾纭感慨万千。他暗下决心，逼自己每次分享会上第一个上台演讲。

"服务业的本质是沟通，不管做什么事情，首先要自信地展现自我。"

从原公司离开之后，周巾纭以工作室的形式初尝创业之趣。那期间有顺利也有失落，有喜悦也有肆意，然而两年过去，周巾纭突然发现看似自由的日子背后，其实什么都没沉淀下，这让他坐立难安。经过慎重思考，他终于在2012年3月14日的那一天成立了展恒财务管理有限公司，正式踏上创业之路。

"在意欲发展的道路上，没有一颗恒心是不可能成功的。挑白色情人节成立展恒，也算是一种'明志'——要拿出娶妻一般的态度，做一辈子的事业。"

有了市场基础的周巾纭一路顺风顺水，在他的经营下，公司很快在业界小有名气。2013年，几位朋友找到周巾纭，提议合伙投资扩大公司规模，周巾纭欣然应允。可事与愿违，由于缺乏有效的合作，合伙经营陷入难以为继的困境，最终以拆伙了之，周巾纭回到了一无所有的状态。

2013年7月1日至7日的一周时间里，离开合伙人的周巾纭犹如“神差鬼使”一般，一个人租好办公室，布置好设备，召集六个员工开始崭新的征程。这一回，他将办公室当成了家，每天寸步不离，实在太忙了干脆就定好闹钟睡在办公室，第二天又赶在同事上班之前端坐于桌前……如此状态维持了数月，周巾纭不仅还清之前所欠的投资款，还逆势增长，实现了公司的快速盈利。

经历过创业的激情与坎坷，周巾纭开始用一种冷静而客观的眼光审视事业。他发现，杭州的传统代账行业实际是相对封闭的，大部分企业固守门户之见，彼此缺乏往来，更没有可以沟通交流、抱团发展的平台。长久以往，一旦面临新思维、新势力的冲击，将馈如散沙。

周巾纭的直觉没有错。2015年前后，互联网潮流来袭，杭城的代账行业瓶颈骤现，一夜之间风声鹤唳，用周巾纭的话说：“这个行业突然变得陌生了。”

大格局创造大未来

“面对变局，只能学习。想要改变口袋，先改变脑袋。”

周巾纭奋起直追，从没如此迫切地渴望过给自己充电。他频繁地参加各种企业家进修班，关注商业课程，并主动走出浙江，到全国各地拜访行业佼佼者、企业大佬，学习优秀的发展经验。他骤然发现：企业的规模大小，离不开老板的大格局；行业的生存境况，离不开“领头羊”的大格局。

“协会就是企业的家。那时候全国总共有20余个代账行业协会，唯独杭州没有。如果没有这个家，整个行业会变得鱼龙混杂，良莠不齐，没有人会思考行业的走向，最终面临下坡路。”

广州深圳是周巾纭外出取经的最后一战。在结识本地最优秀的同仁并热议行业的未来之后，周巾纭兴奋难挡，彻夜难眠。他突然意气风发，对同行的两位伙伴宣布道："杭州市代理记账行业协会今天正式成立，回去即刻着手落地事宜。"说完专门组建了微信群。

经过六个月的发起及审批流程，周巾纭在浙江省内率先带头，引领六家单位共同排除万难，破除各方疑虑，最终于 2016 年 6 月 26 日在浙江省人民大会堂召开杭州市代理记账行业协会成立大会。大会邀请了来自行业内全国最优秀企业的企业家、董事长，以及各地行业协会会长出席，星光璀璨，济济一堂，其规格之高、影响力之大系全国首例，获得业内广泛认同。通过此役，展恒也荣获了杭州市代理记账行业协会会长单位之誉。

随着业务的发展、团队的壮大，周巾纭开始酝酿并着手实施公司的"集团化发展战略"。2017 年 4 月，通过一系列变更，周巾纭正式成立浙江展恒控股集团有限公司，旗下分别囊括财务管理、知识产权、人力资源、文化创意、金融服务等多个专业子公司，展恒集团由此朝着"打造集团企业服务行业一线品牌"的企业愿景进发。

人能尽其才则百事兴

正所谓"致天下之事者在人才"，宏大的目标离不开人才的支撑。深谙此道的周巾纭广泛吸纳事业合伙人，并将精力逐步转向管理。在他看来，企业快速发展的时期也是危机四伏的阶段，随着压力的增大与人员的增加，同事们在工作中难免会出现情绪，但如果不在第一时间予以关注，则其很可能会成为企业内耗，危害极大。

"人能尽其才则百事兴，一个人对工作持有情绪是件好事，证明他在乎自己的事业。我们要不停关心这些情绪，并想办法将其转化为正能量的动力。”

工作之外，周巾纭热心公益事业，积极履行社会义务。5年以来，他以志愿者的身份走进祖国的偏远山区，不断捐赠扶贫。2019年11月，杭州市代理记账行业协会就分别走进江山和台州，分别为特殊学校的学生们带去8万元公益金。

“四年前，我曾帮助残疾人完成看海心愿，当我扶着一位大姐坐在舟山的大海边时，她由衷地感谢我说：50多年了，一直就想看海，今天在你的帮助下如愿了。在我们看来不值一提的事情，对别人却有可能意味深远。人一定要有感恩之心，我们创业者能够成功，必须感恩国家和社会的快速发展，不能忘记那些需要我们帮助的人。”

对于未来，周巾纭信心十足。他表示：其实代理记账是一个朝阳产业，发展潜力巨大，而展恒集团已规划未来五年内额外增加5个分公司，人员也将随之扩大十倍。

“在我国，城市经济的建设离不开我们行业。据统计，实际上杭州市有60%至70%的企业在日常运营中接受专业公司的服务。让专业的人做专业的事，让更多企业关注业绩增长，释放更多公共资源，就是我们对这个时代最好的贡献。”

编后

梦想与奋斗、成功与挫败、欢笑与泪水，正是最打动人心的故事。献礼新中国70华诞，讲述浙江儿女自己的精彩故事，无疑是一份走心的贺礼。

《浙里精彩：浙商创业创新实录》编纂前后经历一年多时间。书中选取的浙江儿女样本分布于浙江各条战线，各自故事深具代表意义，可谓浙江省创新改革的一个缩影。

书中的每一篇故事都经过专业记者深度采访，以纪实性的笔触真实展现其内心世界，展现他们不拘一格、敢为人先的领航精神。世界上没有无缘无故的成功，浙江儿女的成长故事乃至浙江腾飞都具有借鉴意义。

感谢浙江省浙商研究会、浙江公关文化交流中心根据多年工作积累和眼光，推荐最有成色的样本以供筛选，保证了本书的含金量和可看性。还要感谢第十二届浙江省人大常委会副主任、浙江省文史馆馆长、浙商发展研究院院长王永昌先生为本书作序。感谢中国市场出版社编辑团队，对本书一再仔细审核，提出很多有价值的修改意见。一本值得广大读者阅读和收藏的好书，一定离不开大家的共同付出和努力。

是为后记。

编　者

2019年10月20日

图书在版编目（CIP）数据

浙里精彩：浙商创业创新实录 / 《浙里精彩》编委会编著. -- 北京：中国市场出版社, 2019.12
ISBN 978-7-5092-1904-1

Ⅰ. ①浙… Ⅱ. ①浙… Ⅲ. ①创业—成就—浙江
Ⅳ. ①F279.275.5

中国版本图书馆CIP数据核字(2019)第277263号

浙里精彩：浙商创业创新实录

ZHELI JINGCAI: ZHESHANG CHUANGYE CHUANGXIN SHILU

编　　著：《浙里精彩》编委会
责任编辑：张再青
装帧设计：林智广告
出版发行：中国市场出版社
社　　址：北京市西城区月坛北小街2号院3号楼（100837）
电　　话：（010）68024335/68034118/68022950/68020336
经　　销：新华书店
印　　刷：杭州乐通印刷有限公司
规　　格：170mm × 240mm　16开本
印　　张：21　**字　　数**：300千字
版　　次：2019年12月第1版
印　　次：2019年12月第1次印刷
书　　号：ISBN 978-7-5092-1904-1
定　　价：89.00元
